ÉTUDES

SUR LA

Journée du 16 août 1870

PAR

LE CAPITAINE F. CANONNE

AVEC NEUF PLANCHES ET TROIS CROQUIS

BERGER-LEVRAULT & Cie, ÉDITEURS

PARIS	NANCY
RUE DES BEAUX-ARTS, 5—7	RUE DES GLACIS, 18

1909

Prix : 7 francs

ÉTUDES

Journée du 16 août 1870

(Extrait de la *Revue militaire générale*)

ÉTUDES

sur la

Journée du 16 août 1870

PAR

LE CAPITAINE F. CANONNE

AVEC NEUF PLANCHES ET TROIS CROQUIS

BERGER-LEVRAULT & Cᶦᵉ, ÉDITEURS

PARIS | NANCY

RUE DES BEAUX-ARTS, 5—7 | RUE DES GLACIS, 18

1909

ÉTUDES

SUR LA

Journée du 16 août 1870

Ire PARTIE

LES PRÉLIMINAIRES — LA MATINÉE DU 16 AOUT

« Péris, mais sauve tes frères. » (Souvarof.)

INTRODUCTION — BIBLIOGRAPHIE

Le 16 août 1870, vers 8ʰ 3o du matin, trois escadrons du 10ᵉ hussards et la batterie à cheval Schirmer, formant avant-garde de la brigade Redern (5ᵉ division de cavalerie), arrivaient, après avoir contourné la lisière sud de Tronville, sur la hauteur 286 (¹) [4oo mètres nord-est de Tronville], d'où ils apercevaient à l'ouest, non loin de Vionville, un camp de cavalerie française. Incontinent, la batterie ouvrait le feu sur ces campements, y jetait le trouble, y produisait la débandade. « *Einige hinüber geworfene Granaten erregten ein wildes Durcheinander.* »

Cette canonnade allait déchaîner une bataille, « la plus tragique et la plus éloquente de toute la campagne (²) », et marquer une nouvelle phase dans la guerre franco-allemande. « *Die Schlacht von Vionville—Mars-la-Tour bezeichnet die entscheidende Wendung des Kriegs gegen das Kaiserreich* (³). »

Pour le moment, et à l'heure où elle grondait, elle arrachait

---

(¹) Carte de l'État-major français au 1/80 000ᵉ.
(²) Général Cardot, *Les Leçons du 16 août.*
(³) F. Hœnig.

une amère réflexion au général Constantin von Alvensleben, qui devait se révéler le héros de cette journée. « C'était, dit-il, donner l'alarme à l'adversaire ; les Français savaient maintenant ce qu'ils n'avaient pu savoir par leurs patrouilles... hélas (1) ! »

Le général a dû dire cela aux environs de la statue de la Vierge où, devançant ses troupes, il s'était porté dans la matinée du 16, pour se rendre compte, *de visu*, de la situation.

Remonter aux origines de cette situation faite au IIIᵉ corps allemand le 16 août, en rechercher les causes dans l'analyse des faits et gestes du commandement supérieur et tenter de faire ressortir les enseignements qui en découlent ; établir cette situa-tion telle qu'Alvensleben l'a vue dans la matinée du 16, analyser la décision qu'il a prise pour la résoudre ; montrer comment lui et ses troupes ont exécuté cette décision, demander encore des leçons à ces faits historiques vécus et passionnants entre tous, tel sera l'objet de la première partie de ce travail.

Nous avons utilisé pour cette étude les ouvrages ci-dessous :

Maréchal DE MOLTKE, *Correspondance militaire ;*
GRAND ÉTAT-MAJOR PRUSSIEN, *La Guerre franco-allemande ;*
F. HŒNIG, ouvrages divers ;
VON SCHERFF, *Kriegslehren ;*
VON DER GOLTZ, *Opérations de la IIᵉ armée ;*
ÉTAT-MAJOR ALLEMAND, Monographies nᵒˢ 18 et 25 ;
Cardinal VON WIDDERN, *La Crise de Vionville ;*
Prince DE HOHENLOHE, Lettres ;
Historiques des régiments des IIIᵉ, Xᵉ, IXᵉ et VIIIᵉ corps ;
Revue militaire de l'Étranger, « La Journée du 16 août d'après Cardinal von Widdern » ;
Revue d'Histoire, « La Guerre de 1870-1871 » ;
P. LEHAUTCOURT, *La Guerre de 1870-1871 ;*
Général CARDOT, *Les Leçons du 16 août ;*
Lieutenant-colonel FOCH, *Les Principes de la guerre, La Conduite de la guerre ;*
Lieutenant-colonel ROUSSET, *Le 4ᵉ Corps de l'armée de Metz.*
Capitaine GIRAUD, *La Tactique de l'infanterie le 16 août* (manuscrit).

---

(1) Monographie nᵒ 18.

CHAPITRE I

ORIGINES DE LA SITUATION FAITE
AU IIIe CORPS ALLEMAND

I — Le haut commandement allemand du 14 au 16 août

« Une armée doit être tous les jours, toutes les
nuits et toutes les heures, prête à opposer toute la
résistance dont elle est capable. » (NAPOLÉON.)

La situation faite au général von Alvensleben, le 16 au matin, n'était pas née d'un jour. Chef en sous-ordre d'ailleurs, commandant un corps d'armée aux premières loges sans doute depuis le début de la campagne, il n'était qu'un rouage de seconde main dans le gigantesque appareil constitué par un groupe de trois armées, commandé nominalement par le roi de Prusse, effectivement par le chef de l'État-major prussien, le maréchal de Moltke.

Nous connaissons aujourd'hui, dégagée des légendes admiratives, la méthode de commandement de cet homme de guerre ; sa stratégie, surtout celle des « Jours critiques », a été passée au crible par ceux-là mêmes qui, à la suite du prince de Hohenlohe, l'avaient élevé sur un piédestal à l'égal de Napoléon. Nous pouvons donc, nous les vaincus, lorsque nous cherchons des enseignements, analyser les faits de cette époque et les soumettre à la critique, sans mériter l'accusation de vouloir rabaisser de parti pris le piédestal du vainqueur ou de méconnaître des résultats consacrés d'ailleurs par l'histoire.

La bataille du 16 août découle à la fois de la pensée directrice qui a inspiré, informé l'esprit et la conduite du maréchal de Moltke dans la lutte contre les principales armées françaises, de l'interprétation donnée par lui et par ses subordonnés à la bataille du 14 août, de l'esprit dont étaient animés les sous-ordres et les troupes de l'armée allemande.

Pour bien saisir la genèse des événements qui ont amené la crise du 16, et voir clair, autant que cela est possible, dans l'esprit du maréchal, il importe de remonter au 13 août.

Du grand quartier général de Herny part le 13 août, à 9 heures du soir, pour les Ire et IIIe armées l'ordre suivant (1) :

D'après les renseignements reçus aujourd'hui, des fractions considérables de l'ennemi étaient encore cette après-midi à Servigny-Borny, de ce côté de Metz.

Sa Majesté ordonne que la Ire armée reste demain, 14 août, dans ses positions sur la Nied française, et observe, par des avant-gardes poussées au loin, si l'ennemi se retire ou prend éventuellement l'offensive. En prévision de cette dernière éventualité, le IIIe et le IXe corps de la IIe armée ne dépasseront pas demain matin dans leur marche vers la Moselle, l'un Pagny-sur-Goin, l'autre Buchy, points d'où ils peuvent, en prenant les armes de bonne heure, intervenir après une marche d'un mille dans un combat sérieux devant Metz.

D'autre part, la Ire armée est en mesure de s'opposer par une attaque de flanc à toute poussée offensive de l'ennemi vers le sud. Les autres corps de la IIe armée continuent leur marche vers la Moselle, Pont-à-Mousson, Marbache...

La cavalerie des deux armées doit être poussée en avant aussi loin que possible et troubler la retraite éventuelle de l'ennemi sur la route Metz—Verdun.

Il y a dans cet ordre une chose qui nous frappe immédiatement : Moltke n'a pas eu, par suite de la retraite des Français, la bataille qu'il a cherchée sur la Sarre, puis sur la Nied ; voici maintenant des « fractions considérables de l'ennemi » arrêtées sur la rive droite de la Moselle, et il ne les attaque pas ; il vise autre chose, sans doute, la bataille sur la rive gauche, en vue de rejeter les Français vers le nord, conformément à sa pensée directrice ; mais alors, que prépare-t-il pour cela ? La IIe armée ? Mais, deux corps, IIIe et IXe, ceux-là justement qui pourraient incontinent franchir la Moselle, sont arrêtés, pour faire face à une attaque... qu'il semble redouter. Cet ennemi, qui l'empêche en outre de s'en aller à Verdun, de déjouer les visées de la pensée directrice ? Personne, puisque les avant-gardes demandées à la Ire armée n'ont pour mission que de « l'observer ». Et alors, s'il part, il y aura beau temps qu'il sera disparu, lorsque le geste vague de la main gauche vers Pont-à-Mousson « et autres régions excentriques (2) » dont il s'est

<hr>

(1) Croquis n° 3, situation le 13 au soir.
(2) Général CARDOT.

contenté, aura amené sur les routes de Metz à Verdun les unités les plus avancées de la IIe armée.

L'adversaire est libre ; il a commencé à « entrer dans la nasse » (¹) en s'arrêtant, mais on se garde bien de l'encourager dans cette voie, on lui laisse au contraire toute sa liberté, on ne le fixe pas, on ne l'immobilise pas, on ne lui commande pas..., on se prépare à répondre à son attaque (²).

Et ailleurs, on divise les forces ; sans doute, on est encore en situation, non pas de remporter une victoire, mais de résister à cette attaque... problématique ; mais sur la rive gauche de la Moselle, on va être faible, dispersé ; on peut, enfin, être impuissant contre cet adversaire, laissé libre de faire ce qu'il veut, libre en particulier, par une concentration rapide, de tomber comme la foudre (s'il était commandé !) sur les unités (X^e corps, Garde, IVe corps) de la IIe armée en l'air et dispersées après avoir franchi la Moselle « sur un large front ». On ne réalise pas le desideratum formel de Napoléon, cité plus haut, et qui fait suffisamment la critique de la manœuvre de Moltke.

Le 14 août, avant l'heureuse désobéissance d'un très petit sous-ordre, Moltke abonde toujours dans le même sens, ainsi que le montre l'ordre adressé de Herny, 5 heures du soir (³), aux Ire, IIe et IIIe armées et directement aux IIIe, IXe et XIIe corps.

Les observations de la Ire armée sous Metz n'ont pas apporté d'éclaircissements certains sur la situation devant cette place. Il reste toujours possible que la plus grande partie de l'armée ennemie soit encore de ce côté de Metz.

Tenant compte maintenant qu'après les marches pénibles exécutées, les armées ont besoin d'un jour de repos, et que ce repos coïncide pour une partie des corps avec une grande surveillance contre les tentatives offensives venant de Metz, Sa Majesté ordonne :

« Les têtes des IIIe, IXe et XIIe corps s'arrêteront demain matin, les corps serreront et prépareront immédiatement leur repas. Toutefois, pour éclaircir la situation, il est absolument indispensable de se porter

---

(¹) Général CARDOT.

(²) En même temps que cet ordre, Moltke avait bien envoyé à Steinmetz des instructions particulières où, visant plus spécialement le cas où l'ennemi continuerait sa retraite au delà de Metz, la Ire armée devrait de suite passer la Moselle, mais il n'y était nullement question de retenir les Français, de les attaquer pour les accrocher et les empêcher d'aller troubler la manœuvre du passage de la Moselle.

(³) Croquis n° 4.

avec des forces importantes sur les lignes de communication de l'ennemi, Metz—Verdun.

« A cet effet, la IIe armée affectera à cette mission toute la cavalerie disponible de la rive gauche, et la fera soutenir dans les directions de Gorze et Thiaucourt par les corps qui franchiront les premiers la Moselle.

« Le IIIe corps devra aussi préparer un passage en aval de Pont-à-Mousson.

« Le IIe corps continue sa marche dans la direction suivie. »

C'est la même attente, avec six corps d'armée (trois de la Ire armée, trois de la IIe : IIIe, IXe, XIIe) gardés immobiles sur la rive droite, d'une attaque problématique de l'adversaire ; c'est la même liberté laissée à cet adversaire ; c'est la même faiblesse de la manœuvre confiée à la IIe armée, qui n'a plus que trois corps pour franchir la Moselle ; c'est la même scission des forces, qui marque le début de la crise où va se trouver la IIe armée et qui ne sera conjurée que par l'activité des subordonnés allemands et la passivité du commandement français.

Une idée nouvelle cependant se fait jour dans cet ordre, c'est l'envoi recommandé de la cavalerie sur les routes de Metz à Verdun : il était en effet important de savoir où était « l'host » si l'on voulait le battre.

Tout ce travail... de cabinet se cuisinait au grand quartier général du Roi, à Herny, à 18 kilomètres des emplacements de la Ire armée. On n'y voyait certainement pas ce que voyaient les spectateurs des premières loges, et cependant on avait un intérêt supérieur à le voir ; mais il faut admettre que cet emplacement était commandé par des raisons... matérielles, au nombre desquelles il faut placer l'âge du Roi, comme F. Hœnig l'explique quelque part très clairement, mais non sans une pointe d'ironie. Il est permis de penser avec lui que Napoléon eût agi différemment et que, le 14, son grand quartier eût été au milieu des troupes de la Ire armée.

Et en effet, on ne voit pas les choses sous le même angle, aux avant-postes de la Ire armée ; en dépit de l'ordre du 13 au soir, en dépit de Steinmetz, le général von der Goltz, commandant l'avant-garde du VIIe corps à Laquenexy, ne peut admettre que l'on se borne à « observer » la retraite des Français ; il s'engage carrément pour les accrocher et déchaîne la bataille de Borny ; engagée d'une façon totalement imprévue, elle n'est pas conduite, elle est faite de pièces et morceaux, elle risque jusqu'au bout d'être fatale aux Allemands qui, entre parenthèses, doivent une fière chandelle à l'arrivée de la nuit. Steinmetz n'assiste pas à la bataille engagée malgré lui ; Moltke ne sait pas qu'il y a bataille ; l'ordre de 6 heures sera parti quand il le saura et pourtant il n'était que 3 heures lorsque Goltz a tiré le canon, et il n'y a pas plus de 18 kilomètres de Laquenexy à Herny.

Aussi ne faut-il pas s'étonner, comme le fait remarquer un peu malicieusement von Scherff, de ce que l'absence du haut commandement dans la bataille du 14 ne lui ait point permis de se faire une idée nette et personnelle de l'importance des forces engagées par l'adversaire dans cette journée. S'il y avait assisté, il n'eût sans doute point parlé dans la suite d' « armée battue », il n'eût pas réclamé de « poursuite énergique », mais il eût cherché à monter sa manœuvre pour trouver enfin, sur la rive gauche de la Moselle, la bataille qu'il a vainement cherchée sur la Sarre, puis sur la Nied.

Quoi qu'il en soit, le 15 à 3 heures du matin, le lieutenant-colonel von Brandenstein, chef de section au grand quartier général, qui avait seul, brillamment d'ailleurs, représenté le haut commandement à la bataille, faisait connaître à Moltke les événements de la veille, et alors commençait dans l'esprit de ce dernier tout un travail de réflexion — peut-être plus encore d'imagination — d'où sortira la crise du 16.

A la suite de pareils faits — et Brandenstein n'a pas dû les atténuer — on s'attendrait à trouver le commandant en chef sur le champ de bataille dès la première heure du 15 ; il n'en est rien, et alors il faut bien admettre que la situation de Moltke était difficile : le généralissime, c'était le Roi, et il était âgé, et sa grandeur attachait Moltke... au Roi ; aussi n'arrivera-t-il à Flanville qu'après 10 heures du matin.

Nous avons pensé pouvoir faire ressortir certaines faiblesses chez le haut commandement allemand, parce que de ces critiques se dégagent des leçons ; mais à côté de ces faiblesses, il y a des grandeurs qui méritent d'être mises en lumière. Suivant en cela le conseil de Napoléon, dont il n'a pas la prévoyance, Moltke ne récrimine pas sur le passé ; il accepte les faits accomplis, les sachant sans remède ; il approuve, il couvre ses subordonnés et, par cela même, il fortifie en eux l'esprit de décision, le caractère.

« Toute tentative, dit-il, ayant pour objet d'inquiéter les Français en retraite et de ralentir leur mouvement rétrograde, semblait justifiée par les principes généraux de la guerre, aussi bien que commandée par la situation stratégique du moment (¹). »

On ne peut qu'applaudir, mais aussi l'on ne peut s'empêcher de comparer ce langage aux termes de l'ordre du 13 au soir.

Voilà donc un fait nouveau, imprévu, heureux d'ailleurs en soi, d'où vont partir de nouvelles combinaisons ; leur valeur dépendra de la façon plus ou moins vraie ou bien plus ou moins imaginaire, dont il sera interprété.

Avant de se rendre à Flanville, Moltke a télégraphié ce qui suit à la IIᵉ armée :

Herny, 15 août, matin.

Les Iᵉʳ et VIIᵉ corps ont rejeté hier soir après un combat sérieux de fortes fractions ennemies dans la place. Une partie de la 18ᵉ division a été engagée.

Le IXᵉ corps est rapproché du champ de bataille aujourd'hui.

Le IIIᵉ corps est gardé à notre disposition.

Poursuite sur la route de Verdun importante.

Disons simplement qu'il est permis de regretter le laconisme de ce télégramme — nous aurons à revenir plus d'une fois sur ce sujet — et retenons pour le moment la dernière phrase de cet ordre que nous avons soulignée à dessein.

Le maréchal télégraphie de même à la Iʳᵉ armée :

Herny, 15 août, matin.

Sa Majesté ordonne que le terrain gagné dans la bataille d'hier soit maintenu en tant qu'il n'est pas sous le canon de la place. Le VIIIᵉ corps est poussé en avant pour soutenir le Iᵉʳ et le VIIᵉ. Le IXᵉ qui s'est déjà engagé hier, est rapproché du champ de bataille. Le IIᵉ corps atteint aujourd'hui Han-sur-Nied.

Sa Majesté se rend à Pange.

(¹) Historique officiel prussien.

Enfin, directement au IXe corps (qui le reçoit à 5 heures du matin) :

Le IXe corps se porte de suite avec toutes ses forces sur Peltre-Jury pour se tenir prêt en cas d'une attaque ennemie. Sa Majesté..., etc.

Ces brèves communications ne nous dévoilent encore que peu de chose de l'état d'esprit de Moltke ; notons cependant que, s'il continue à se préparer à recevoir une bataille, en vue de laquelle il rapproche les VIIIe et IXe corps, il parle déjà de « terrain gagné », ce qui est à peine juste, et serait avantageusement remplacé par « abandonné de l'ennemi » ; il parle déjà de victoire (les Ier et VIIe corps ont rejeté...), de « poursuite ». On dirait que cet homme au tempérament froid se grise déjà au récit de Brandenstein ; que sera-ce tout à l'heure, lorsqu'il aura vu le champ de bataille, contemplé Metz et les plateaux de la rive gauche ? Que sera-ce surtout des autres, des subordonnés, à qui les mots de victoire, de poursuite, de retraite, ne tarderont pas à tourner la tête ?

Rejoignons donc Moltke à Flanville, et essayons de suivre l'enchaînement de ses réflexions.

La visite du champ de bataille du 14 permettait à Moltke de constater que les Français avaient évacué la rive droite ; il lui était même donné de les voir gravir de l'autre côté de la Moselle les plateaux du Point-du-Jour ; il pouvait enfin chasser l'obsession dont il avait paru hanté les 13 et 14, c'est-à-dire la crainte d'une attaque de leur part sur la rive droite ; il savait enfin qu'il fallait aller chercher une décision sur la rive gauche.

En tout cas, après cette visite, Moltke expédiait à la IIe armée le télégramme ci-dessous, d'une importance capitale :

Flanville, 15 août, 11 heures matin.

Les Français sont complètement rejetés sur Metz et probablement déjà en pleine retraite sur Verdun. Les trois corps de l'aile droite (IIIe, IXe, XIIe) sont maintenant à la libre disposition de la IIe armée. Le XIIe corps est déjà en marche sur Nomeny.

Il semble que l'expérience des premiers jours d'août n'ait point profité à Moltke ; il revient en effet à sa méthode de Mayence ; il se contente de télégrammes laconiques où il ne dévoile pas sa pensée, toute sa pensée, aux gens chargés de la traduire en actes. En possession de ce télégramme, Frédéric-Charles va travailler, lui aussi, et activement, car il est homme d'action. Travaillera-t-il dans le sens des vues de Moltke ? Nous allons le voir.

Pour bien nous rendre compte de l'état d'esprit où se trouve Frédéric-Charles pour travailler, rappelons-nous le télégramme de « Herny, 15 août matin ». Influencé déjà — on le serait à moins — par ce télégramme, qui lui parle de « poursuite importante », il reçoit, dans la matinée du 15, des renseignements qui vont agir sur lui toujours dans le même sens.

Un escadron du 3ᵉ uhlans (¹) faisait savoir de Corny (15 août, 6 heures, matin) que, pendant la nuit, on avait entendu un grand bruit de voitures à partir de 11 heures du soir, qu'un officier, parvenu jusque près de Gravelotte, avait perçu le bruit de la marche de troupes sur Verdun.

Des fractions de la 6ᵉ division de cavalerie avaient constaté et annoncé l'évacuation de la rive droite de la Moselle vers Montigny et Le Sablon et dit que, d'après les habitants, l'armée française se retirait sur Verdun, partie en chemin de fer, partie par la route.

Et alors, comme nous le rapporte von der Goltz, on voit déjà l'armée française se retirant derrière la Meuse, s'écoulant par les passages de l'Argonne, se joignant aux autres forces militaires de l'Empire. C'est cela que l'on veut empêcher, et le meilleur moyen que l'on entrevoit, pour contrarier les projets que l'on prête à l'adversaire — gratuitement, bien entendu, — c'est de gagner le plus tôt possible les passages de la Meuse...

Aussi ne perd-on pas de temps. Dès le 15 à midi, Frédéric-Charles demande par télégramme au grand quartier général l'autorisation de faire passer aussi (à la suite du Xᵉ corps) les IIIᵉ, XIIᵉ et IVᵉ corps sur la rive gauche de la Moselle dans la journée du 16 et de faire atteindre cette rivière par les IXᵉ et IIᵉ corps.

Ce télégramme se croise avec celui que Moltke a expédié de Flanville à 11 heures du matin que nous connaissons et sur lequel nous formulons les mêmes réserves que sur celui de Herny,

---

(¹) De la 6ᵉ division de cavalerie.

en ajoutant que le maréchal peut avoir vu les Français gravir les pentes de la rive gauche de la Moselle, mais qu'il ne sait pas ce qu'ils font au delà, qu'ils pourraient bien se concentrer pour battre la IIe armée, et que, en tout état de cause, il serait de la plus haute importance de le savoir, de le vérifier, qu'en affirmant leur retraite et parlant de poursuite à Frédéric-Charles, il va peut-être lui ôter l'idée de le vérifier, et que, alors, celui-ci pourrait bien se trouver dans une situation critique pour avoir omis cette simple précaution.

Ce télégramme, donc, ne fait que confirmer — c'est assez naturel — le commandant de la IIe armée dans sa manière de voir ; qu'on en juge :

« Au quartier général de Pont-à-Mousson, on partait naturellement de cette idée que l'ennemi avait déjà dû employer la nuit à l'exécution de son projet. Il disposait à cet effet de trois routes : Metz—Briey, Metz—Gravelotte—Jarny, Metz—Gravelotte—Mars-la-Tour. On devait donc admettre qu'aux premières heures de l'après-midi (du 15), trois corps auraient déjà quitté le camp retranché et que le reste de l'armée était en train de faire de même. La IIe armée avait au contraire à faire exécuter le passage de la rivière à la masse principale... Il y avait donc lieu de se hâter (¹). »

Tout cela est très logique ; le prince Frédéric-Charles raisonne parfaitement sur les données que lui fournit Moltke ; mais ces données sont pure hypothèse et, ni pour l'un ni pour l'autre, il n'est question de vérifier la valeur de l'hypothèse.

On remet donc en marche les troupes que l'on a recouvrées et qui amèneront la IIe armée, le 15 au soir, dans la situation suivante (²) :

IIIe corps.	{ 5e division Novéant. Avant-garde à Gorze. { 6e division Pagny. Vaudières.
X^e corps.	Pont-à-Mousson. 19e division à Thiaucourt.
XIIe corps	Nomeny.
IXe corps	Verny.
Garde.	Dieulouard. Avant-garde aux Quatre-Vents.
IVe corps.	Custines. Avant-garde à Marbache.
IIe corps	Han-sur-Nied.

(¹) Von der Goltz, *Opérations de la IIe armée.*

(²) Carte n° 5.

5e division de cava- lerie.	Xonville. Puxieux. Suzémont.
6e division de cava- lerie.	Rive droite de la Moselle (Fey).
Division de cavalerie de la Garde.	Thiaucourt. Bernécourt. Ménil-la-Tour.

Pendant que les troupes gagnent ces points, les cerveaux travaillent toujours à Pont-à-Mousson, et dans le même sens, bien
entendu, malgré les pâles rayons de lumière qui essaient de pénétrer dans l'obscur laboratoire de l'état-major du prince.

C'est que, en effet, après avoir autorisé ou ordonné les mouvements qui produiront la situation ci-dessus, le commandant de la
IIe armée reçoit quelques renseignements intéressants de la rive
gauche :

1º Un escadron de la 5e division de cavalerie a gagné la route
Metz—Mars-la-Tour et a été accueilli à Rezonville par des feux
d'infanterie ;

2º Un peloton s'est porté sur Bruville ; cette localité était occupée par des chasseurs ; il a aperçu des fractions d'infanterie qui
se trouvaient sur la route de Metz à Étain et entre lesquelles passaient de nombreuses patrouilles de cavalerie ; repoussé par les
chasseurs, il s'est retiré sur Mars-la-Tour, mais cette localité venait
d'être aussi occupée par l'ennemi ;

3º Un officier d'ordonnance du commandant du Xe corps, envoyé dans la matinée en reconnaissance sur la rive droite de la
Moselle dans la direction de Metz, n'avait pas trouvé d'ennemis
en dehors de la place ([1]) ;

4º Le général von Rheinbaben, commandant la 5e division de
cavalerie, écrivait enfin des environs de Tronville vers 1 heure de
l'après-midi : « Je suis arrivé à midi près de Tronville avec cinq
régiments et une batterie ; je me suis heurté à de la cavalerie et à
une artillerie supérieure, *qui, actuellement, se retirent vers Metz.*
La cavalerie légère est en ce moment en train de se rapprocher
encore de la ville... Je compte rester à Tronville ou plus en avant

---

([1]) Renseignements envoyés par le Xe corps.

dans la direction de Metz... La liaison avec la Ire armée n'est pas encore établie. »

Ces renseignements permettaient en somme de conclure à l'absence, à 1 heure du soir, de colonne ennemie en marche sur la route de Verdun par Mars-la-Tour, à des mouvements possibles de fractions ennemies sur la route de Jarny. On était loin de pouvoir en déduire les traces du mouvement d'une armée forte de plus de cinq corps. C'est cependant ce que l'on fit à Pont-à-Mousson. Il faut croire que l'esprit n'y était plus libre, et que l'idée préconçue avait obscurci la vue de tous. On y vit en effet dans ces renseignements des « confirmations de plus en plus nombreuses de l'opinion que le commandant en chef *s'était faite* de la situation ».

Et alors, on part en guerre... vers la Meuse... à toute vitesse..., car « il faut se hâter ».

On a fait ce qu'on a pu d'ailleurs pour se mettre d'accord avec le grand quartier général. Cette manière de voir et le projet de franchir la Moselle le 16 avec les masses principales de la IIe armée avaient été communiqués télégraphiquement au quartier royal, et comme on n'avait pas reçu de ce dernier d'indications contraires aux desseins exprimés, le prince Frédéric-Charles avait dicté à 7 heures du soir son ordre pour le 16 :

Pont-à-Mousson, 15 août, 7 heures soir.

Dans la soirée d'hier, des fractions de la Ire armée ont attaqué l'ennemi sous Metz et l'ont refoulé dans la place.

L'armée française a commencé sa retraite vers la Meuse. Dès demain, la IIe armée va suivre l'adversaire dans la direction de cette rivière.

Le IIIe corps franchira la Moselle en aval de Pont-à-Mousson pour gagner, par Novéant et Gorze, la grand'route Metz—Verdun, soit à Mars-la-Tour, soit à Vionville ; son quartier général fera en sorte de s'établir à Mars-la-Tour.

Le Xe corps qui, précédé de la 5e division de cavalerie, marche dès aujourd'hui sur Thiaucourt, continuera demain vers la route de Verdun à peu près jusqu'à Saint-Hilaire—Maizeray et ramènera à lui le plus promptement possible les fractions encore en arrière à Pont-à-Mousson et dans la vallée de la Moselle.

Le XIIe corps, quittant Nomeny, se massera à Pont-à-Mousson, et poussera une avant-garde au delà, jusqu'à Regniéville-en-Haye.

La division de cavalerie (saxonne) s'avancera jusque vers la Meuse.

La Garde aura une avant-garde à Rambucourt ; son gros et son quartier général aux environs de Bernécourt.

Le IVe corps poussera son avant-garde à Jaillon : quartier général à Saizerais.

Le IXe corps gagnera Sillegny, franchira après-demain la Moselle à Novéant sur le pont jeté par le IIIe corps et suivra ce corps sur Gorze.

Le IIe corps amènera sa tête de colonne à Buchy.

Les divisions de cavalerie qui précèdent l'armée devront, au fur et à mesure qu'elles s'avanceront, reconnaître les débouchés et les passages de la Meuse au point de vue de leur emploi ultérieur par les Xe, IIIe et IXe corps à Dieue et Génicourt, pour le XIIe à Bannoncourt, pour la Garde, les IVe et IIe à Saint-Mihiel, Pont-sur-Meuse et Commercy.

C'est, en somme, la marche à la Meuse sur un très grand front, l'aile droite (2 corps d'armée, 2 divisions de cavalerie) poussée plus au nord vers Mars-la-Tour et Saint-Hilaire, sans doute, comme on l'a dit, en vue de « rattraper les bagages » de l'armée du Rhin, assez naïvement d'ailleurs, car une armée aussi peu inquiétée met, pour battre en retraite, ses bagages en avant des éléments combattants.

Frédéric-Charles a-t-il dîné et s'est-il couché tranquillement ce soir-là ? Nous ne le savons, mais s'il s'était demandé avec Napoléon si son armée était prête à « offrir toute la résistance dont elle était capable », il eût constaté avec un peu d'inquiétude sans doute qu'il y avait plus de 40 kilomètres de Thiaucourt (tête du Xe corps) à Herny où se trouvait le IIe, et 30 kilomètres de Corny (IIIe corps) à Marbache (IVe corps), et que cette dispersion allait être largement augmentée le lendemain par suite des dispositions qu'il venait de prendre, et que, enfin, aucun organe de protection ne lui permettait de gagner le temps nécessaire à la mise en main de ses forces. Il n'y a sans doute pas songé, car il était tout à la poursuite, et la directive datée de Herny, 6^h 30 soir, qu'il reçut à 10^h 30 ne le troubla pas énormément. La voici :

Aussi longtemps que l'on ne sera pas fixé sur la force des troupes ennemies laissées à Metz, la 1re armée maintiendra aux environs de Courcelles un corps qui devra être relevé le plus promptement possible par les troupes venant de Saarlouis sous le général von Kummer. Les deux autres corps de la 1re armée prendront position le 16 sur la ligne Arry-Pommérieux, entre Seille et Moselle ; un pont sera de suite établi sur cette rivière, si le III° corps ne l'a déjà fait. On compte recevoir incessamment des renseignements sur les mouvements de la II° armée dans la journée du 15 ; quant aux nouvelles dispositions à prendre, il y aura lieu en général de se baser sur les considérations suivantes :

L'avantage obtenu dans la soirée d'hier par les I°ʳ et VII° corps ainsi que par la 18° division s'est produit dans des conditions qui excluent toute idée de le poursuivre (de ce côté de la Moselle). Ce n'est que par une *vigoureuse offensive* de la II° armée contre les routes de Metz à Verdun par Fresnes et Étain que l'on peut *recueillir les fruits de cette victoire.* Le commandant en chef de la II° armée demeure chargé de conduire cette opération *d'après sa propre inspiration* et *avec tous les moyens dont il dispose.*

La III° armée a atteint aujourd'hui avec ses têtes de colonnes la ligne Nancy—Dombasle—Bayon...

Le quartier général de Sa Majesté sera à Pont-à-Mousson demain à partir de 4 heures du soir (¹).

La lecture de cette directive, lui confiant le soin de « recueillir les fruits de la victoire » du 14, ne dut pas émouvoir grandement le prince, car il maintint son ordre. Nous savons ce que cet ordre va produire : il va faire entrer Alvensleben en plein dans la fournaise, tomber seul avec son corps d'armée sur l'armée française concentrée et intacte, car il n'y a pas eu de victoire le 14, quoi qu'en dise Moltke, et il n'y a pas de fruits à recueillir ; non, il y a une nouvelle bataille à préparer, et l'on y arrive dans un état de dispersion inconcevable, qui devait nous livrer à merci les pièces et les morceaux de cette II° armée, si nous avions tendu les bras à la fortune qui nous souriait visiblement, au lieu de tendre le dos — aussi bravement que l'on voudra — aux Brandebourgeois d'Alvensleben !

Ainsi, Frédéric-Charles n'a pas vu qu'il y eût divergence entre ses vues et celles de Moltke ou — s'il l'a vu — n'a pas cru devoir adopter celles de ce dernier.

Il est de fait qu'il y avait réellement divergence ; il est intéressant de l'établir, de préciser jusqu'où elle allait, au risque de

____

(¹) Ce texte est celui de l'Historique officiel. Dans la correspondance du maréchal, publiée en 1895, une phrase a été restituée à ce texte. Elle se place avant l'avant-dernier alinéa du texte ci-dessus : « S'il en résulte temporairement pour la II° armée une certaine avance sur la I°, cette armée prendra en considération la marche ultérieure vers l'ouest, et aura soin d'assurer, par des mesures que l'on ne peut fixer d'avance, le repos indispensable aux troupes en vue de cette marche. » Cette phrase sera discutée plus loin.

n'être point d'accord avec le maréchal et ses disciples, qui l'ont fort exagérée, de montrer enfin que, après tout, la responsabilité du prince est très atténuée dans toute cette affaire par les procédés énigmatiques de son chef.

En somme, que veut Frédéric-Charles? Que semble vouloir Moltke? C'est à dessein que ce mot « semble » vient s'intercaler dans notre question, car Moltke est beaucoup plus difficile à pénétrer que son subordonné.

Nous avons essayé d'analyser ci-dessus la manière de voir de Frédéric-Charles; il suffit de la résumer ici avec précision.

Hypnotisé par les mots de « terrain gagné », de « victoire », de « poursuite », constamment employés par Moltke, le prince voit les Français en retraite « pleine » ou même « précipitée (¹) » dès le 15 au matin. Il se persuade qu'on ne peut plus les arrêter entre Moselle et Meuse et s'applique à les gagner de vitesse par une marche parallèle vers la Meuse : telle est la manœuvre de Frédéric-Charles que la directive de Herny, 6ʰ 3o du soir, n'a pas modifiée et que, ceci est de la plus haute importance pour nos conclusions ultérieures, Moltke a, sinon approuvée, du moins tolérée, puisqu'il n'a pas imposé la sienne, ce qui tendrait déjà à démontrer — sans plus tarder — qu'il ne la tenait pas pour si différente.

La manière de voir de Moltke est plus difficile à saisir; nous nous en tiendrons, pour tâcher d'y voir clair, au dernier des documents où elle est exprimée, à celui par conséquent où elle est exprimée le plus nettement, à la directive de Herny, 6ʰ 3o du soir.

Ce télégramme établit en somme :

1° Qu'au grand quartier général on n'est pas fixé sur les forces françaises restées à Metz;

2° Que la journée du 14 est bien une victoire;

3° Mais que l'on ne peut en recueillir les fruits que par une « vigoureuse offensive » de la IIᵉ armée avec « tous ses moyens » contre les routes de Metz à Verdun.

Nous avons montré plus haut ce qu'il faut penser de la victoire du 14, d'où l'on n'a rapporté aucun trophée, erreur originelle, attribuable à Moltke, cause primordiale de la manière de voir erronée du prince.

(¹) Historique officiel.

Une « vigoureuse offensive », qui a pour objet de « recueillir les fruits d'une victoire », cela frise de bien près l'idée de poursuite. Moltke semble donc bien, lui aussi, être travaillé par cette idée et, s'il en est ainsi, il n'y a guère de divergence entre son concept et celui de Frédéric-Charles. S'il ne s'agit pas de poursuite, il s'agit de bataille à préparer sur la rive gauche de la Moselle ; mais alors, la manœuvre de Moltke aura si peu de puissance qu'il paraît difficile d'attribuer cette idée à un homme de guerre qui était certainement pénétré du principe qu'il faut se réunir pour livrer bataille. Lorsque Moltke en effet réclame une « vigoureuse offensive » de la IIe armée avec « tous ses moyens disponibles », il ne peut ignorer la valeur de ces moyens. Il sait très bien, à la seule inspection sur sa carte de la répartition de la IIe armée, que le prince ne peut employer à cette manœuvre le 16 ni la Garde, ni le IVe corps, ni le XIIe corps, ni le IIe corps, dont le plus rapproché « des routes » aurait 37 kilomètres à faire couvrir rien qu'à sa tête. En tout et pour tout des trois armées allemandes, trois corps d'armée et deux divisions de cavalerie seront à cette « vigoureuse offensive vers les routes ». Il ne paraît pas songer à y envoyer les corps de la Ire armée qui pourraient y aller, puisqu'ils doivent « prendre position le 16 au soir sur la ligne Arry—Pommérieux entre Seille et Moselle ».

La « vigoureuse offensive » de Moltke se réduit donc à une action « vigoureuse », tant que l'on voudra, mais de trois corps d'armée et de deux divisions de cavalerie seulement.

En résumé, dans les deux quartiers généraux, on voit devant soi une armée battue, et il s'agit uniquement de la poursuivre. Leurs manières de voir ne diffèrent que par la direction à imprimer à la poursuite, que par l'importance des forces à y consacrer.

Moltke assigne comme direction de cette poursuite les routes de Metz à Verdun, Frédéric-Charles, la Meuse ; celui-ci affecte à la poursuite vers les routes, c'est-à-dire dans la direction qu'il considère comme la moins importante, deux corps d'armée et deux divisions de cavalerie, celui-là « tous les moyens disponibles », qui se réduisent, il ne peut l'ignorer, à trois corps d'armée et deux divisions de cavalerie.

Après cela, on peut bien venir nous mettre sous les yeux la

phrase citée plus haut de la directive de Herny, 15 août, 6^h30 du soir, et qui a été restituée au texte du récit officiel. Que dit en effet cette phrase ?

D'une part, la IIe armée pourra ainsi « se trouver devant la Ire » ; or la Ire armée sera à Arry—Pommérieux (le 16 au soir) et elle doit ultérieurement marcher vers l'ouest. On conçoit dès lors que, si la IIe armée se trouve devant elle et lui bouche la route vers l'ouest (« ce qui nécessitera des mesures spéciales » pour la reprise de la marche vers l'ouest), c'est que cette IIe armée, qui se trouvait le 15 beaucoup plus au sud, sera remontée vers le nord, donc que Moltke la voulait bien orienter tout entière vers le nord.

Tel est l'usage qui a été fait de cette phrase sans doute pour la plus grande gloire du maréchal. A-t-il songé lui-même à ce commentaire ? C'est possible, mais non certain, car enfin le récit officiel, qu'il a inspiré et contrôlé, dit en propres termes :

« Si les directives du grand quartier général appuyaient d'une façon particulière sur la possession des routes de Metz à Verdun, on pouvait admettre que, par l'envoi dans cette direction de deux corps d'armée et de deux divisions de cavalerie, on avait satisfait convenablement à toutes les préoccupations du grand quartier général. Le maréchal est plus coulant et moins subtil que ses disciples. »

Quoi qu'il en soit d'ailleurs de cette divergence, qui existe, que nous avons essayé de réduire à ses justes proportions, et qui paraîtra assez peu sensible, si Moltke tenait vraiment à sa façon de voir, il devait la faire connaître clairement et exactement au prince, pour que celui-ci pût agir sûrement dans le sens de ses vues, et il pouvait l'imposer puisqu'il était le chef. Au lieu de lui envoyer cette sèche directive, il devait lui expliquer longuement sa manœuvre. On eût aimé le voir écrire au prince, comme faisait Napoléon à ses maréchaux lorsqu'il voulait les mettre au courant de ses vues.

Napoléon d'ailleurs, une fois les affaires réglées sur la rive droite de la Moselle, eût couru à Pont-à-Mousson, eût conféré directement avec le commandant de la IIe armée ; nous savons que ce n'est pas la manière de Moltke, que sa grandeur le retient au rivage, et que le grand quartier général est gêné dans sa mobilité par la personne du Roi. Il pouvait encore faire part de ses intentions à un homme qui avait toute sa confiance et celle du prince, au général von Stiehle, chef d'état-major de la IIe armée, avec lequel il entretenait, paraît-il, une correspondance occulte. Mais non, au lieu de cela, il n'explique rien et n'impose rien, il lâche son subordonné avec ses gros vers la Meuse, c'est-à-dire dans le vide, avec des corps isolés vers « les routes », c'est-à-dire dans la fourmilière où grouillent étroitement concentrés plus de 150 000 Français ; il le charge enfin de « conduire l'opération d'après sa propre inspiration ». En un mot, et cette critique est grave, il ne commande pas.

Si Moltke n'impose pas sa manière de voir, s'il ne commande pas, s'il ne fait pas œuvre de chef, c'est qu'il ne s'illusionne pas lui-même sur la valeur de son concept. Homme de réflexion, de raisonnement, il cherche à résoudre la difficulté par le calcul, mais par le calcul basé sur une hypothèse — qu'il imagine, parce qu'il la tient pour la plus vraisemblable, la plus logiq   pour l'ennemi — la retraite des Français.

Au lieu d'une certitude à la base de la combinaison, selon le précepte de Napoléon, nous trouvons de l'imagination, logique sans doute, mais enfin de l'imagination. L'hypothèse ne sera même pas vérifiée, elle conduira droit à la surprise, à la crise du 16, qui ne sera conjurée que par l'énergie indomptable d'Alvensleben et l'inertie inqualifiable de Bazaine.

En vertu de cette combinaison basée sur une hypothèse vraisemblable, logique même, non vérifiée comme l'on sait, et finalement non conforme à la réalité, on viendra avec un corps d'armée, puis un second, qui « rappliquera » péniblement, tomber dans l'armée française concentrée ; on sera dans l'impossibilité de réunir la IIe armée le 16, peut-être même le 17, *a fortiori* de faire venir à la bataille les autres armées : c'est l'ennemi apparaissant tout à coup en forces considérables, sans que l'on sache sa présence aussi rapprochée, faute de renseignements, et sans que l'on puisse se rassembler, faute de protection ; *c'est la surprise par suite d'absence de sûreté* [1].

Il eût donc fallu à Moltke un service de sûreté capable de procurer les renseignements certains nécessaires à toute combinai-

---

[1] Lieutenant-colonel Foch, *Les Principes de la guerre. La Conduite de la guerre.*

son, capable de fournir les éléments d'espace et de temps également nécessaires à la mise en main des forces que cette combinaison se propose d'employer.

Cette notion de la *sûreté stratégique* semble avoir échappé à Moltke ou ne pas entrer dans son système, car, si l'on jette un coup d'œil en arrière sur la manière dont il a compris sa concentration, sur la façon dont il a préparé et manqué sa bataille de la Sarre, puis celle de la Nied, on fait les mêmes constatations, et l'on assiste au même écroulement des combinaisons ; les conséquences de la surprise y sont moins graves, voilà tout.

Cette absence de la notion de la sûreté chez le maréchal de Moltke a été mise en lumière avec beaucoup de force par M. le lieutenant-colonel Foch, dans une série de leçons professées à l'École supérieure de guerre en 1900 et 1901 ([1]). Le même officier supérieur a repris la question qui s'est posée au maréchal dès le 13 au soir, et l'a traitée à la lumière de la doctrine napoléonienne, clairement exprimée par l'Empereur dans sa correspondance avec le prince Eugène en 1809 ; ce travail est fort intéressant, la doctrine y est appliquée à un cas concret vécu et passionnant entre tous ; les ouvrages de l'auteur sont très répandus dans les milieux militaires, et le lecteur nous permettra de l'y renvoyer.

Sans doute, il ne faudrait pas reprocher au maréchal de Moltke de n'avoir pas été à la hauteur de Napoléon, et on peut l'excuser de n'avoir pas saisi l'emploi fécond des avant-gardes générales telles que les concevait et les employait l'Empereur de concert avec sa cavalerie d'exploration, en vue d'obtenir le renseignement nécessaire à ses combinaisons, d'assurer la mise en main de ses forces et d'ajuster ses coups ; mais il est des mesures commandées par le simple bon sens qu'il pouvait et devait prendre et qui eussent évité la crise.

L'armée française a évacué la rive droite de la Moselle le 15 au matin ; l'armée allemande doit passer le fleuve pour l'atteindre. Cette opération constitue assurément une manœuvre délicate, et le bon sens nous dit, comme il a dû dire au maréchal de Moltke — qui n'en manquait pas — qu'il était au moins prudent, avant

---

([1]) Lieutenant-colonel Foch, *Les Principes de la guerre. La Conduite de la guerre.*

d'entreprendre cette manœuvre, de savoir ce qu'était devenu cet adversaire, assurément pas envolé.

Ce renseignement était nécessaire pour déterminer les points de passage à l'abri des atteintes de cet adversaire, et pour asseoir la manœuvre consécutive à ce passage. Moltke ne l'a pas demandé — clairement tout au moins. Il a bien parlé, dans son ordre du 13, de « pousser la cavalerie en avant » (en avant des autres corps de la IIe armée, c'est-à-dire vers la Meuse), et de « troubler la retraite éventuelle de l'ennemi sur la route Metz—Verdun ».

(Notons en passant que, en fait de cavalerie, la seule 5e division répondra à cet appel.)

Le 14, avant de connaître la bataille de Borny, il avoue sans artifice l'obscurité de la situation, et se borne, aussi vaguement que la veille, à envoyer la cavalerie, soutenue par des détachements d'infanterie, vers les routes de Metz à Verdun. Cet envoi, qui d'ailleurs procède d'une idée juste, aura des conséquences justes, amènera Rheinbaben sur ces routes, qu'il trouvera libres vers l'ouest, finira par le convaincre de la présence de toute l'armée française aux abords de Metz le 16 au matin, c'est-à-dire un peu tard pour conjurer la crise.

Mais enfin, si Moltke avait voulu sérieusement que sa cavalerie trouvât l'armée française, il devait lui dire de la chercher jusque sous les remparts de Metz où elle passerait forcément, à l'ouest, au sud-ouest, au nord-ouest, partout enfin, et non pas seulement à Mars-la-Tour et plus à l'ouest ; il devait surtout se garder soigneusement de faire partager à cette cavalerie son hypothèse de retraite qui va la faire explorer des lignes de retraite, alors que sa fonction même est de chercher l'inconnu pour le résoudre, et éviter d'en être réduit à l'hypothèse.

Le 15 au soir, Moltke avoue encore ne pas être fixé, mais il ne demande rien de précis à sa cavalerie. Le lendemain, c'est à peine s'il tiendra compte des renseignements obtenus par Rheinbaben opérant en vertu de sa prescription du 14.

La bataille du 16 ne l'éclairera pas encore complètement, tant est forte la fascination de l'hypothèse, création de son imagination ; non, le renseignement qu'il pouvait avoir le 15 dans la journée s'il l'avait demandé avec précision et autorité, il ne le possédera que le 18 très avant dans la nuit, après la chute de Saint-Privat !

Quoi qu'il en soit, nous voici le 15 au soir. Si nous sortons un instant des quartiers généraux, où nous avons essayé de saisir la pensée des chefs supérieurs, en nous mettant à leur place, en nous refusant de connaître de la situation plus qu'ils n'en ont connu, si nous soulevons le voile qui recouvre cette dernière, nous aurons sous les yeux un étrange tableau : il a été peint de main de maître, et nous citons textuellement :

« En effet, les deux foudres de guerre qui conduisent les armées les ont alignées la veille (du 16) côte à côte, coude à coude, comme si elles allaient combattre un ennemi commun, venant des plaines de la Champagne, notre armée de Châlons, par exemple !

« Le matin, une collision, un choc se produit entre l'aile droite de l'une et l'aile gauche de l'autre, qui ne se savaient point si voisines, et le canon tonne sur les célèbres plateaux ! et la bataille gronde, bataille de Poltava, hélas ! Elle est ignorée tout le jour de l'un des généralissimes, elle est repoussée tout le jour, mais subie par l'autre ; elle débute par une surprise, et elle reste une surprise pour tous, même pour celui qui l'a décrétée de sa volonté souveraine ([1]) ! »

Laissons retomber le voile, et retournons à notre obscurité ; il est nuit d'ailleurs, nuit que l'on hésite vraiment à appeler « veillée des armes », en raison du petit nombre de ceux qui soupçonnent la grande journée du lendemain.

II — Les unités subordonnées le 15 et dans la nuit du 15 au 16 août ([2])

Nous avons essayé jusqu'ici de pénétrer dans les quartiers généraux, d'y découvrir la pensée des chefs supérieurs, de faire ressortir les raisons des combinaisons qu'ils élaborent, les mobiles qui les font agir. Cherchant des enseignements, nous avons discuté ces combinaisons, ces décisions, ces actes, à la lumière des principes incontestés de la guerre, essayé surtout de faire

---

([1]) Général CARDOT, *Les Leçons du 16 août.*
([2]) Voir carte n° 5.

entrevoir les conséquences désastreuses que le saut dans l'inconnu, ou tout au moins dans l'incertain, pouvait avoir pour les armes allemandes. Au cours et surtout à l'issue de cette discussion, nous avons dû constater les défaillances de la direction supérieure.

Il sera intéressant maintenant de descendre d'un degré, d'accompagner à leurs gîtes d'étapes du 15 au soir les commandants des unités destinées à l'offensive contre « les routes », d'interroger Rheinbaben, Alvensleben, Voigts-Rhetz, de nous faire une idée de leur état d'esprit, de chercher à saisir la façon dont eux, les exécutants, voient la situation, se font le tableau, sont impressionnés enfin, et, s'il y a lieu, la façon dont ils réagissent sur le commandement supérieur et dont ils agissent les uns vis-à-vis des autres.

1° La 5ᵉ division de cavalerie. — Dans la journée du 15, la 5ᵉ division de cavalerie s'était portée de la région de Thiaucourt sur Fresnes-en-Woëvre, puis rabattue par la chaussée de Metz à Verdun sur Sponville et Puxieux, où elle rencontrait deux régiments de cavalerie française, bientôt renforcés ; il en résultait une canonnade sans importance, terminée d'ailleurs peu après midi. La route de Mars-la-Tour à l'ouest de cette localité était libre ; quant à la route de Conflans, on ne s'en préoccupait pas, si ce n'est en envoyant un escadron du 16ᵉ uhlans en vue d'établir la liaison avec la Iʳᵉ armée ; rejeté à Jarny et à Bruville, cet escadron se mettait en retraite sur Mars-la-Tour, où il tombait dans une embuscade de chasseurs d'Afrique.

La 5ᵉ division stationnait le soir :

11ᵉ brigade (Barby), à Puxieux ;

12ᵉ   —   (Bredow), à Suzemont ;

13ᵉ   —   (Redern), à Xonville.

Parmi les renseignements transmis par Rheinbaben, il en est un, très important, qui a toute une histoire fort compliquée. Nous y reviendrons plus loin à propos du Xᵉ corps, qui est en cause. Ce rapport, daté de Xonville 5 heures du soir, disait :

« D'après les renseignements reçus, de l'infanterie ennemie s'avance dans la direction de Tronville—Puxieux ; il serait très désirable que l'on envoyât de Thiaucourt vers Dommartin de

l'infanterie. Une reconnaissance a constaté la présence à Vionville de vedettes, et à Rezonville d'un grand camp de toutes
armes (1). »

De ce renseignement, ainsi que du renseignement Kotze (2)
qui lui est postérieur, et qui annonçait la présence sur les hauteurs avoisinant Rezonville de nombreuses troupes de toutes
armes campées sous la tente et évaluées à 20 000 hommes environ, nous retiendrons ce qui nous est nécessaire pour voir clair
dans l'esprit de Rheinbaben, on dirait peut-être mieux dans son
sentiment.

A l'ouest, ses patrouilles n'ont rien vu, n'ont essuyé aucun
coup de feu. A l'est, non seulement on a échangé des coups de
fusil et de canon, mais on a vu des troupes de toutes armes en
station.

Au nord, on a été repoussé à coups de fusil.

Le contour apparent de l'ennemi se dessine, on voit même en
dedans de ce contour, et malgré les fausses directions dans lesquelles on a oscillé par suite de l'orientation donnée par l'autorité supérieure, on commence à voir clair. Rheinbaben sent, en
quelque sorte, que l'armée française est là, sous sa main (3) ; il
n'est pas encore certain, mais il est convaincu, il sent surtout
qu'il ne peut pas pousser plus loin avec sa division ; il fait même
dire que, s'il est repousssé, il se repliera sur Verdun, direction où
il a constaté le vide ; il réclame de l'infanterie à Dommartin, non
pas pour s'en faire un repli, puisque Dommartin n'est pas dans
la direction de Verdun, mais parce que la notion de la sûreté
s'impose à lui, spectateur des premières loges, parce qu'il sent
la nécessité d'une troupe capable de résistance, capable de permettre aux siens de grouper leurs forces pour exécuter la manœuvre qu'ils auront combinée, capable enfin de continuer la
reconnaissance forcément incomplète de ses escadrons.

En résumé, à la 5ᵉ division de cavalerie, on sent l'odeur de la
poudre, on fourbit ses armes pour le lendemain, on pressent la
bataille à l'est ou au nord — on ne sait pas encore au juste —

---

(1) Parvenu à Thiaucourt à 5ʰ 30 du soir.

(2) Capitaine Kotze, du 10ᵉ hussards (brigade Redern).

(3) Cf. Général CARDOT, *Les Leçons du 16 août.*

les canons d'Alvensleben seuls amèneront la certitude. Pour ces cavaliers, la nuit du 15 au 16 est bien une veillée des armes.

2° *Le Xe corps*. — Au Xe corps, à Thiaucourt, l'état des esprits est passionnant ; c'est peut-être là que l'on est le plus près de la vérité, et peut-être aussi le plus coupable.

Le quartier général du Xe corps est donc arrivé à Thiaucourt le 15 dans l'après-midi avec la 19e division. Il y a reçu trois renseignements importants.

Le premier émanait du lieutenant von Podbielsky [1]. Cet officier avait accompagné le 15 une patrouille du 11e hussards [2] et avait exploré soigneusement la route de Metz à Verdun par Mars-la-Tour. Il avait constaté que les forces françaises venaient de Metz ou retournaient à Metz. Du côté de Verdun par contre, rien ne se montrait, à tel point que les reconnaissances purent impunément tourner le dos à cette direction.

De ces observations, Podbielsky concluait que les Français ne pouvaient pas, le 15 à midi, être en route pour Verdun ; et comme la cavalerie française avait été découverte à Vionville et Mars-la-Tour, il tenait pour certain que les Français étaient encore à Metz, et que ladite cavalerie était l'avant-garde de l'armée du Rhin. Il faisait son rapport dans ce sens au lieutenant-colonel von Caprivi, chef d'état-major du Xe corps, et exprimait l'opinion qu'il y aurait le lendemain une grande bataille.

Le deuxième renseignement est celui qu'a envoyé Rheinbaben de Xonville, à 5 heures du soir ; nous le connaissons. Notons en passant que ce renseignement n'est jamais parvenu au quartier général de la IIe armée ; l'original existe dans les archives du Xe corps ; il n'en existe pas de copie dans les archives de la IIe armée, et les généraux von Hæseler et von der Goltz affirment hautement qu'il ne lui est pas parvenu ; la cause de cette non-transmission serait qu'au quartier général du Xe corps on n'attacha aucune importance particulière à ce renseignement [3] ; il est certain que l'on se trompait lourdement.

---

[1] De l'état-major de X^e corps.

[2] De la 5e division de cavalerie.

[3] Monographie n° 25, annexe n° 1.

Le troisième renseignement est celui du capitaine Kotze ; nous avons vu plus haut ce qu'il contenait.

Tous ces renseignements éclairaient l'état-major du Xe corps — le chef d'état-major de ce corps d'armée en particulier, lieutenant-colonel von Caprivi, qui passait pour avoir une grande influence sur le commandant du corps d'armée, général von Voigts-Rhetz — dans le même sens que Rheinbaben. Mais Caprivi était encore loin, quoi qu'en dise F. Hœnig, d'avoir l'idée nette et exacte de la situation le 15 au soir ([1]), ce qu'il ne faut d'ailleurs pas lui reprocher, car même les mieux informés ne connaissent jamais la situation exacte de l'ennemi. Caprivi était moins aveuglé que les autres, voilà tout ; qu'on en juge :

Le chef d'état-major du Xe corps était convaincu, le 15 au soir, « que l'ennemi était encore devant nous » (*dass der Feind noch vor uns stehe*) ; mais que veut dire ce « devant nous » ? La fraction du Xe corps qui est arrivée à Thiaucourt le 15 au soir vient de Pont-à-Mousson ; elle a comme direction de marche Saint-Hilaire ; « devant nous » veut donc dire vers le nord-ouest, et non vers Metz ; cela veut dire que l'armée française, que l'on croit en retraite vers la Meuse, comme partout, s'est arrêtée quelque part au nord de la route Metz—Mars-la-Tour—Verdun, sans doute pour continuer le lendemain vers le nord-ouest. Si « devant nous » voulait dire vers Metz, comment expliquer les faits et gestes ultérieurs du Xe corps, et l'attitude de Caprivi qui, dans la conférence tenue le 17 au matin à Flavigny en présence du Roi et de Moltke, ne fit point part de sa conviction, renforcée par le canon du 16 ?

Quoi qu'il en soit, dans cette soirée du 15, on reçoit à Thiaucourt l'ordre de la IIe armée pour le 16 ; on lui fait un accueil plein d'incrédulité, ce qui prouve, nous en avons convenu, que l'on voit autrement et plus exactement au Xe corps qu'à la IIe armée. Caprivi a raconté la scène à F. Hœnig, qui nous la met sous les yeux :

« Lorsque, dit Caprivi, je passai à mon général, en présence de Brandenburg ([2]), l'ordre de 7 heures du soir, Voigts-Rhetz, après

---

([1]) Cf. *La Vérité sur la bataille de Vionville—Mars-la-Tour.*

([2]) Commandant la brigade des dragons de la Garde.

l'avoir parcouru, récita d'un ton sarcastique le paragraphe d'introduction : la retraite de l'ennemi est en train... Je l'entends encore : nous nous regardions sans mot dire ; le comte de Brandenburg souriait. Mais Voigts-Rhetz s'écria : « Ils n'ont donc pas « reçu nos renseignements ou ne les ont pas compris ! Nous disons « sans cesse qu'il y a des masses à Metz ; Rheinbaben a croisé le « fer avec elles ; nous ne pouvons pourtant pas marcher vers la « Meuse sans savoir ce qu'il y a à Metz et sans nous débarrasser de « cet ennemi. Si nous exécutons l'ordre de l'armée ? Alors ! » — et le général promenait d'une façon comique son doigt médius, celui que nous appelions « stratégique », sur la carte — « alors ! il « faut immédiatement retourner Rheinbaben de l'est vers l'ouest, « de la Moselle vers la Meuse, car visiblement le prince ne compte « pas sur une rencontre ! Les prisonniers ont pourtant dit qu'ils « étaient venus aujourd'hui de Metz et que l'armée était derrière, « et c'est pour ce motif que nous les avons expédiés rapidement au « prince ! » Comme Brandenburg et moi nous nous taisions, Voigts-Rhetz continua littéralement : « C'est une stupide histoire ! *das « ist eine dumme Geschichte ;* le prince doit avoir d'autre part des « renseignements qui enfoncent les nôtres, probablement des rap- « ports d'espions. Il nous faut croire contre l'évidence ! Les Fran- « çais se décideront difficilement à descendre la Moselle, mais ils « peuvent prendre la diagonale, et filer par le nord-ouest. Dans tous « les cas, ils ne sont pas évanouis ; s'ils vont demain par le nord- « ouest, une rencontre est très probable. »

Comme on le voit, l'idée préconçue de la retraite des Français, là même où l'on sent leur contact, là où l'on se moque de la conception du prince, hante toujours les esprits. On ne les voit pas en retraite dans la direction admise par le prince, mais on les voit en retraite, on ne songe pas qu'ils peuvent être réunis, qu'ils peuvent attaquer et écraser les Xᵉ et IIIᵉ corps, et dans les 20 000 hommes signalés par Kotze, on voit en quelque sorte l'arrière-garde de l'armée française filant par le nord-ouest, « la diagonale ».

Et telle est la force de l'idée préconçue que l'on ne cherche pas à transformer sa conviction en certitude en faisant explorer les routes non encore atteintes, celle d'Étain et celle de Briey. « Avec une carte et un kutsch, dit von Scheff, chacun pouvait

deviner la situation; une seule patrouille envoyée sur les autres
routes de Verdun, et la situation devenait claire comme une situation de cristal. »

Von Scherff va peut-être un peu loin dans la simplicité des
moyens qu'il indique, mais un escadron bien orienté pouvait
donner ce qu'il fallait savoir. Voici comment nous en compren-
drions l'emploi :

Une fois la route de Mars-la-Tour atteinte dans l'après-midi,
et l'escadron envoyé sur Jarny repoussé, on pouvait envoyer cet
escadron ou un autre à l'ouest de Conflans sur Jeandelize par
exemple; cet escadron faisait filer deux pelotons sur la route de
Briey; on avait ainsi deux pelotons sur chacune des routes inté-
ressantes, chacune de ces fractions envoyait des éléments de
découverte, d'une part vers Metz, d'autre part vers le nord-ouest;
ces patrouilles auraient bien fini par recevoir des coups de fusil
ou des coups de sabre, ou à voir quelque chose ou à trouver le
vide : là où il y avait de la casse, il y avait l'ennemi, ce que l'on
cherchait.

Il va sans dire que cette exploration eût gagné à être faite par
toute la division Rheinbaben, ou tout au moins par la brigade
légère Redern.

Donc Caprivi a vu plus clair que les autres, mais n'a pas vu
exactement et n'a pas cherché à voir exactement, ce qu'il pouvait
faire en sa qualité de représentant de Voigts-Rhetz. D'ailleurs
nous ne pouvons le tenir quitte à si bon compte. En effet, outre
la grave négligence qu'il a commise en ne mettant pas tous ses
soins à faire parvenir à Pont-à-Mousson le renseignement Rheinbaben, pourquoi n'a-t-il pas fait part à la IIᵉ armée de ses impressions, de sa conviction, de son incrédulité? Pourquoi n'a-t-il pas
fait savoir à Alvensleben ce qu'il savait? Ces questions constituent une critique suffisante de la conduite de Caprivi; la dernière en particulier, nous la retenons, car enfin, elle intéressait
singulièrement Alvensleben, dont les troupes étaient entassées
dans la vallée de la Moselle, avec leur tête à Gorze, à proximité
des 20 000 hommes signalés par Kotze.

Le lieutenant, aujourd'hui général, von Lessing, qui était adjudant à l'état-major du Xᵉ corps et chargé du service des renseignements, nous fait observer à ce sujet que le Xᵉ corps n'a connu

la destination d'Alvensleben, Mars-la-Tour, qu'à 1ʰ 3o du matin, qu'il était trop tard pour renseigner le IIIᵉ corps, que ses avant-postes et ses patrouilles allaient orienter beaucoup mieux que n'aurait pu le faire la dépêche Rheinbaben. Il nous semble au contraire que la 5ᵉ division d'infanterie, qui passe la nuit dans la vallée de la Moselle et le ravin de Gorze, eût été bien aise de savoir, même à 3 heures du matin, qu'elle avait dormi à côté de 20 000 Français; il nous semble qu'Alvensleben, informé même à 3 heures du matin de la présence de l'armée française ou de gros paquets de cette armée sur les plateaux de Rezonville, eût, sans modifier peut-être son énergique décision, combiné son affaire de façon à agir avec tout son monde dans la main, et ne se fût pas trouvé dans la situation peu enviable de conduire l'action au moyen d'une seule de ses divisions, en raison de l'engagement fatalement inopiné de la 5ᵉ division d'infanterie au débouché de Gorze; il nous semble qu'Alvensleben eût été dans la possibilité d'amener tout son monde sur les plateaux par Waville et Buxières, où il pouvait arranger une action d'ensemble, où il se rapprochait du Xᵉ corps, où les deux corps d'armée pouvaient, si le Xᵉ s'y prêtait, entreprendre finalement cette « offensive vigoureuse » réclamée par Moltke pour toutes les forces disponibles de la IIᵉ armée, réduites en réalité à trois corps d'armée, ou cette « poursuite énergique » ordonnée par le prince à deux corps d'armée, ceux-là justement dont nous parlons.

Au lieu de cela, et en raison de l'attitude de son voisin, Alvensleben sera amené à lutter seul, et dans quelles conditions ! avec une division à peu près paralysée dès le début dans les bois de Vionville et de Saint-Arnould !

Quel que soit l'éclat de la lumière qui a éclairé la double personnalité Voigts-Rhetz, Caprivi, plus simplement le commandement du Xᵉ corps, il fallait que l'enseignement, la morale y trouvassent leur compte; nous pensons l'avoir suffisamment fait ressortir et passons aux mesures d'exécution prises par le Xᵉ corps pour la journée du 16.

L'ordre du corps d'armée, daté de Thiaucourt 11ʰ 3o du soir, débute par ces mots : « La retraite de l'armée française est en train, la IIᵉ armée la suit. Le Xᵉ corps continue sa marche sur Verdun. » Il était impossible, a dit Caprivi, d'éviter ces phrases, et l'ordre du corps d'armée ne pouvait détruire celui de l'armée. Cette satisfaction donnée à la forme, l'ordre fut construit pour servir à deux fins. Dirigé par le commandement sur Saint-Hilaire, attiré vers le nord-est par sa conviction, Voigts-Rhetz ordonne les mouvements suivants :

La 19e division devait quitter Thiaucourt à 5 heures du matin et se porter, partie sur Chambley (37e brigade [1]), partie sur Saint-Hilaire (reste de la 19e division et brigade des dragons de la Garde [2]). Elle constituait de la sorte deux avant-gardes, couvrant la marche du gros du corps d'armée (20e division, artillerie de corps) de Pont-à-Mousson sur Thiaucourt [3].

---

[1] Au départ de Thiaucourt, la 37e brigade n'était pas complète ; il lui manquait le *détachement du lieutenant-colonel von Lyncker,* qui devait la rejoindre à Chambley. Ce détachement ($\frac{\text{II et F}}{78}$, 1er escadron, trois quarts du 2e et trois quarts du 3e escadron du 9e dragons, régiment divisionnaire de la 19e division, batterie $\frac{\text{I}}{\text{10}}$) avait été constitué à Pont-à-Mousson, le 14, et envoyé sur Vandières ; le 15, il descend la vallée jusqu'à Novéant. Le 16, d'après l'ordre de la IIe armée, il devait rejoindre le Xe corps. A cet effet, le commandant du Xe corps avait prescrit à Lyncker de rejoindre à Chambley le gros de la 37e brigade. Lorsque cet ordre parvint à Lyncker, la 5e division d'infanterie avait déjà commencé son mouvement sur Gorze, de sorte qu'il dut se mettre à la suite de cette unité. Nous verrons plus loin qu'il s'engagea avec la 5e division d'infanterie.

Le reste de la 37e brigade (*détachement Lehmann*) ne comprenait donc que : $\frac{\text{I}}{78}$, 91e, batterie $\frac{\text{I}}{\text{10}}$, six pelotons du 9e dragons.

[2] La colonne Schwartzkoppen comprit donc : l'état-major de la 19e division, la 38e brigade d'infanterie, le 3e escadron du 2e dragons de la Garde, batteries $\frac{\text{2, II}}{\text{10}}$, deux compagnies de pionniers. La brigade des dragons de la Garde (1er régiment, deux escadrons du 2e) devança la colonne.

[3] Nous donnons ci-dessous le texte de l'ordre du Xe corps :

« Thiaucourt, 15 août, 11h 15 soir.

« *Disposition pour le 16 août*

« La retraite de l'armée française est en train. La IIe armée la suit.

« Le Xe corps continue sa marche sur Verdun.

« Le lieutenant général von Rheinbaben a rencontré une division de cavalerie ennemie qui s'est retirée dans la direction de Metz ; en outre, il a constaté la présence d'un camp adverse de troupes de toutes armes aux environs de Rezonville ; demain de bonne heure, il reconnaîtra ce camp et s'efforcera en même temps d'éclairer la route Metz—Conflans ; il saisira toutes les occasions favorables d'attaquer l'ennemi. Le 13e dragons et deux batteries à cheval du 10e régiment ont reçu directement l'ordre de rompre à 4h 30 du matin de leurs bivouacs, près de Thiaucourt, et de rejoindre le général Rheinbaben près de Xonville.

« Pour appuyer le général von Rheinbaben et faciliter la jonction avec le colonel von Lyncker, qui est près de Novéant, le colonel Lehmann partira demain à 4h 30 du matin *avec* 4 bataillons, 1 batterie et 2 escadrons, et se portera de Thiaucourt, par Dom-

Les dragons de la Garde partaient de manière à précéder à Saint-Hilaire la 19e division, tandis que la 5e division de cavalerie devait de très bonne heure « reconnaître le camp » signalé la veille, « s'efforcer d'éclairer la route Metz—Conflans et saisir toutes les occasions favorables d'attaquer l'ennemi ».

Pour décider le général von Rheinbaben à exécuter cette attaque, le lieutenant-colonel von Caprivi rejoignait la 5e division le 16 de très bonne heure, lui amenant, sous la protection du 2e escadron du 2e dragons de la Garde ([1]), les deux batteries à cheval de l'artillerie de corps (major Körber).

Nous étudierons plus loin les faits et gestes de la 5e division de cavalerie et de ces batteries.

La présence du chef d'état-major du Xe corps sur le théâtre de la lutte ne fut d'ailleurs pas inutile. Caprivi avait, avant de partir, obtenu l'autorisation de prescrire, le cas échéant, les changements de direction nécessaires, et disposait, pour transmettre ses ordres, de cinq officiers d'état-major ou adjudants. Dès que le IIIe corps eut sérieusement engagé la lutte, et que la situation

martin, sur Chambley. Il restera en ce dernier point jusqu'à ce que sa mission soit terminée et ira ensuite bivouaquer près de Doncourt-aux-Templiers.

« Le colonel von Lyncker se portera à 4h 30 de Novéant, par Gorze, sur Chambley, où il passera sous les ordres du colonel Lehmann. La 19e division lui fera parvenir cet ordre par les voies les plus sûres.

« Le général von Schwartzkoppen partira de Thiaucourt avec la brigade des dragons de la Garde et le reste de sa division à 5 heures du matin et se portera, par Benoît-en-Woëvre, sur Saint-Hilaire où il s'arrêtera, se couvrant par des avant-postes, et poussant sa cavalerie sur Fresnes et Lachaussée ([a]). Il pourra faire suivre sa brigade de dragons par une partie de son infanterie montée sur des voitures. Il enverra des patrouilles vers Vigneulles et sur la route de Vigneulles à Fresnes, et se tiendra en liaison à droite avec le général von Rheinbaben et le colonel Lehmann. Il laissera à Thiaucourt deux compagnies jusqu'à ce qu'elles soient relevées par la 20e division.

« Le général von Kraatz partira à 4h 30 du matin avec la 20e division et l'artillerie de corps après avoir fait rentrer le détachement de Champey ; il traversera la Moselle et marchera par Thiaucourt pour aller bivouaquer entre Bencey et Thiaucourt. Il occupera Benoît-en-Woëvre et poussera de faibles avant-postes vers Xammes et Vigneulles.

« ... Je partirai à 4h 30 sous l'escorte d'un escadron du 13e dragons pour me rendre auprès du général von Rheinbaben : je compte porter ensuite mon quartier général à Saint-Hilaire. Les bagages du quartier général marcheront avec le général von Schwartzkoppen et seront sous ses ordres.

« Signé : VOIGTS-RHETZ. »

([1]) Le 13e dragons (5e division de cavalerie), qui était resté le 15 à Thiaucourt, par ordre du général commandant le Xe corps, rejoignit sa division dans la soirée. Par suite, le lendemain, le 2e escadron du 2e dragons de la Garde fut chargé d'escorter les batteries à cheval de l'artillerie de corps, avec lesquelles marcha Caprivi, tandis que le général von Voigts-Rhetz marcha au début avec la 19e demi-division.

([a]) Il y a évidemment là une erreur et il ne peut être question que de la chaussée de Verdun à Metz.

fut éclaircie, ces officiers se détachèrent en toute hâte pour amener sur le champ de bataille les colonnes du Xe corps, qui toutes purent intervenir dans la lutte avant 5 heures du soir.

Au Xe corps, en résumé, comme à la 5e division de cavalerie, on voit, on sent la situation plus exactement qu'au quartier général de la IIe armée ; on s'attend à une bataille, comme Podbielsky ; on a pris des mesures habiles ; grâce au jeu de deux avant-gardes, on s'est donné la possibilité de porter le gros des forces là où ce sera nécessaire. Pour les fractions du Xe corps arrivées à Thiaucourt, cette nuit est bien aussi une veillée des armes.

Ces événements des 15-16 août sont vraiment étonnants par les contrastes saisissants qu'ils nous mettent sous les yeux. Si en effet nous passons au IIIe corps, celui qui va le premier entrer dans la fournaise, celui dont le chef sera le héros du jour, nous voyons l'erreur continuer de régner en maîtresse, de par la vertu de l'idée préconçue, communiquée et entretenue par la direction supérieure.

3° *Le IIIe corps.* — Arrêté, comme nous le savons, dans la matinée du 15, pour renforcer éventuellement la Ire armée, le IIIe corps avait reçu le 15, vers 2 heures du soir, l'ordre de reprendre son mouvement vers la Moselle, afin d'atteindre le 16 Mars-la-Tour. La marche était en conséquence reprise entre 5 heures et 6 heures du soir, par un ordre daté de Sillegny, 3^h 25 du soir.

La 5e division d'infanterie, utilisant le pont fixe de Novéant, laissé intact par les Français, s'établissait au bivouac vers minuit entre ce point et Gorze, couverte par :

à Gorze . . .	{ 2e bataillon du 8e ; { 4e escadron du 12e dragons.
à Dornot . .	{ 1er bataillon du 8e ; { 3e escadron du 12e dragons.
à Corny. . .	1er bataillon du 12e.

La 6e division, passant à Champey sur une passerelle construite par l'équipage de ponts du corps d'armée (¹), s'établissait de Pagny à Arnaville.

L'artillerie et tous les trains passaient à Pont-à-Mousson ; les

______

(¹) La largeur de la Moselle en ce point ne permit pas à l'équipage de ponts de construire un passage praticable à toutes les armes.

dernières troupes n'arrivaient pas à destination avant 2 heures du matin.

Le prince Frédéric-Charles n'avait cessé de répéter aux colonnes de la 6ᵉ division, qu'il avait rencontrées à Champey, qu'il fallait hâter la marche, si l'on ne voulait pas manquer l'adversaire évidemment en retraite.

Cette manière de voir concordait parfaitement avec celle du général von Alvensleben. Depuis les affaires de la Sarre et l'immobilité ou la lenteur qui les avaient suivies, sa conviction était que, dans l'armée allemande, on savait bien vaincre, mais non profiter de la victoire. Il entendait bien ne pas manquer la poursuite, à laquelle on le conviait, après avoir assez longtemps contenu son impatience, le 15 en particulier, où il avait fallu des ordres réitérés du commandement pour l'empêcher de franchir la Moselle.

Comme on le voit, Alvensleben est complètement orienté à faux ; son corps d'armée se couche dans la vallée de la Moselle, sa tête appuyée à Gorze, et là, tout près de son chevet, dort aussi tranquillement une armée de plus de 150 000 hommes, qu'il croit en retraite sur Verdun, et qu'il doit essayer de retenir le lendemain par le pan de la veste.

C'est dans cet état d'esprit que son chef le laisse pour rentrer à son quartier général de Pont-à-Mousson ; c'est dans cet état d'esprit qu'il reçoit l'ordre de Pont-à-Mousson, 15 août, 7 heures du soir, qui ne parle pas des renseignements de la 5ᵉ division de cavalerie et du Xᵉ corps, qui le confirme dans la poursuite ; c'est dans cet état d'esprit qu'il laisse dans cette nuit la Moselle derrière lui, sans rien faire pour s'emparer immédiatement des hauteurs qui commandent le défilé de Gorze : conduite que l'on pourrait qualifier de tout à fait insuffisante, s'il avait reçu de la IIᵉ armée les renseignements de la soirée ou s'il avait été avisé par son collègue du Xᵉ corps de la présence à Rezonville des 20 000 hommes de toutes armes signalés par Kotze, conduite après tout explicable s'il ne s'agit plus pour lui que d'atteindre « des bagages » (¹) ou même des queues de colonnes, et d'entamer la « poursuite énergique » ordonnée par le prince.

(¹) Expression employée par Frédéric-Charles, le 15 au soir, lors de sa visite au corps d'armée de Brandebourg, qu'il avait commandé avant Alvensleben.

C'est dans cet état d'esprit qu'Alvensleben donne à son corps d'armée son ordre pour le 16, et le remet en marche dès 5 heures du matin sur deux colonnes, pour l'établir à cheval sur les routes de Mars-la-Tour et de Conflans, la 5ᵉ division d'infanterie par Novéant et Gorze sur Vionville, la 6ᵉ division et l'artillerie de corps par Arnaville, Onville et Buxières sur Mars-la-Tour [1].

Le IIIᵉ corps s'est donc bien endormi le 16 au soir, en ne soupçonnant pas, lui, que cette nuit était une veillée des armes ; il s'est endormi en rêvant à la poursuite, aux bagages qu'il allait rattraper, plutôt qu'au sacrifice qu'il allait consentir, au sang qu'il allait répandre le lendemain pour sauver ses frères ; il a été jeté dans la fournaise par la faute du haut commandement ; il y est entré dans des conditions aussi désavantageuses qu'indépendantes de sa volonté, et cela un peu aussi par la faute de ses camarades, qui auraient pu quelque chose pour lui.

Nous allons tout à l'heure le suivre sur ce champ de bataille qui devait tout d'abord et pendant de longues heures être pour lui un chemin de croix, avant d'être définitivement et pour jamais un champ de gloire.

4° Le IXᵉ corps. — Dans la soirée du 15, le IXᵉ corps, dirigé à partir de midi sur Verny, stationne :

Quartier général à Verny ;

Artillerie de corps à Liéhon ;

18ᵉ division à Coin, Sillegny, Pommérieux, Buchy, Silly-en-Saulnois ;

---

[1] L'ordre du IIIᵉ corps, pour le 16, était ainsi conçu :

Pagny, 15 août, 10ʰ 30 du soir.

« Par ordre supérieur, le IIIᵉ corps devra se placer demain à la pointe du jour à cheval sur la route Metz—Verdun.

« En conséquence :

« La 6ᵉ division d'infanterie, rompant à 5 heures, se portera sur Mars-la-Tour par Arnaville et Onville. La division enverra en temps utile des officiers reconnaître la viabilité des routes que l'on ne connaît que par la carte.

« L'artillerie de corps suivra la division à 7 heures.

« La 6ᵉ division de cavalerie aura franchi en tous cas le pont de Novéant demain à 5ʰ 30 du matin ; elle se portera ensuite sur Vionville par Gorze.

« La 5ᵉ division d'infanterie suivra la 5ᵉ division de cavalerie.

« Toutes les troupes se placeront dès leur arrivée sur la route Metz—Verdun, face à la forteresse. »

25ᵉ division (hessoise) à Pournoy-la-Grasse, Orny, Cherisey, Mécleuves, Pontoy.

L'ordre du prince Frédéric-Charles pour le 16 parvint au quartier général de Verny assez tard dans la nuit. Il spécifiait que le IXᵉ corps aurait à se porter le 16 dans la région de Sillegny, pour continuer le 17 derrière le IIIᵉ corps par Novéant sur Gorze.

Cet ordre, dont les données étaient d'ailleurs assez vagues, ne satisfit pas le général von Manstein.

D'autre part, ce dernier s'était rendu compte, dans la matinée du 15, de notre mouvement rétrograde; il était par suite convaincu de la nécessité de porter rapidement son corps sur la Moselle et de franchir le fleuve afin de joindre à temps l'adversaire.

Enfin, une autre considération de nature très différente eut sur sa décision une réelle importance. Pendant la marche du 15, les colonnes du IXᵉ corps avaient à plusieurs reprises croisé celles du VIIIᵉ défilant sur Orny. Il en était résulté des frottements nombreux et une installation assez bizarre du VIIIᵉ corps, dont les bivouacs étaient coupés par la zone des cantonnements du IXᵉ corps. Manstein redoutait pour le 16 des difficultés analogues, dont les conséquences pourraient être beaucoup plus graves, puisque, aux termes de la directive de Moltke, les VIIᵉ et VIIIᵉ corps devaient venir s'établir entre Arry et Pommérieux, s'intercalant ainsi entre le IXᵉ corps, s'il se concentrait à Sillegny, et le gros de la IIᵉ armée.

Par suite, le général détacha un officier de son état-major, le capitaine von Lignitz, pour réclamer du prince la désignation d'une route de marche et d'un point de passage spécial de la Moselle. En même temps, de sa propre initiative, il interprétait l'ordre de l'armée de la façon la plus large et, tout en laissant son quartier général à Sillegny, il poussait les colonnes du IXᵉ corps à la Moselle, les têtes à Corny et Arry, les queues à la Seille. Bien loin d'éviter les croisements de colonnes, ces décisions allaient les augmenter encore, et rendre la marche du 16 extrêmement pénible pour les IXᵉ et VIIIᵉ corps.

Néanmoins, grâce à ces modifications, il fut possible de faire serrer au moment voulu le gros du IXᵉ corps entre Gorze et la Moselle, et même d'assurer l'entrée en ligne des fractions de tête sur le champ de bataille.

5° La Ire armée. — Aux termes de la directive de Moltke, la Ire armée, laissant un corps (Ier) en observation devant Metz, devait amener le 16 les deux autres entre Arry et Pommérieux.

Le VIIIe corps fut avisé d'avoir à marcher en deux colonnes, sur Arry-Lorry (départ à 6 heures); le VIIe corps avait ordre de suivre en temps utile et de s'établir vers Pommérieux; la Ire division de cavalerie devait se porter à Fey, la 3e entre Courcelles et Mécleuves, assurant la liaison avec le Ier corps.

Comme nous l'avons dit ci-dessus, les croisements de colonnes étaient inévitables. Le mouvement s'exécuta dans des conditions déplorables et au prix de grosses fatigues.

Le dévouement et l'énergie de tous assurèrent néanmoins l'entrée en ligne d'une fraction assez importante du VIIIe corps sur le champ de bataille.

Nous savons maintenant par quelles mains et dans quelles conditions les troupes allemandes, le IIIe corps en particulier, ont été amenées au seuil des plateaux de Vionville.

Mais les événements de la matinée du 16 devaient compliquer encore leur situation et rendre plus ardue leur tâche.

Oui, Alvensleben va être obligé, lui, subordonné, d'exploiter cette situation en se substituant au commandement supérieur absent, et il ne sera même point maître des préliminaires de la lutte ! Le prologue du grand drame qu'il va mettre en scène ne sera point son œuvre, et il devra pourtant le prendre à son compte !

Tout, en un mot, jusqu'au dernier moment, conspirera contre lui. Nous espérons faire ressortir cette idée en exposant successivement la surprise du camp français par les batteries Körber, l'entrée en scène des 5e et 6e divisions de cavalerie, et enfin l'engagement de la 5e division d'infanterie.

III — Les premiers engagements dans la matinée du 16 août

1° La surprise Körber et la 5e division de cavalerie ([1]). — En exécution des dispositions arrêtées à Thiaucourt dans la nuit

---

([1]) Voir le croquis perspectif n° 6 et la carte au 1/80 000e.

du 15 au 16, en vue de combiner avec la marche du Xe corps sur Saint-Hilaire une reconnaissance des camps français signalés le 15 au soir aux environs de Rezonville, le lieutenant-colonel von Caprivi partait de Thiaucourt le 16 au matin, amenant à la 5e division de cavalerie le renfort de deux batteries à cheval de l'artillerie de corps sous l'escorte du 2e escadron du 2e dragons de la Garde. D'autre part, nous l'avons également vu, les détachements Lehmann et Lyncker devaient se réunir à Chambley pour être en mesure de soutenir la reconnaissance.

Cette reconnaissance pouvait, on le conçoit en effet, résoudre tout ou partie de l'inconnu dans lequel on vivait depuis plusieurs jours; mais elle demandait à être conduite avec circonspection, en raison des forces peu considérables dont elle disposait, de l'inconnu même dans lequel il lui fallait sauter et, enfin, de l'orientation tout autre prise par les autres colonnes du Xe corps, dont elle ne pouvait raisonnablement escompter l'appui. Les événements vont nous apprendre ce qu'il en advint.

Dans la matinée du 16, les brigades Redern (y compris l'artillerie de la division) et Barby se réunissent aux environs de la ferme Mariaville, Redern en tête, face à l'est; la brigade Bredow se dirige de Suzémont sur Mars-la-Tour.

Si nous observons que Redern est parti de Xonville à 6 heures du matin, nous pouvons en déduire que le rassemblement Redern-Barby a dû se faire vers 7 heures. Le général von Rheinbaben, qui a dû s'y trouver, ne semble pas avoir mis beaucoup de hâte à continuer avec sa seule division la recherche des Français, à transformer sa conviction de la veille en certitude, puisque le mouvement venait à peine de commencer lorsque, vers 8 heures, arriva Caprivi avec son renfort et des instructions pressantes pour agir.

« Nous trouvâmes Rheinbaben, dit ce dernier, à pied dans une ferme près de la route (¹)... Je lui communiquai l'ordre que j'apportais, qu'il devait immédiatement *se porter en avant jusqu'à ce qu'il rencontrât une résistance qu'il ne pût surmonter.* »

L'accord ne semble pas avoir été facile entre le chef d'état-

---

(¹) Probablement la ferme du Saulcy où Rheinbaben se sera porté, devançant sa division sur sa direction ultérieure, car il ne semble pas que la 5e division de cavalerie fût, à cette heure, aussi avancée vers l'est.

major et le chef de cavalerie, qui ne voyait que des inconvénients et des dangers à exécuter le coup de force qu'on lui demandait, qui se trouvait peut-être aussi vexé de ce que le commandement ne se contentât pas de lui tracer sa mission, mais qu'il lui en intimât le procédé d'exécution : « Aller de l'avant... »

Et en effet, Rheinbaben regimbe. « Le général, continue Caprivi, nous reçut d'une façon plutôt désagréable et n'attacha aucune importance à ce que je lui disais... Combien de temps restâmes-nous là? Je ne le sais, mais ce fut assez long. C'est seulement lorsque le lieutenant von Plettenberg (¹) apporta de Gorze la nouvelle que le IIIᵉ corps était signalé que Rheinbaben monta à cheval. Je me joignis à lui, et nous trottâmes vers Vionville. »

Ces paroles achèvent de nous éclairer sur l'état d'esprit de Rheinbaben. Il n'attend aucun résultat de la reconnaissance de vive force qu'on lui demande et ne se soucie nullement de lancer ses escadrons dans la bagarre; il ne veut agir qu'en liaison avec l'infanterie et, en conséquence, il ne se met en route qu'à la nouvelle de l'approche du IIIᵉ corps; mais il ne sera pas le maître des événements jusqu'au bout.

Sur ces entrefaites, ses escadrons se sont ébranlés; la brigade légère Redern est en tête, avec les deux batteries de la division et celles de Caprivi, toutes sous le major Körber. Vers 8ʰ 3o, prenant au sud de Tronville et couverte elle-même par une avant-garde formée de trois escadrons du 10ᵉ hussards et de la batterie Schirmer, elle se dirige sur Vionville; les deux autres brigades suivent à grande distance, en échelons à droite et à gauche.

Le 10ᵉ hussards atteint au delà de Tronville, sans rencontrer une seule patrouille française, la hauteur cotée 286 (²) d'où l'on aperçoit à l'ouest et non loin de Vionville un camp de cavalerie française dans une quiétude complète.

« A Tronville, continue Caprivi, je me séparai du général pour me joindre aux batteries à cheval, qui se mettaient en position à l'ouest de Vionville. »

(¹) Adjudant à la 5ᵉ division de cavalerie.

(²) Carte de l'État-major français au 1/80 000ᵉ. C'est de ce point qu'a été pris le croquis perspectif nᵒ 6.

Et en effet, la batterie Schirmer, suivant de près les hussards, se met en batterie sur la hauteur précitée et ouvre à l'improviste le feu sur le camp français. Le major Körber arrive à son tour sur la hauteur avec les autres batteries, tandis que les régiments de Redern prennent position de manière à protéger l'artillerie (¹).

On connaît l'effet de surprise produit dans le camp français, et l'alerte de la brigade Murat, et sa fuite vers Rezonville.

Enivrée sans doute par ce succès, l'artillerie allemande ne s'attarde pas sur cette première position, et le major Körber amène ses pièces sur le mamelon 297 à l'ouest et près de Vionville, d'où les vues sont très étendues, pour canonner les camps français de Rezonville.

Telle est la scène qui sert de prélude à la bataille, et cette surprise, par laquelle elle débute, sera préjudiciable à son auteur, utile à sa victime, tant cette journée est pleine de contrastes saisissants !

Mais avant d'exposer les réflexions et de chercher les enseignements que ces premiers faits nous suggèrent, faisons un pas de plus sur les célèbres plateaux, afin de présenter tout à l'heure la question dans son ensemble.

Dès les premiers coups de canon, les troupes françaises campées autour de Rezonville avaient pris les armes et s'étaient portées contre Vionville. Aussi la cavalerie allemande, qui jusqu'alors avait suivi les progrès de l'artillerie, ne poussait pas plus en avant ; dans la brigade Redern, le 10ᵉ hussards s'établissait dans le vallon qui descend de Flavigny, et le reste de la brigade s'abritait derrière la lisière sud des bois de Tronville (²) ; les brigades Bredow et Barby se glissaient dans des plis de terrain à la lisière est des mêmes bois, la seconde surveillant la direction du nord.

Les batteries à cheval conservaient d'abord leur position très en saillie à l'ouest de Vionville. Pendant que des pièces ennemies les canonnaient du nord-est, elles tiraient elles-mêmes, par delà

(¹) A droite dans un pli de terrain, le 10ᵉ hussards, à gauche le 17ᵉ ; en arrière du centre, à Tronville, le 11ᵉ.

(²) Conformément à la notation des cartes allemandes, nous appelons ainsi ces bois qui, sur la carte de l'État-major français, portent le nom de bois de Vionville ; nous évitons en outre ainsi toute confusion avec le bois de Vionville, situé au sud de Rezonville.

le village, sur les masses d'infanterie française qui se portaient
en avant. Le 2ᵉ escadron du 2ᵉ dragons de la Garde et le 1ᵉʳ escadron du 17ᵉ hussards protégeaient directement ces batteries.

Telle était la situation sur le front de la 5ᵉ division de cavalerie
vers 9ʰ 30 du matin.

2° La 6ᵉ division de cavalerie. — A la même heure, la 6ᵉ division de cavalerie entrait en scène, à peu près aussi bruyamment.

Maintenue la veille encore en observation sur la rive droite de
la Moselle, face à Metz, cette division recevait le 16 à 2 heures du
matin du commandant du IIIᵉ corps, auquel elle était rattachée,
l'ordre d'avoir franchi la Moselle à Corny pour 5ʰ 30 du matin,
de manière à pouvoir prendre la tête du corps d'armée ; en raison
des difficultés de passage sur le pont suspendu de Corny, ce
mouvement n'était achevé qu'à 7 heures.

A 7ʰ 30, la division se dirige sur Gorze dans l'ordre suivant :
Brigade Rauch (3ᵉ hussards, 16ᵉ hussards) ;
Batterie à cheval ;
Brigade Grüter (6ᵉ cuirassiers, 15ᵉ uhlans, 3ᵉ uhlans[1]).

En cours de route, on apprend des troupes avancées de la
5ᵉ division d'infanterie qui avaient couché à Gorze, et de l'escadron de hussards marchant en tête, que de la cavalerie ennemie
se montrait sur les hauteurs de Rezonville, que de l'infanterie
semblait aussi se trouver dans les massifs boisés situés entre
Rezonville et Gorze.

Retardée un moment aux environs de Sainte-Catherine par les
têtes de colonnes de la 5ᵉ division d'infanterie, la brigade Rauch
s'avance directement sur Flavigny, sa droite longeant le bois des
Prêtres ; au moment où elle débouche sur les hauteurs au nord
de Gorze, elle est accueillie par un feu très vif partant du bois de
Vionville et qui lui inflige des pertes assez considérables : elle
redescend alors la pente vers Gorze.

La brigade Grüter était chargée tout d'abord d'établir par
Buxières la liaison avec la 5ᵉ division de cavalerie vers Mars-la-
Tour ; mais vers 9 heures et sur l'ordre d'Alvensleben, elle gagne
le bois de Gaumont et de là monte sur les plateaux au nord.

---

(1) Moins deux escadrons maintenus sur la rive droite de la Moselle.

La batterie à cheval de la division avait suivi le mouvement de cette brigade et, au moment où celle-ci arrivait sur le plateau, elle ouvrait le feu sur quelques bivouacs d'infanterie que l'on apercevait au bois de Saint-Arnould.

Ceci se passait vers 9h 30 du matin, à peu près au moment où les obus de la 5e division de cavalerie venaient surprendre les Français dans leur camp de Rezonville.

Un concert momentané, ajoute l'Historique officiel allemand, se trouvait ainsi établi entre les deux divisions. Elles bordaient sur un vaste demi-cercle ouvert au nord-est la crête du plateau vers laquelle l'infanterie française, opérant de Rezonville comme centre, se préparait à son tour à faire rayonner ses attaques.

Et en effet, après quelques courts instants de désordre, l'infanterie française se ressaisit et court aux armes ; en un clin d'œil, les bataillons se forment, et aussitôt après, des essaims de tirailleurs débouchent de Rezonville sur Vionville et Flavigny : c'est la division Bataille, du 2e corps français, qui vient occuper ces deux localités ; c'est la division Vergé, du même corps, qui fait face aux hauteurs bordant le ravin de Gorze ; c'est la brigade mixte Lapasset qui garnit le bois de Saint-Arnould ; c'est le 6e corps français qui se forme en échelon en arrière et à droite du 2e et oriente sur Vionville les divisions Bisson(1) et Lafont de Villiers.

En présence de cette situation, créée d'ailleurs par elles, canonnées par l'artillerie du 6e corps, fusillées par les tirailleurs qui garnissent la lisière de Vionville, les batteries Körber évacuent leur position désormais intenable à 500 mètres ouest de ce village et se retirent vers Tronville ; la cavalerie suit le mouvement ; la 5e division vient s'abriter partie (Bredow et Barby) à la lisière ouest des bois de Tronville, partie (Redern) entre Tronville et la ferme du Saulcy ; la 6e division, se repliant devant l'offensive de la division Vergé, gagne les couverts du bois de Gaumont avec sa batterie et après une courte et vive canonnade de cette dernière.

A ce moment, il était environ 10 heures ; les têtes des 5e et

____

(1) Réduite au 9e de ligne.

6ᵉ divisions d'infanterie apparaissaient aux extrémités du vaste arc de cercle formé par la cavalerie.

Le prélude du drame touche à sa fin, et maintenant la parole est au IIIᵉ corps ; mais avant d'aller chercher sur leurs routes de marche les 5ᵉ et 6ᵉ divisions d'infanterie, pour gagner le champ de bataille avec elles, il s'agit pour nous, qui cherchons des enseignements, d'établir le bilan de ce début d'action et de l'examiner à la lumière de la froide raison.

Le bilan de ce début ? C'est, d'une part, l'armée française, c'est-à-dire une force de plus de 150 000 hommes, dont une minime partie sans doute a été victime d'une surprise, surprise sans portée d'ailleurs, puisqu'elle n'a consisté qu'en une pluie de projectiles et n'a pas été suivie d'une attaque véritable, c'est l'armée française réveillée de sa torpeur, tirée de sa quiétude par ceux-là qui avaient un intérêt majeur à l'y voir rester, c'est l'armée française sous les armes et faisant face féroce à l'ennemi, le refoulant déjà de toutes parts.

Le bilan de ce début ? C'est, d'autre part, un corps d'armée scindé en deux colonnes allongeant encore leurs rubans sur les routes, séparées par un espace de 6 kilomètres (distance de Buxières à Gorze), qui ne fera que s'agrandir par la suite, dont l'une, la 5ᵉ, se croit toujours adonnée à la poursuite d'un ennemi battu et, au lieu de cela, sera engagée brusquement, à la sortie d'un défilé et en dehors de la présence d'Alvensleben, dans un violent combat où elle sera fixée pour la journée, impuissante par suite à participer à un effort d'ensemble que voudrait combiner le commandant du IIIᵉ corps, — dont l'autre, la 6ᵉ, animée de la même conviction, mais plus éloignée des plateaux où déjà la lutte chauffe, sera, avec l'artillerie de corps et cette cavalerie que nous connaissons, l'instrument bien trempé sans doute, mais qui ne peut s'illusionner sur sa faiblesse si seulement il songe à se compter, avec lequel l'énergique lutteur va toute la journée frapper comme un sourd et à coups redoublés, jusqu'à épuisement complet des forces physiques, pour rester maître de l'ascendant moral, jusqu'à l'arrivée d'un frère sauveur ou de la nuit qui mettra fin à ses angoisses.

Telle est la crise, dont nous connaissons les origines lointaines, et que ce début de journée achève de pousser à l'extrême.

Et maintenant l'examen critique de ces événements se fait de lui-même et nous offre des enseignements précieux.

3° Examen critique des engagements ci-dessus. — Ainsi, et tout d'abord, la surprise du camp français par les batteries Körber était-elle justifiée ?

Alvensleben a répondu à cette question ; il a dit, le jour même et sur les lieux : « C'était donner l'alarme à l'adversaire ; ce que l'ennemi n'avait pu apprendre par ses patrouilles, il le sut par nous, hélas ! »

Les Français n'avaient pas de service de sûreté ; la canonnade Körber leur en tint lieu, au prix de quelques pertes minimes et d'un effarement sans durée ni portée.

Les batteries allemandes constataient — chose connue depuis la veille d'ailleurs — la présence d'un camp français bien tranquille ; elles devaient le laisser dans sa quiétude, le surveiller, sans l'avertir à coups de canon, tout le temps qu'il faudrait pour réunir les moyens nécessaires en infanterie aussi bien qu'en cavalerie, pour l'attaquer véritablement, par surprise et à fond, et lui faire un sort, comme l'on dit vulgairement. Dans cette situation du chasseur à l'affût, *quærens quem devoret,* on avait toujours le loisir, si l'on s'apercevait que la surprise était ou allait être éventée, de lancer à toute vitesse ses rafales sur l'ennemi prêt à échapper ; chaque minute gagnée augmentait les chances de succès de l'action, de l'attaque, que l'on se serait tenu prêt à exécuter pour exploiter la surprise.

L'attitude de la 5ᵉ division de cavalerie, pour être jugée sainement, doit être examinée à deux moments différents, avant et après la surprise, car il y a dans son cas une question de fait, la canonnade Körber, qui donne à ces deux moments un caractère distinct.

La question qui la concerne prendra donc cette double forme, l'une relative à la situation réelle où elle s'est trouvée par suite de cette canonnade et que nous étudierons la première pour ne point trop la séparer de cette action d'artillerie, — l'autre relative au service qui lui a été demandé au début de la journée, et qui touche à un point de doctrine, plus élevé et plus général.

Et d'abord, étant donnée la canonnade Körber, est-il possible d'approuver l'attitude passive de Rheinbaben ?

Non, évidemment. Nous avons dit plus haut qu'il y avait un intérêt majeur pour les Allemands à ajourner cette canonnade en vue de réunir leurs moyens d'action ; nous avons qualifié ce fait de faute grave, mais enfin il était accompli et, comme le disait Napoléon, il ne faut point récriminer sur les faits accompl⋯ ⋯i sont sans remède ; il faut au contraire les exploiter — en ⋯ ⋯tant de ne pas avoir de grands moyens ⋯ le faire — avec les moyens dont on dispose.

On eût donc aimé voir Rheinbaben attaquer brusquement, bien qu'avec ses seuls escadrons, le camp français de Rezonville. Comme on l'a dit, le vin était tiré, il fallait le boire.

Il est difficile de se faire une idée de la portée qu'aurait eue cette attaque ; mais, même en la supposant minime, elle eût sûrement fait gagner quelque temps, en augmentant la durée de l'effarement des Français, quelque espace, en augmentant le parcours que ces derniers auraient eu à refaire pour venir occuper plus tard Vionville et Flavigny, et ce gain de temps et d'espace était précieux pour Alvensleben, qui a dû compter les minutes, pour sa 6e division et son artillerie de corps, qui n'étaient point prêtes encore à gravir les plateaux.

Cette question de fait tranchée, revenons à notre question plus générale, au sujet de l'utilisation de la division Rheinbaben pour la reconnaissance de camps français.

Nous connaissons la forme qu'a revêtue l'ordre donné au général von Rheinbaben, et cette forme même n'est pas sans intérêt : « Je communiquai au général l'ordre que j'apportais, qu'il devait immédiatement se porter en avant, jusqu'à ce qu'il rencontrât une résistance qu'il ne pût surmonter. » Nous savons aussi que Rheinbaben a fortement regimbé et que finalement il n'a pas voulu y aller, parce qu'il savait bien l'impuissance de ses escadrons contre un camp de toutes armes et l'inconnu derrière.

Il nous semble que la mission logique à donner à Rheinbaben était de vérifier la valeur du renseignement de la veille au soir sur ce camp important de toutes armes, et de chercher à savoir ce qu'il y avait aux environs, sur les côtés et en arrière. Quant aux moyens à employer, nous estimons qu'ils regardaient ce chef de cavalerie. Mais non, on lui impose le procédé, l'attaque jusqu'à la résistance impossible à surmonter.

Que valait donc ce procédé, et, s'il n'est pas acceptable, à quel autre procédé Rheinbaben pouvait-il recourir ?

En raison même de la répartition en profondeur des troupes françaises, répartition à laquelle les événements de la veille permettaient de conclure, puisque la 5ᵉ division avait échangé des coups de canon avec la cavalerie française du côté de Puxieux et qu'un de ses escadrons avait constaté la présence du camp important de toutes armes aux environs de Rezonville, répartition que l'on pouvait d'ailleurs constater encore dans la matinée du 16, si l'on prenait soin de ne pas déranger l'adversaire, le procédé imposé à Rheinbaben devait amener forcément : d'abord un choc entre les deux cavaleries, à la suite duquel l'une devrait vider le terrain pour le céder à l'autre, — ensuite, en concédant par hypothèse le succès à la cavalerie allemande, — et cette hypothèse n'est pas tout à fait gratuite, car il faut tenir compte de la surprise à son profit, — ensuite donc, une attaque de celle-ci sur le camp de toutes armes.

Telle était la conception de Voigts-Rhetz, partagée et transmise par Caprivi, repoussée par Rheinbaben.

Nous avons, par hypothèse basée sur le fait de la surprise, concédé le succès à la cavalerie allemande dans le choc préalable à l'attaque du camp de toutes armes, mais, par réciprocité, on nous concédera bien que ce succès n'a pas été sans coûter quelques pertes, quelque affaiblissement au vainqueur; et c'est alors que ce dernier, à peine remis en ordre, si les distances ne sont pas plus grandes que dans le cas qui nous occupe, va se mettre en devoir de courir à l'attaque du camp de toutes armes qu'il s'agit, ne l'oublions pas, de reconnaître.

Mais quelle forme va prendre cette attaque? Il ne s'agit plus ici de surprise pour l'Allemand, d'effarement ni de panique pour le Français; non, on se trouve en présence d'une troupe solide qui, en un clin d'œil, a pris les armes et, comme nous le disions plus haut, fait face féroce à l'ennemi.

La cavalerie allemande qui, déjà sans doute et c'est quelque chose, a obligé cette troupe à prendre les armes, va mettre en action ses batteries pour l'obliger à montrer ses forces, à se déployer; mais, voilà le difficile de l'affaire, que montrera l'ennemi? De quoi museler cette artillerie, la mettre fortement à mal s'il prend la peine de déployer quelques bataillons pendant qu'elle sera tenue sous le feu, et il ne faudra pas déployer ces 20 000 hommes pour obliger à la retraite canons et escadrons. Et alors, quel résultat aura-t-on obtenu? On sera moins fixé que la veille; la veille en effet, par la seule observation faite à l'aise, on a estimé ce camp à 20 000 hommes; aujourd'hui, par l'attaque, on s'est heurté à trois ou quatre batteries, 2 000 à 3 000 fusils; on sera donc moins fixé, et cela à quel prix? On se sera affaibli dans un premier choc contre la cavalerie adverse, et si dans la seconde affaire on ne s'est pas contenté d'une mise en scène d'artillerie, on se sera fait écharper, et si l'on s'est contenté de cette mise en scène, on aura peut-être dû sacrifier quelques beaux escadrons pour retirer cette artillerie des griffes d'un ennemi pressant.

Aussi comprenons-nous parfaitement la répugnance de Rheinbaben à entrer dans les vues de Caprivi, son hésitation à obtempérer à l'ordre singulier de Voigts-Rhetz et finalement sa détermination à monter à cheval seulement lorsque le lieutenant von Plettenberg lui apprend l'arrivée de la 5e division d'infanterie à la sortie du défilé de Gorze, parce qu'alors si, pour reconnaître ce camp de toutes armes, on est amené à l'attaquer, à le forcer au déploiement, on aura sous la main des troupes de toutes armes, c'est-à-dire une force capable de prendre à son compte le combat que l'on va déchaîner, combat sérieux si l'ennemi le veut bien, combat qui ne peut conduire la cavalerie seule qu'à la destruction si elle l'accepte, qu'à un résultat insignifiant si elle le rompt aussitôt, combat auquel elle peut au contraire prêter le concours de sa vigilance ou de son choc, si la troupe de toutes armes, en l'espèce la 5e division d'infanterie, le prend à son compte.

Quel autre procédé pouvait donc employer Rheinbaben livré à lui-même, tant qu'il serait isolé dans ce terrain, pour pousser plus loin la reconnaissance en question, pour exécuter l'ordre logique qu'il aurait dû recevoir, et dont nous avons plus haut indiqué la teneur?

Il n'est pas nécessaire, pour répondre à cette question, — ce serait d'ailleurs sortir du fait étudié, — de posséder les notions aujourd'hui admises sur les procédés de l'exploration; nous y reviendrons d'ailleurs plus loin. Il suffit, semble-t-il, de se reporter aux moyens qui avaient produit les résultats acquis jusqu'ici. Qui a donné hier à Rheinbaben les renseignements que nous savons sur les Français? Ce sont des reconnaissances d'officier, ce sont des patrouilles, ce sont des escadrons, c'est Podbielsky, c'est l'escadron refoulé de Jarny, c'est Kotze; ce sont, dirions-nous aujourd'hui, les organes de la découverte ou, plus simplement, ce sont des yeux.

Or, de quoi s'agit-il le 16? Mais, de continuer les recherches et, en opérant sur des bases plus fermes, de les compléter; par quels moyens? Non pas en poussant en avant jusqu'à ce que l'on rencontre une résistance impossible à surmonter, puisque cela ne peut rien donner et que l'on n'en veut pas (nous parlons de Rheinbaben), mais en employant les procédés qui ont déjà donné des résultats, en multipliant les reconnaissances, les patrouilles, les escadrons de découverte, les partis, disait Napoléon, les yeux, enfin.

Substituons-nous pour un moment à Rheinbaben; nous sommes à Puxieux à 7^{h}30 du matin; que ferons-nous en exécution de l'ordre logique dont nous avons parlé plus haut? Mais, nous allons tâter de toutes parts ce camp important de toutes armes, nous allons le regarder, l'observer devant, sur les côtés et en arrière, pour chercher à voir ce que Kotze peut n'avoir pas vu, et qui d'ailleurs peut s'être modifié depuis la veille; et puis, nous ne nous bornerons pas à cela; nous chercherons les autres, jusqu'à Gravelotte, nous irons voir ce qu'il pourrait bien y avoir sur la route de Jarny, vers Doncourt, la ferme de Caulre, entre cette route et celle de Mars-la-Tour; nous pousserons nos investigations jusque sur la route de Briey, nous explorerons le plateau d'Amanvillers, nous chercherons la liaison avec la Ire armée, non trouvée hier. Et nous ferons tout cela avec nos officiers de cavalerie légère, qui sont aujourd'hui pleins d'ardeur et d'entrain, qui seront demain pleins d'audace et de savoir-faire si nous les employons; avec nos escadrons de hussards, qui se morfondent à côté de leurs frères plus pesants; nous aurons cinq, dix reconnaissances ou patrouilles travaillant à cette besogne ; s'il arrive malheur à quelques-unes, il y en a assez dehors pour que quelques autres reviennent et nous renseignent ; nous inonderons en un mot les plateaux de la rive gauche de la Moselle avec nos éclaireurs, nos explorateurs, en nous rappelant que ce n'est point avec ses masses de cavalerie, qui n'y eussent jamais suffi, mais avec ses partis, avec ses Curély, ses Montbrun et ses de Brack, que Murat inonda les plaines de Leipzig. Certes ! Rheinbaben avait une belle division, une belle brigade légère, et les hussards de Westphalie, de Magdebourg et de Brunswick ont montré dans la suite de la campagne qu'ils savaient éclairer lorsqu'on le leur demandait. Le 16 août, on ne le leur a pas demandé.

Cela, du reste, ne nous empêchera pas d'être prévoyants, et nous nous tiendrons prêts soit à faire bonne figure dans les aventures qui pourraient nous arriver, soit à prêter notre concours à nos frères, en particulier aux avant-gardes de toutes armes qui, tout à l'heure, vont s'engager pour orienter le commandement et l'aider à asseoir sa combinaison, et pour cela nous marcherons réunis, au-devant de nos renseignements, mais nous ne ferons pas de tapage inutile pour réveiller un ennemi qui ne soupçonne rien, ni de mise en scène stérile devant un ennemi qui ne se laissera pas prendre à notre jeu ; nous resterons, ainsi que nous le disions plus haut, dans la situation du chasseur à l'affût, surveillant, épiant notre adversaire, en attendant l'arrivée de ceux qui possèdent des moyens sérieux, à nous refusés, en attendant l'arrivée des fantassins et des artilleurs, et nous nous joindrons à eux, pour aller, toutes armes réunies, exploiter la surprise, nous lancer à l'attaque, à fond et sans arrière-pensée.

C'est ainsi que nous aurions compris, et la mission à assigner à la 5ᵉ division de cavalerie, et la conduite à tenir par cette dernière pour y satisfaire.

Si maintenant nous sortons du cas vraiment anormal de cette fatale campagne, qui met aux prises, d'un côté, le nôtre, hélas ! un commandement d'une indigence lamentable et d'une passivité inouïe, une troupe de premier ordre sans doute, et dont le moral est malgré tout encore intact, mais enfin ignorante des principes et des règles élémentaires de la guerre, qui ne s'éclaire pas, ne se garde pas, vit et marche en aveugle, et combat sans but, — de l'autre, un commandement sujet à l'erreur, il est vrai, mais pénétré d'une doctrine de guerre connue de tous, qui fait preuve de volonté et d'activité, une troupe de valeur certainement inférieure à l'autre, mais sachant ce que l'autre ignore, et tout imbue encore des expériences sanglantes, mais fructueuses de 1866 ; si nous sortons de ce cas anormal et mettons en présence les armées d'aujourd'hui et les cavaleries d'aujourd'hui sur les plateaux de Vionville, la critique précédemment exposée de la conception et des procédés Voigts-Rhetz—Caprivi n'en aura que plus de relief, et l'enseignement qui en découle n'en sera que renforcé.

Et en effet, l'hypothèse admise plus haut et qui, faisant état de la surprise, concédait le succès à la cavalerie allemande dans son duel contre la française, devient ici purement gratuite, parce que cette dernière agit et se garde. Si toutefois nous admettons encore cette hypothèse, ce n'est plus affaiblie, mais exténuée, que la division allemande sortira de cette lutte, et c'est dans cet état précaire qu'elle devra pousser jusqu'au camp de toutes armes, jusqu'aux gros d'infanterie.

Que deviennent alors ces moyens d'investigation par la force dont nous avons montré plus haut le minime rendement dans des conditions autrement favorables ? Et si elle a l'infériorité dans le duel, c'en est fait de l'exploration, c'est l'aveuglement complet pour le commandement supérieur et pour l'armée.

Nous donnerons donc encore à notre cavalerie la mission logique de vérifier, de contrôler les renseignements de la veille, de chercher ce qui se passe non seulement à Rezonville, mais sur les routes Metz-Jarny, Metz-Briey, et entre ces routes ; nous lui donnerons la mission logique que déjà César donnait à la sienne : *equitatumque omnem præmittit, qui videant quas in partes hostes iter faciunt* (¹), mais nous nous garderons bien de lui dire qu'elle doit d'abord rechercher et battre la cavalerie adverse, pour s'approcher ensuite des gros d'infanterie et les reconnaître.

Les procédés qu'elle emploiera ? Ce seront ceux que nous avons

______

(¹) Cf. général Cardot, *Les Leçons du 16 août.*

déjà indiqués. C'est à l'activité de ses reconnaissances, de ses détachements, de sa découverte, en un mot, qu'elle demandera le renseignement. Pour elle, elle marchera réunie, prête à faire face aux aventures toujours possibles, ou à appuyer sa découverte, ou à donner son concours aux avant-gardes qui arrivent; si elle rencontre la cavalerie adverse, elle ne la fuira pas, car cette fuite serait d'un effet moral désastreux pour ses cavaliers, et elle connaît trop le prix de ce facteur pour ne point vouloir le conserver et l'exalter à tout prix; mais elle ne considérera pas ce duel comme inévitable et à rechercher, mais bien comme un incident possible auquel il faut pouvoir faire face, dont il faut sortir à son honneur. Et alors, si d'aventure ce duel se produit, ses organes de renseignement ne seront nullement influencés par son issue, puisqu'ils l'ignoreront, et cela ne les empêchera pas de travailler à leur besogne, activement et utilement.

Telle est la lumière jetée par ces événements sur cette question de l'exploration, question de doctrine, disions-nous plus haut, car la conception Voigts-Rhetz—Caprivi a survécu à leurs auteurs, et il n'est pas toujours facile, encore aujourd'hui, de l'enlever de l'esprit de beaucoup de nos camarades, cavaliers en particulier; ils sont ardents et fanatiques, au beau sens du mot, et multiplient les objections ; ils nous disent que le duel est inévitable entre des masses de cavalerie qui travaillent l'une contre l'autre, ils nous reprochent de découvrir nos propres gros, ils suspectent enfin la valeur des renseignements fournis par la découverte.

Nous y répondrons en deux mots, pour ne pas allonger outre mesure cette discussion déjà bien longue, et nous leur dirons : d'abord, que les masses de cavalerie travaillent l'une devant l'autre, non l'une contre l'autre; qu'elles ont pour mission de renseigner, non sur la cavalerie adverse, mais sur les gros adverses; que, cherchant ces gros en opérant devant des fronts de 20, 3o kilomètres et plus, où, certes, il y a place pour quelques masses, elles pourront s'ignorer, auront au moins autant de chances de s'éviter que de se cogner; que, si elles ne s'ignorent pas, elles ne sont nullement obligées de se rapprocher pour se mesurer, puisque ce serait pour elles une perte de temps et de force pour l'accomplissement de leur vraie mission.

Nous leur dirons ensuite que la mission de la cavalerie d'exploration n'est pas de couvrir, mais de découvrir; que nos gros ont des organes de couverture à eux, un service de sûreté confié à des troupes de toutes armes, dont c'est la mission propre et qu'il faut leur laisser, et que, au surplus, il n'est jamais recommandable de courir deux lièvres à la fois, mais qu'il vaudra beaucoup mieux s'appliquer à découvrir mieux et plus vite que l'adversaire, que d'empêcher la découverte de ce dernier [1].

Nous leur dirons enfin que, sans doute, notre découverte ne nous dira pas tout ce que nous voudrions savoir, ni même tout ce que nous lui aurons demandé, mais enfin qu'elle nous déterminera, nous dessinera le contour apparent de l'ennemi, son front et ses ailes, en nous indiquant les points où elle aura été reçue à coups de fusil ou repoussée de toute autre façon, et ceux où elle aura trouvé le vide; que certaines reconnaissances, exécutées avec audace et bonheur, pourront bien de temps en temps apercevoir et signaler un gros paquet de troupes; que cette découverte n'est pas le seul organe de renseignement du commandement, mais que ce contour apparent dessiné par elle sera déjà une excellente base pour les troupes de toutes armes, les avant-gardes, qui seront chargées de percer, de crever le rideau de sûreté de l'ennemi, de s'engager pour voir et procurer au commandement les notions nécessaires en vue d'asseoir une combinaison de bataille, et qu'on ne leur demande pas davantage.

Mais quittons les plateaux de Vionville, et acheminons-nous vers Gorze, pour de là pénétrer de nouveau avec la 5ᵉ division d'infanterie sur le champ de bataille, à l'extrémité droite de l'arc de cercle formé par la cavalerie.

4° *L'engagement de la 5ᵉ division d'infanterie* [2]. — Ainsi que nous l'avons dit plus haut, la 5ᵉ division d'infanterie s'était laissé doubler à partir de 7 heures du matin par la 6ᵉ division de cavalerie entre Novéant et Gorze, puis s'était remise en mouvement à

---

[1] Cf. général CARDOT, *Les Leçons du 16 août*.

[2] Voir la carte au 1/80 000ᵉ.

la suite de cette dernière sur la direction qui lui avait été assignée : Gorze —Vionville.

Elle marchait dans l'ordre ci-après :

| Avant - garde (9e brigade, général von Döring). | Pointe et tête d'avant-garde (colonel von Garrelts, commandant le 48e). | $\dfrac{1,\ 2}{12^e\ \mathrm{drg}}$ [1] ; $\dfrac{\mathrm{I,\ II}}{48}$; $\dfrac{\mathrm{F}}{48}$; |
| | Gros de l'avant-garde (lieutenant-colonel von l'Estocq, commandant le 8e). | Batterie $\dfrac{1}{3}$; 3e bataillon de chasseurs ; $\dfrac{\mathrm{F}}{8}$; |

| Gros de la colonne (10e brigade, général von Schwerin). . . . . | $\dfrac{\mathrm{I}}{52}$; Batterie $\dfrac{2}{3}$; Batteries $\dfrac{\mathrm{I,\ II}}{3}$; $\dfrac{\mathrm{II\ et\ F}}{52}$; $\dfrac{\mathrm{II\ et\ F}}{12}$ [2]. |

Il était environ 9 heures lorsque la tête de l'avant-garde atteignait Gorze. Là ses avant-postes et la 6e division de cavalerie lui faisaient savoir que des masses ennemies étaient en mouvement sur le plateau de Rezonville et paraissaient s'avancer sur Gorze [3].

Le général von Döring fait donc occuper par le bataillon

---

[1] Abréviations usuelles :

$\dfrac{1,\ 2}{12^e\ \mathrm{drg}} =$ 1er et 2e escadrons du 12e dragons ;

$\dfrac{\mathrm{I}}{48} =$ 1er bataillon du 48e, $\dfrac{1}{48} =$ 1re compagnie du 48e ;

$\dfrac{\mathrm{F}}{8} =$ bataillon de fusiliers (3e bataillon) du 8e ;

Batterie $\dfrac{1}{3} =$ 1re batterie légère du 3e régiment, $\dfrac{\mathrm{I}}{3} =$ 1re batterie lourde du 3e régiment.

[2] Voir plus haut, page 36, l'emplacement des autres troupes de la 5e division.

[3] D'après l'Historique officiel prussien. Ce renseignement, s'il fut effectivement reçu par la tête de la 5e division, était erroné, car la division française Vergé, qui combattit de ce côté, ne se porta vers le sud qu'un peu plus tard (*Revue d'Histoire*).

d'avant-postes $\left(\dfrac{\text{II}}{8}\right)$ la côte Mousa et la ferme Saint-Thiébault [1], qui commandent les débouchés de Gorze, pendant que l'avant-garde traverse cette localité.

Au moment où les deux escadrons du 12e dragons formant la pointe d'avant-garde débouchent sur le plateau, ils sont accueillis par une fusillade si nourrie de l'infanterie française [2], qu'ils sont obligés de rétrograder et vont s'abriter derrière la ferme d'Anconville.

Les $\dfrac{\text{I et II}}{48}$, qui suivent les dragons et ont reçu l'ordre d'occuper le saillant nord-ouest du bois de Vionville, gravissent la hauteur déployés côte à côte et à droite de la route de Vionville, $\dfrac{\text{II}}{48}$ à droite de la ligne, $\dfrac{\text{I}}{48}$ à gauche. Chaque bataillon a mis deux compagnies en première ligne : $\dfrac{5,\,6}{48}$ d'une part, $\dfrac{2,\,1}{48}$ d'autre part ; les autres compagnies $\left(\dfrac{7,\,8}{48},\ \dfrac{3,\,4}{48}\right)$ suivent en demi-bataillon.

Sur la première ligne, chaque compagnie a déployé deux pelotons en tirailleurs, conservant le troisième en soutien [3].

C'est dans cette formation que les $\dfrac{\text{I et II}}{48}$ gravissent la pente et subissent les premières pertes par le feu de l'ennemi encore masqué par la crête en face (croupe cotée 325) et qui devient très intense lorsque, atteignant la crête, ils deviennent visibles aux Français.

Le combat prend aussitôt une extrême intensité contre la division Vergé qui s'avance de Rezonville ; spontanément, les soutiens

---

[1] 5e et 8e compagnies à la côte Mousa, 6e et 7e à Saint-Thiébault.

[2] Grand'gardes françaises établies l'une au carrefour 1 kilomètre sud-est Flavigny, l'autre à 300 ou 400 mètres au nord-ouest du saillant nord-ouest du bois de Vionville.

[3] 5e compagnie : 2e et 1er pelotons en tirailleurs, peloton de tirailleurs en soutien ; 6e compagnie : 4e peloton et peloton de tirailleurs en tirailleurs, 3e peloton en soutien ; 2e compagnie : 3e et 4e pelotons en tirailleurs, peloton de tirailleurs en soutien ; 1re compagnie : 1er et 2e pelotons en tirailleurs, peloton de tirailleurs en soutien. On sait que les pelotons étaient numérotés : 1re compagnie : 1, 2, tirailleurs ; 2e compagnie : 3, 4, tirailleurs, etc.

se portent sur la ligne des pelotons déployés en tirailleurs ; les compagnies de deuxième ligne elles-mêmes ne restent pas long-temps intactes et finissent par gagner entièrement la ligne de feu, lorsque tout à coup un incident se produit. Faisant plus attention, comme le dit l'Historique du 48e, à l'ennemi visible qu'à l'ennemi caché, on avait attaché peu d'importance à l'occupation de la lisière de bois immédiatement à l'est de la hauteur ; les Français en avaient profité pour s'y glisser (brigade Jollivet) et diriger sur l'aile droite des tirailleurs brandebourgeois un feu de flanc très gênant. Pour se débarrasser de ce danger, on envoyait à cette lisière le demi-bataillon du $\dfrac{\mathrm{II}}{48}\left(\dfrac{7 \text{ et } 8}{48}\right)$ qui n'était pas encore fondu dans la ligne de feu.

Aussitôt que les progrès des $\dfrac{\mathrm{I} \text{ et } \mathrm{II}}{48}$ eurent procuré un espace de déploiement suffisant, la batterie $\dfrac{\mathrm{I}}{3}$ vint s'établir à leur gauche, protégée directement par les compagnies d'aile gauche $\left(\dfrac{\mathrm{I},\,2}{48}\right)$; très éprouvée à son arrivée sur la hauteur par le feu des tirailleurs français, elle ne pouvait tout d'abord mettre en batterie que trois pièces [1].

Le général von Döring prescrit alors au reste de son infanterie de gagner également le plateau en ne laissant provisoirement à Gorze que le bataillon de queue de l'avant-garde $\left(\dfrac{\mathrm{F}}{8}\right)$.

Appuyant à gauche de la route de Vionville, le $\dfrac{\mathrm{F}}{48}$ se dirige sur la ferme d'Anconville, puis prend sa formation de combat sur deux lignes : en première ligne les $\dfrac{10 \text{ et } 11}{48}$, en deuxième ligne,

---

[1] ... C'était la première fois que le régiment était au feu en liaison étroite avec cette batterie ; il importe de faire ressortir ce fait, car cette batterie s'est acquis, sous son habile et chevaleresque chef (capitaine Stœphasius), par l'efficacité de son action, une grande réputation dans toute la division et même dans tout le corps d'armée... Ce ne peut être par suite qu'une joie pour le régiment de constater la confraternité d'armes qui, pendant toute la campagne, le lia à la 1re batterie légère, avec laquelle il fit souvent partie de l'avant-garde de la 5e division (Historique du régiment n° 48).

Cette simple citation en dit plus que de longs discours sur la liaison des armes et la camaraderie de combat.

formant échelon en arrière et à gauche, les $\frac{9 \text{ et } 12}{48}$; les compagnies de première ligne déploient en tirailleurs chacune un peloton (¹) qui, en arrivant sur la crête, s'engage immédiatement dans le combat livré par les $\frac{1 \text{ et } 2}{48}$.

Le 3ᵉ bataillon de chasseurs, venant à la suite du $\frac{F}{48}$, fait occuper la ferme d'Anconville par sa 4ᵉ compagnie ; les trois autres se portent à l'aile droite, en arrière des $\frac{I \text{ et } II}{48}$.

Dans le principe, dit l'Historique officiel prussien, le général von Stülpnagel, commandant la 5ᵉ division, avait considéré son avant-garde comme suffisante pour tenir tête aux forces ennemies qui arrivaient de la direction de Rezonville, pendant que, avec le reste de sa division, il poursuivrait son mouvement par Flavigny ; mais il ne tardait pas à se convaincre par ses propres yeux que l'action qui s'engageait allait exiger le concours de toutes les forces disponibles.

Il se préoccupe tout d'abord d'amener sur la hauteur toute l'artillerie, qui marchait avec la 10ᵉ brigade ; la $\frac{II}{3}$, retardée un moment à Gorze par le défilé de cette brigade, arrive la dernière et, dès lors, les vingt-quatre bouches à feu de la division se trouvent réunies et en action sous les ordres du major Gallus.

Pendant ce temps, du côté français, la division Vergé du 2ᵉ corps était parvenue à se déployer entièrement sur cette partie du champ de bataille ; la brigade Valazé formait la droite dans le terrain découvert, tandis que la brigade Jollivet traversait une partie du bois de Vionville et apparaissait à la lisière ouest ; toutes deux faisaient les plus grands efforts pour déborder les troupes allemandes et les rejeter au bas du plateau.

Le 3ᵉ bataillon de chasseurs, nous l'avons vu plus haut, après avoir laissé sa 4ᵉ compagnie en réserve à la ferme d'Anconville, avait conversé à droite, pour se diriger vers le bois de Vionville ;

(¹) La $\frac{10}{48}$ déploie son 4ᵉ peloton, la $\frac{11}{48}$ son 5ᵉ peloton.

deux compagnies (2ᵉ et 3ᵉ) étaient en première ligne, la 1ʳᵉ compagnie suivait en deuxième ligne.

En arrivant à la lisière sud-ouest du bois de Vionville, la 3ᵉ compagnie déploya ses trois pelotons en tirailleurs, pénétra sous bois, où elle eut grand'peine à progresser par suite de l'épaisseur du taillis et de la nature rocheuse du terrain, ainsi qu'à maintenir la liaison entre ses tirailleurs; la 2ᵉ compagnie, ne déployant qu'un peloton, gagna assez rapidement la lisière nord; enfin la 1ʳᵉ compagnie, d'abord maintenue en soutien à l'abri de la corne nord-ouest du bois, prolongea avec deux pelotons vers la gauche la 2ᵉ compagnie dès que celle-ci eut atteint la lisière.

Après l'entrée en action des chasseurs, les Prussiens disposaient donc dans le bois de Vionville et sur la crête entre le bois et l'artillerie divisionnaire d'environ neuf compagnies dont six du 48ᵉ et trois du 3ᵉ bataillon de chasseurs.

Un combat confus et sanglant s'engageait, tantôt sous le couvert, tantôt à la lisière même du bois de Vionville, avec des alternatives diverses; à plusieurs reprises, on s'abordait corps à corps; mais les progrès, pour les Prussiens, ne laissaient pas que d'être fort lents.

C'est au cours de ces combats violents que le colonel von Garrelts était mortellement blessé par une balle qui lui traversait l'abdomen (¹).

Plus à l'est, sur l'ordre du général von Döring, le $\dfrac{\mathrm{II}}{8}$, qui avait primitivement occupé les hauteurs au nord de Gorze, avait dirigé directement à travers bois sur Rezonville, d'abord les compagnies de la côte Mousa (8ᵉ et 5ᵉ), puis celles de Saint-Thiébault (6ᵉ et 7ᵉ).

A peine entrée dans le bois de Saint-Arnould (²), la compagnie de tête (8ᵉ) était assaillie par le feu sur son front et surtout sur son flanc gauche par les fractions françaises qui s'étaient glissées dans le ravin séparant le bois de Saint-Arnould des bois de Vionville et des Prêtres; elle était arrêtée de ce fait, et la 5ᵉ compagnie, qui la suivait, passait à l'est de la route en vue d'éviter le

---

(¹) Le colonel von Garrelts tomba vers 10ʰ 3o; il mourut à Gorze le 18 août.

(²) Le bois de Saint-Arnould est le bois compris entre le bois de Vionville et le bois des Chevaux.

feu venant du ravin précité ; cependant, malgré les difficultés de marche qu'elle rencontrait par suite de l'épaisseur du taillis, elle parvenait à dépasser le front de la 8ᵉ, exécutait une conversion à gauche et intervenait efficacement contre une tentative des fractions françaises du ravin dirigée contre le flanc gauche de la 8ᵉ.

La situation de ces deux compagnies n'en était pas moins très difficile, et le major Verschuer, commandant le $\frac{\text{II}}{8}$, appelait à lui les 6ᵉ et 7ᵉ compagnies. Se tenant le plus près possible de la route, la 6ᵉ compagnie venait, avec deux pelotons déployés et le troisième conservé en soutien, s'intercaler entre la 8ᵉ et la 5ᵉ, cette dernière ayant gagné un peu de terrain en avant ; la 7ᵉ compagnie prolongeait elle-même avec un peloton l'aile droite de la 6ᵉ, les deux autres étant conservés en réserve de bataillon par le chef de bataillon.

« Les difficultés de la situation de combat et du terrain, dit l'Historique du régiment, produisirent un certain mélange des unités ; l'ennemi avait fortement occupé la partie du bois avoisinant la route ainsi que le ravin à l'ouest, et s'efforçait constamment de déborder l'aile gauche du bataillon ; dans ces conditions, il n'était pas actuellement possible de continuer à gagner du terrain dans le bois ; le major Verschuer s'attacha plutôt à garder le terrain conquis contre les attaques partielles de l'ennemi sans cesse renouvelées. Les pertes étaient déjà sensibles et les munitions commençaient à manquer, lorsque, vers 10ʰ 3o, le bataillon de fusiliers apporta le soutien désiré. »

Le $\frac{\text{F}}{8}$, nous l'avons vu, avait été laissé momentanément aux abords nord de Gorze, après le défilé de l'avant-garde, et il avait pris position un peu au nord de cette localité, sur la côte Mousa, après l'abandon de cette hauteur par les $\frac{5, 8}{8}$; ce bataillon s'était disposé sur deux lignes à cheval sur le chemin de Rezonville, en première ligne les 9ᵉ et 10ᵉ compagnies, en deuxième ligne et réunies les 11ᵉ et 12ᵉ compagnies. A 10ʰ 15, le major von Seydlitz, commandant le $\frac{\text{F}}{8}$, recevait l'ordre de se porter sur Rezonville ; il mettait de suite son bataillon en marche dans la formation où il se trouvait déjà.

En entrant dans le bois, la 9ᵉ compagnie tombait immédiatement sous le feu dirigé contre la gauche (8ᵉ compagnie) du $\frac{\mathrm{II}}{8}$ et renforçait en la prolongeant à gauche la 8ᵉ compagnie.

La 10ᵉ compagnie, s'écartant au contraire de la route vers la droite, cheminait à peu près à mi-distance entre la route et le ravin qui sépare le bois de Saint-Arnould du bois des Chevaux, et, malgré les fortes pertes subies (¹), gagnait finalement le front de la 5ᵉ compagnie, qu'elle prolongeait à droite. La 12ᵉ compagnie, qui suivait la 10ᵉ, reçut du chef de bataillon l'ordre de progresser par le ravin précité ; en arrivant sur le bord ouest du ravin le commandant de la compagnie se fit couvrir sur son front par un demi-peloton, sur son flanc droit par des patrouilles envoyées dans le ravin même et sur la pente opposée dans le bois des Chevaux ; après une pénible marche à travers un épais taillis encombré de plantes grimpantes et de cailloux, qui nécessita des arrêts et des ralliements fréquents, la 12ᵉ compagnie arriva à hauteur de la 10ᵉ qu'elle renforça par prolongement avec deux pelotons, laissant le troisième à rangs serrés en échelon en arrière et à droite ; il lui fut impossible pour le moment de progresser davantage.

La 11ᵉ compagnie, entrée dans le bois après la 12ᵉ et recevant des coups de fusil dans son flanc gauche, appuya fortement à gauche, dans la direction du saillant nord-ouest du bois de Vionville, avec deux pelotons déployés : bien que souvent ralentie comme les précédentes par le feu et les difficultés du terrain, elle gagna, sans trop d'encombre, la gauche de la 9ᵉ compagnie, qu'elle prolongea avec les deux pelotons de tête, le troisième étant maintenu en échelon en arrière et à gauche.

Les compagnies du 8ᵉ se trouvèrent alors disposées comme il suit, de la droite à la gauche :

A l'est de la route Gorze—Rezonville : 12ᵉ, 10ᵉ, 5ᵉ, 7ᵉ, 6ᵉ fractions de la 8ᵉ :

A l'ouest de la route Gorze — Rezonville : reste de la 8ᵉ, 9ᵉ et 11ᵉ.

(¹) Le capitaine était blessé ainsi qu'un lieutenant ; le commandement de la compagnie était alors pris par le lieutenant de réserve.

La physionomie de ce combat de bois, confus et meurtrier, est ainsi décrite par l'Historique du 8ᵉ :

« Les deux bataillons avaient à combattre devant leur front des troupes de la brigade Lapasset, dans leur flanc gauche de la brigade Jollivet. Après que les différentes compagnies furent successivement entrées en ligne, les chefs se rendirent bientôt compte que, en raison de la supériorité numérique de l'ennemi, il ne pouvait être question pour le moment que de consacrer toutes ses forces à conserver à tout prix le terrain conquis, bien qu'il ne présentât que de faibles avantages tactiques. Les compagnies entamèrent en conséquence un combat de feux de pied ferme et s'efforcèrent de défendre leurs positions contre un feu très violent d'artillerie et d'infanterie et contre les attaques partielles de l'ennemi constamment renouvelées. Les grandes difficultés qu'elles avaient eu à vaincre dans leur marche à travers bois, le feu qu'elles avaient subi d'autre part sur leur front et leur flanc gauche dès leur entrée dans le bois, entraînèrent un mélange plus ou moins considérable des unités qui, dans la suite, mirent individuellement à profit les chances momentanées du combat. Il y eut, par suite, en divers points de la ligne des alternances de défensive et d'offensive, certains pelotons ou groupes gagnaient du terrain, d'autres en perdaient ; d'une façon générale cependant, le front atteint par les compagnies du 2ᵉ bataillon engagées dès le début fut conservé jusqu'à ce que leur flanc gauche constamment menacé fût dégagé par la progression victorieuse d'autres troupes. »

C'est à ce moment, vers 11ʰ 30, que le lieutenant-colonel von l'Estocq arriva dans le bois de Saint-Arnould, prit le commandement des $\dfrac{\text{II et F}}{8}$ et se décida à tenter l'enlèvement du bois de Saint-Arnould. Nous y reviendrons plus tard.

Pendant ce temps, la situation était devenue assez critique à l'aile gauche de la 9ᵉ brigade, où le $\dfrac{F}{48}$ venait de s'engager.

Comme nous l'avons vu plus haut, les $\dfrac{\text{10 et 11}}{48}$ avaient, pour gagner la crête à la gauche du $\dfrac{I}{48}$, déployé chacune un peloton ; le reste de la 10ᵉ avait suivi ses tirailleurs lorsque arriva sur la hauteur la 2ᵉ batterie légère qui se plaça à gauche de la 10ᵉ compagnie, séparant ainsi cette compagnie et le chef de bataillon (Selle) du gros du bataillon.

D'autre part, le lieutenant-colonel von l'Estocq (8ᵉ), en sa qualité de commandant du gros de l'avant-garde, prenait alors la décision de déborder, en manœuvrant par sa gauche, le flanc droit des Français dont le front de combat paraissait orienté face au sud. La 11ᵉ compagnie renforçait aussitôt ses tirailleurs, la 12ᵉ se déployait à sa gauche, puis la 9ᵉ à la gauche de la 12ᵉ. Mais le front des Français était plus étendu qu'on ne l'avait pensé, et en un clin d'œil les trois compagnies étaient arrêtées, enveloppées et finalement rejetées avec de fortes pertes [1] et en plein désordre sur le bois de Gaumont.

Heureusement pour les Prussiens, la tête de la 10ᵉ brigade débouchait à ce moment. Sur les instances du général von Döring, le $\dfrac{\mathrm{I}}{52}$ contre-attaque aussitôt les troupes françaises qui poursuivaient le $\dfrac{\mathrm{F}}{48}$, les refoule assez loin pour rendre quelque sécurité à l'artillerie, mais ne peut se maintenir sous le feu auquel il est en butte en arrivant sur la hauteur ; vers 11 heures, après avoir subi des pertes énormes [2], il se replie avec ses débris dans un vallon à la lisière nord du bois de Gaumont.

C'est à ce moment — 11 heures — que tombait mortellement frappé le général von Döring, qui s'était hâté d'accourir vers sa gauche si sérieusement menacée.

Pendant cette attaque du $\dfrac{\mathrm{I}}{52}$, le colonel von Wulfen formait ses deux autres bataillons, $\dfrac{\mathrm{II}}{52}$ à gauche, $\dfrac{\mathrm{F}}{52}$ à droite, et faisait avec eux dans la direction de Flavigny un vigoureux effort qui, exécuté avec ensemble et rapidité, rejetait les Français sur ce hameau.

Le $\dfrac{\mathrm{II}}{52}$ suivait les Français en retraite et le $\dfrac{\mathrm{F}}{52}$, qui avait souffert davantage, se cramponnait au terrain conquis, couvrant la

---

[1] 31 % de l'effectif, presque tous les officiers hors de combat.

[2] Presque tous les officiers hors de combat.

gauche de l'artillerie, qui avait profité de cette offensive pour faire un bond en avant.

Les $\dfrac{\text{II et F}}{12}$ suivaient le 52ᵉ. Après avoir fait mettre sac à terre auprès de la ferme d'Anconville, le lieutenant-colonel von Kalinowski, qui les commandait, les forma sur une seule ligne en vue d'appuyer le 52ᵉ. Le $\dfrac{\text{II}}{12}$ s'avança donc vers le nord-ouest en laissant le bois de Gaumont à sa gauche.

Le $\dfrac{\text{F}}{12}$, ne trouvant pas entre le bois de Gaumont et le $\dfrac{\text{II}}{12}$ un espace suffisant pour se former, pénétra dans le bois et le traversa : il perdit de ce fait la liaison avec la 5ᵉ division et combattit à l'aile droite de la 6ᵉ division avec le $\dfrac{\text{II}}{52}$. Nous reviendrons plus loin sur les faits et gestes de ces deux bataillons, en étudiant l'attaque de Flavigny.

Au moment où le $\dfrac{\text{II}}{12}$ allait atteindre le vallon au nord-est du bois de Gaumont, le général von Schwerin arriva à bride abattue et donna au chef de bataillon (capitaine Lehmann) l'ordre de prendre en toute hâte une position de repli avec trois compagnies à la lisière nord-est du bois et de protéger, avec une compagnie, une batterie en action dans le voisinage. Cette mesure était urgente, car au moment où les $\dfrac{6,\ 7,\ 8}{12}$ occupaient la lisière du bois, les restes du $\dfrac{\text{I}}{52}$ refluaient en désordre sur le bois de Gaumont, poursuivis par les Français.

« La vue de cette troupe aux rangs éclaircis, privée de la plupart de ses chefs, exerça tout d'abord une influence déprimante sur ces trois compagnies et il fallut toute l'énergie du chef de bataillon et des officiers pour les empêcher d'être entraînées dans la retraite du $\dfrac{\text{I}}{52}$. Après avoir rétabli l'ordre et le calme, le chef de bataillon fit ouvrir le feu sur les Français et arrêta ainsi la poursuite (^{1})... »

(^{1}) Historique du 12ᵉ.

Pendant ce temps, s'exécutait d'autre part l'offensive des $\dfrac{\text{II et F}}{52}$, qui rejetait vers le nord l'infanterie française. La position de repli à la lisière du bois de Gaumont devenait par suite inutile, et le général von Schwerin donnait au capitaine Lehmann l'ordre de reporter son bataillon en avant contre la route Gorze—Flavigny. Le mouvement s'exécutait en échelons de compagnie, la droite (5ᵉ) en avant (¹), de manière à pouvoir instantanément faire face à gauche. Les pelotons de tirailleurs des 5ᵉ, 6ᵉ et 8ᵉ compagnies gagnaient le bord du plateau, les soutiens de ces compagnies s'abritaient en arrière de la crête, et la 7ᵉ compagnie était conservée en réserve derrière le centre.

Le $\dfrac{\text{II}}{12}$ formait alors entre l'artillerie divisionnaire et l'artillerie de corps, qui commençait à arriver vers la statue de la Vierge, la seule troupe compacte dont disposât le général von Schwerin, puisque le 52ᵉ avait à ce moment un bataillon $\left(\dfrac{\text{I}}{52}\right)$ désorganisé dans le bois de Gaumont, un autre $\left(\dfrac{\text{F}}{52}\right)$ fort éprouvé et cloué au sol auprès de l'artillerie et que le 3ᵉ $\left(\dfrac{\text{II}}{52}\right)$, échappant à toute direction, marchait sur Flavigny, puisque enfin le bataillon restant du 12ᵉ $\left(\dfrac{\text{F}}{12}\right)$ suivait de ce côté ce dernier bataillon du 52ᵉ. Aussi le général von Stülpnagel, qui se trouvait alors à l'aile gauche de l'artillerie, prescrivait-il au $\dfrac{\text{II}}{12}$ de garder une attitude défensive.

La $\dfrac{6}{64}$, qui avait été affectée la veille à la garde du quartier du IIIᵉ corps, dans la crainte de ne plus pouvoir atteindre la 6ᵉ division à laquelle appartenait son régiment, se ralliait au $\dfrac{\text{II}}{12}$. Il était midi, et l'ennemi se repliait peu à peu devant l'aile gauche de la 5ᵉ division.

(¹) La 5ᵉ compagnie avait été chargée de protéger la batterie dont il a été question plus haut.

A l'aile droite, la lutte engagée sous bois se poursuivait avec une égale violence. Vers 11 heures cependant, les $\frac{\text{I et II}}{48}$, et le 3ᵉ bataillon de chasseurs étaient maîtres du saillant nord-ouest du bois de Vionville, leur droite s'étendant jusqu'au ravin qui sépare ce bois du bois de Saint-Arnould.

Un renfort inattendu venait d'ailleurs de leur arriver avec le colonel von Lyncker.

Ce dernier avait reçu tardivement l'ordre de se joindre le 16 au matin au détachement Lehmann à Chambley ([1]). Lorsqu'il voulut se mettre en route, la 5ᵉ division d'infanterie était déjà en marche sur Gorze, chemin que le détachement Lyncker devait également suivre. Pour ne pas arrêter cette division, le détachement quitta son bivouac de Novéant à 8ʰ30 du matin seulement et se mit à sa suite.

Arrivé à Gorze, et comme la canonnade se faisait entendre depuis quelque temps déjà, le colonel von Lyncker faisait prendre à son infanterie une formation préparatoire de combat et, estimant qu'il y avait mieux à faire que d'exécuter l'ordre primitif, il se mettait à la disposition du général von Stülpnagel. Celui-ci lui donnait l'ordre de protéger son artillerie, qui se trouvait portée à cinq batteries, par suite de l'entrée en action de celle du détachement Lyncker. Formée par demi-bataillons, l'infanterie du colonel von Lyncker gravit donc à son tour les pentes ; les $\frac{\text{11 et 12}}{78}$ vinrent se placer derrière la ligne d'artillerie, les deux demi-bataillons formés par le $\frac{\text{II}}{78}$ gagnèrent l'aile droite et le quatrième demi-bataillon $\left(\frac{\text{9, 10}}{78}\right)$ [2] qui, dès le début, s'était engagé dans le bois des Prêtres, alla se fondre avec les fractions du 48ᵉ et du 3ᵉ bataillon de chasseurs qui luttaient pour la possession de la lisière nord et du saillant nord-ouest du bois de Vionville.

A l'extrême droite, enfin, le lieutenant-colonel von l'Estocq

____

([1]) Cf. *Supra*, page 34.

([2]) D'après l'Historique du 78ᵉ. L'ouvrage du grand État-major dit : $\frac{\text{5, 8}}{78}$; l'historique du régiment prétend que c'est une erreur.

avait pris — vers $11^h 30$ — le commandement des $\dfrac{\text{II et F}}{8}$, qui combattaient dans le bois de Saint-Arnould.

De ce côté, et à cette heure, les Français occupaient toujours la lisière nord de ce bois, de part et d'autre du chemin de Rezonville à Gorze. Dès qu'il se fut orienté sur la situation, le lieutenant-colonel von l'Estocq prit la résolution de s'emparer de cette lisière et donna, vers $12^h 30$, les ordres nécessaires à cet effet.

L'attaque commença par un redoublement de feu sur toute la ligne, à la suite duquel l'aile gauche $\left(\dfrac{11}{8}\right)$ s'élança contre les fractions françaises du ravin et réussit à les chasser du bois; toute la ligne se porta en avant un peu après la 11e compagnie, elle fut d'ailleurs aussitôt accueillie par une vive fusillade déchaînée par un ennemi presque invisible, couvert par les arbres et le taillis, et d'autant plus efficace que les difficultés de parcours du bois rendaient la marche très lente; elle réussit cependant à refouler peu à peu les Français sur la lisière nord; à 2 heures de l'après-midi, les $\dfrac{\text{II et F}}{8}$ étaient définitivement en possession de cette lisière. Il va sans dire que cette lutte avait été très confuse et avait entraîné un mélange complet des unités.

La prise du saillant nord-ouest du bois de Vionville et du bois de Saint-Arnould déterminait dans cette partie du champ de bataille une accalmie que les batteries de la 5e division utilisaient pour exécuter une demi-conversion à droite afin de mieux découvrir le terrain en avant de ces deux bois, et de pouvoir s'opposer plus efficacement aux contre-attaques probables de l'ennemi.

5° Examen critique de l'engagement de la 5e division d'infanterie. — Telles furent les premières luttes sérieuses de la journée, car nous ne pouvons donner ce nom à la canonnade Körber ni aux ébats sur le bord des plateaux des 5e et 6e divisions de cavalerie.

Lorsqu'on veut les examiner de près, les soumettre à la critique, se demander enfin si elles ont été rationnellement engagées, il ne faut point oublier les circonstances qui les ont produites, ni méconnaître l'état d'esprit des chefs qui les ont conduites.

Privée, nous l'avons vu, des renseignements incomplets sans doute, mais sérieux et conséquents possédés par le Xe corps et transmis — en partie — à la IIe armée, entretenue par Frédéric-Charles dans l'idée de poursuite, la 5e division d'infanterie obéit uniquement, dans son engagement, aux suggestions de ce concept.

La 6e division de cavalerie, qui la précède, peut bien se heurter, au défilé de Gorze, à une fusillade qui l'oblige rapidement à redescendre les pentes; ses fractions les plus avancées peuvent bien lui signaler la présence de cavalerie vers Rezonville, et de forts paquets d'infanterie à la lisière du bois de Vionville; les canons de Rheinbaben et du duc de Mecklembourg (^{1}) peuvent bien tonner déjà sur les plateaux, elle ne se départit pas — ce n'est pas si facile, à la vérité — de la conception qui l'obsède et la mène; elle ne voit dans tous ces paquets, plus ou moins considérables, que des arrière-gardes qui lâchent vaillamment leurs derniers coups de fusil et couvrent la retraite « pleine » ou même « précipitée » de l'ennemi, dont ses oreilles sont bercées depuis le 14 au soir, et dans sa « louable ardeur à joindre l'ennemi », elle s'engage sans combinaison et sans art, lançant son monde dans la mêlée goutte à goutte, ne réussissant, en fait d'ensemble, si désirable cependant dans toute action conduite, à réaliser dans ses attaques qu'un ensemble de deux bataillons, celui des $\dfrac{\text{II et F}}{52}$, dont l'un, le $\dfrac{\text{II}}{52}$, finissait lui-même par échapper à l'action du chef.

Nous avons exposé cet engagement de la 5e division d'infanterie avec assez de détails (^{2}) pour pouvoir nous borner à cette critique générale, et nous dispenser d'en faire ressortir les fautes ou, si l'on trouve le mot sévère en raison des circonstances dont il y a lieu de tenir compte pour l'apprécier sainement, les imperfections. Mais, fidèle à notre méthode, qui vise surtout l'enseignement, nous nous demanderons, en reprenant pour notre compte la situation de la 5e division, si la question qui se posait

---

(^{1}) Commandant la 6e division de cavalerie.

(^{2}) Ainsi qu'on a pu le voir, nous avons inégalement détaillé les combats de la 5e division d'infanterie, selon le plus ou moins d'intérêt qu'ils présentaient au point de vue de la tactique des petites unités.

à cette unité ne pouvait pas être traitée d'une façon plus rationnelle, si son engagement ne pouvait pas être dirigé, conduit, réglé, de façon à amener une action d'ensemble que nous avons reconnue désirable, au lieu de l'action décousue que nous avons constatée. Nous pensons enfin que cette étude nous amènera, comme ci-dessus, à éclairer d'un peu de lumière un nouveau point de doctrine, relatif au rôle des avant-gardes vis-à-vis des gros, et à l'engagement de ces derniers.

Après tout, de quoi s'agit-il ? Il s'agit pour la 5e division, d'après les ordres à elle adressés, de se jeter aux trousses de l'armée française supposée en retraite, de joindre ses «bagages», ou plus exactement ses arrière-gardes, pour les retenir, de gagner la route Metz—Verdun à Vionville.

Quelles sont les exigences de cette mission ? Nous avons besoin tout d'abord d'être renseigné sur ce qui nous attend dans notre marche-poursuite, en particulier sur les résistances que nous aurons à vaincre ; nous demanderons ce service à l'excellent organe d'information qui nous est départi libéralement mais un peu tard, à la 6e division de cavalerie. Il faut ensuite que, pour arriver à notre but, nous puissions vaincre les résistances à nous signalées ; s'il y a lieu de vaincre, il y a nécessité de se battre, et comme le combat est toujours l'inconnu, que la résistance peut être fort sérieuse, une grande armée se faisant généralement couvrir par de très fortes arrière-gardes, il y a nécessité, pour vaincre ces résistances, de combiner une manœuvre en vue d'une attaque d'ensemble avec toutes les forces.

Or, la combinaison de la manœuvre, la préparation de l'attaque d'ensemble à mener à bien, la mise en main de la force, du marteau constitué par le gros des troupes, tout cela exige de l'espace à conquérir, du temps à gagner, des renseignements à compléter et pour l'acquisition desquels il faudra croiser le fer. Nous demanderons ce service à une avant-garde douée d'une force capable de s'engager pour nous fournir cet espace, ce temps, ces renseignements, ces moyens d'assurer nos coups, cette *sûreté* enfin, le mot emporte la chose.

Enfin, nous briserons les résistances avec ce gros, qui nous permettra de réaliser une attaque exécutée avec *ensemble,* condition de son efficacité, sur le point que nous aurons choisi.

Examiné à la lumière de ces réflexions, l'ordre de marche adopté par le général von Stülpnagel nous paraîtra fort judicieux ; nous y voyons en effet la 5ᵉ division d'infanterie précédée par la 6ᵉ division de cavalerie, plus tard sans doute qu'il n'eût été désirable, mais sans que le commandement subordonné puisse être rendu responsable de ce fait, attendu que cette cavalerie est encore le 16 au matin sur la rive droite de la Moselle en vertu des prescriptions d'en haut ; nous la voyons se constituer, pour assurer cette sûreté que nous avons reconnue nécessaire, une avant-garde, la 9ᵉ brigade, munie d'artillerie (1ʳᵉ batterie légère), et faire suivre son gros, constitué par la 10ᵉ brigade et trois batteries.

La force de l'avant-garde (2 escadrons, 5 bataillons, 1 batterie) peut paraître un peu excessive par rapport à celle du gros (5 bataillons, 3 batteries), et nous pensons que le 48ᵉ, avec ou même sans sa batterie ([1]), avec les deux escadrons du 12ᵉ dragons, eût

---

([1]) *Au sujet de l'emplacement de l'artillerie dans les colonnes.* — La poussée de l'artillerie vers la tête des colonnes n'a d'autres limites que les suivantes :

1° Il faut que la sécurité des batteries soit assurée pendant la marche, c'est-à-dire qu'elles ne risquent pas de tomber en formation de marche sous le feu de l'artillerie ennemie ; il est nécessaire pour cela qu'elles soient laissées assez en arrière des têtes d'avant-gardes pour que, en cas de rencontre, elles se trouvent hors de la portée du canon ennemi, c'est-à-dire qu'elles doivent se trouver à une distance de 3 000 mètres au moins en arrière des troupes d'infanterie les plus avancées. Dans une division, il sera nécessaire, si l'on place de l'artillerie à l'avant-garde, supposée forte d'un régiment à quatre bataillons, de la placer à la gauche de cette avant-garde. En effet :

$$
\begin{array}{l}
\text{1 bataillon tête d'avant-garde et distance. .} \quad 1\,500^{\text{m}} \\
\text{3 bataillons gros d'avant-garde. . . . . .} \quad 1\,500
\end{array} \Bigg\} \text{ Soit } 3\,000^{\text{m}}.
$$

En cas de rencontre, le canon adverse ne pourra guère se trouver à moins de 1 000 mètres de la tête d'avant-garde ; nos batteries seront donc à 4 000 mètres de lui, ce qui sera suffisant, mais aussi nécessaire, tant au point de vue sécurité qu'au point de vue liberté dans le choix et la reconnaissance des positions à occuper ([a]).

Appliquée aux conditions de 1870, cette règle nous permettra de réduire à 2 500 mètres la distance ci-dessus envisagée, et alors on pourra placer l'artillerie à la gauche d'une avant-garde forte de trois bataillons. Donc la place de la $\frac{1}{3}$ derrière le $\frac{\text{F}}{48}$ est admissible.

2° Il faut que la sécurité de l'artillerie soit assurée au combat, c'est-à-dire qu'elle soit précédée par une proportion d'infanterie suffisante pour couvrir son déploiement. Or, un régiment peut sans difficulté encadrer les six batteries d'une artillerie divisionnaire ([a]).

Donc, le 48ᵉ pouvait, avec ses trois bataillons, encadrer les quatre batteries de la 5ᵉ division. Si, en outre, on considère l'avantage incontestable de faire entrer en action ou d'avoir prête à entrer en action toute l'artillerie, et d'autre part le peu de temps qu'il faudrait à l'artillerie d'une division pour sortir de sa place derrière le 1ᵉʳ bataillon du gros, par exemple, pour être disponible dans la main du chef (dix minutes, quinze au

([a]) D'après M. le lieutenant-colonel Fayolle.

suffi à la tâche que nous lui demandions, assurer l'espace et le temps nécessaires à la mise en main du gros, engager l'épée avec l'ennemi afin de lire dans son jeu et permettre au gros de préparer le coup qu'il songe à lui porter.

Mais enfin Stülpnagel pourrait nous dire — et pour cette raison nous ne lui cherchons pas chicane — que sa forte avant-garde lui permettait de s'engager carrément, de refouler vivement ce qu'il s'attendait à rencontrer, des arrière-gardes, avec ses propres moyens et sans obliger le gros de la division à prendre des dispositions, à manœuvrer, à se déployer, à perdre un temps qu'elle utiliserait bien mieux à marcher, masquée par le combat de son avant-garde, en vue de rattraper la queue des gros ennemis, si possible.

Nous prendrons donc cet ordre pour base de nos discussions ultérieures, préférant tabler sur une situation vécue et reposant après tout sur de fortes raisons, que sur une situation hypothétique sortie de notre cerveau. Et alors, nous nous demanderons quel emploi il y a lieu de faire de ce système de forces que nous avons organisé.

Tout d'abord, à la façon dont la 6ᵉ division de cavalerie et le demi-12ᵉ dragons étaient accueillis sur le bord du plateau, aux renseignements que cette cavalerie transmettait, savoir « que des masses ennemies étaient en mouvement sur le plateau de Rezonville et semblaient s'avancer sur Gorze », le commandant de la division pouvait déjà penser que, s'il voulait aller à Flavigny et Vionville, il faudrait, au préalable, chasser ces « masses ennemies » du terrain que l'on avait à parcourir, par suite y employer toutes ses forces, et, en vue de cet emploi, en préparer de suite la mise en main avec son avant-garde.

« Dans le principe, le général von Stülpnagel avait considéré

---

maximum), on sera conduit à ne pas disloquer l'artillerie divisionnaire, et à la placer en entier soit à la queue de l'avant-garde, soit en tête du gros (au milieu du 1ᵉʳ bataillon du gros par exemple) où elle sera mieux couverte.

Par conséquent, dans le cas qui nous occupe, nous estimons que l'on pouvait à la rigueur placer toute l'artillerie divisionnaire et non pas seulement la seule 1ʳᵉ batterie légère derrière le 48ᵉ, mais que la place la plus rationnelle eût été à la gauche de l'avant-garde, c'est-à-dire derrière le $\frac{F}{8}$.

Si l'on ne constituait l'avant-garde qu'avec le 48ᵉ, il y avait intérêt à placer l'artillerie divisionnaire derrière le 1ᵉʳ bataillon du gros ou au milieu.

son avant-garde comme suffisante pour tenir tête aux forces ennemies qui arrivaient dans la direction de Rezonville, pendant que,
avec le reste de la division, il poursuivrait son mouvement par
Flavigny ; mais il ne tardait pas à se convaincre par ses propres
yeux que l'action qui s'engageait allait exiger le concours de
toutes les forces disponibles. »

Comme on le voit, le général commandant la 5ᵉ division a
reconnu, peut-être un peu tard, cette nécessité de l'emploi de
toutes les forces, et à ce moment, une partie de celles de l'avant-
garde, échappant à son action, était déjà engagée dans un combat
confus, à alternatives diverses, sans décision possible, dans les
bois de Vionville et de Saint-Arnould.

Quoi qu'il en soit, à quelques instants près, de ce moment où
le commandant de la division se rendait compte de la nécessité
envisagée ci-dessus, il s'agissait de se procurer tout d'abord l'espace nécessaire à la mise en main du gros, le terrain de la manœuvre d'ensemble ultérieure et à cet effet, le saillant que le bois
de Vionville projette vers Flavigny, la croupe à l'ouest, cotée 325,
le saillant nord-est du bois de Gaumont et, si possible, la croupe
au nord de ce saillant étaient les premiers objectifs à occuper
ou à conquérir par l'avant-garde.

En tout cas, soit avant, soit après le moment où l'on se rendait
compte de cette nécessité d'engager toutes les forces, point n'était
besoin de jeter ou de laisser jeter dans les bois, qui sont des
gouffres à bataillons — on était payé pour le savoir dans l'armée
allemande (¹) — le $\dfrac{II}{48}$, puis le 3ᵉ bataillon de chasseurs, puis les
$\dfrac{II\ et\ F}{8}$. Si les Français s'y engageaient, tant mieux, on aurait
d'autant moins de forces à combattre en terrain libre, et on avait
toujours le loisir de faire observer leurs lisières sud et sud-ouest
par quelques unités qui n'avaient pas besoin d'être nombreuses
pour arroser ces lisières de mitraille et en interdire le débouché
à qui elles voudraient ; à cet égard, le $\dfrac{II}{8}$ réparti entre la côte

---

(¹) Exemples : les combats du Swiepwald à la bataille de Sadowa, les combats du
Niederwald à la bataille de Wörth.

Mousa et la ferme Saint-Thiébault, la compagnie de chasseurs laissée à la ferme d'Anconville et, si l'on veut, une ou deux compagnies réservées de l'avant-garde eussent suffi à la tâche, d'autant plus que l'on ne voit pas très bien l'avantage qu'eussent tiré les Français d'une incursion à travers les bois de Vionville et des Prêtres sur le débouché nord de Gorze, alors que les luttes décisives se passaient entre Flavigny et le bois de Vionville. Ces dispositions procuraient le gain très appréciable de trois bataillons $\left(\dfrac{\text{II}}{48}, \text{ trois compagnies de chasseurs, } \dfrac{\text{F}}{8} \right)$ pour participer à l'action d'ensemble en terrain libre.

Ces considérations eussent amené le général von Stülpnagel à donner au général von Döring un ordre tel que le suivant : « En vue d'assurer le rassemblement du gros de la division entre la ferme d'Anconville et le bois de Gaumont, l'avant-garde doit occuper au plus tôt : 1° la corne nord-ouest du bois de Vionville ; 2° le mamelon à l'ouest (cote 325) ; 3° la corne nord-est du bois de Gaumont ; 4° les hauteurs au nord de ce bois. Les fractions laissées à la côte Mousa, aux fermes Saint-Thiébault et d'Anconville continueront à observer les lisières sud et sud-ouest des bois de Vionville et des Prêtres et à en interdire éventuellement le débouché à l'ennemi ; le gros de l'avant-garde, tout en progressant, devra constamment surveiller la lisière ouest de ces mêmes bois. »

En exécution de cet ordre, nous eussions vu le $\dfrac{\text{I}}{48}$ s'infiltrer le long de la lisière du bois des Prêtres et chercher à gagner la corne nord-ouest du bois de Vionville, le $\dfrac{\text{II}}{48}$ gagner par le revers sud du plateau le saillant nord-est du bois de Gaumont, à l'occupation duquel il eût laissé une de ses compagnies, et diriger les trois autres sur la crête au nord ; nous eussions vu le $\dfrac{\text{II}}{48}$, les chasseurs et le $\dfrac{\text{F}}{8}$ gagner la ferme d'Anconville et le terrain au sud du mamelon 325, tous ensemble se lancer à l'attaque ou se porter à l'occupation de ce dos de terrain, qui constituait la conquête importante à assurer, à laquelle par suite on n'hésitait pas

à consacrer toutes les forces de l'avant-garde donnant avec cet
ensemble si précieux à réaliser, puis y poster les forces nécessaires et, avec celles qui seraient restées disponibles, constituer
une réserve de l'avant-garde, prête à donner le concours de ses
énergies pour la conservation des objectifs visés et conquis.

Et en effet, si la conquête de ces objectifs procurait l'espace,
leur conservation était nécessaire pour maintenir cet espace
contre les entreprises de l'ennemi et donner le temps nécessaire
à la mise en main du gros.

Nous eussions vu l'artillerie, toute l'artillerie de la division,
aussitôt sortie du défilé, gagner en masse la position conquise
(mamelon 325), après avoir des hauteurs à l'ouest de Saint-Thiébault contribué à sa conquête, pour concourir aux luttes engagées ; nous eussions vu le général von Stülpnagel suivre les péripéties du combat à côté de ces batteries, pendant que son gros
se serait rassemblé dans le vallon à l'ouest de la ferme d'Anconville. Ce gros une fois prêt, le général von Stülpnagel l'eût
amené, cheminant toujours par le revers des pentes, vers la lisière
nord du bois de Gaumont, l'eût disposé, toujours à l'abri des
émotions de la lutte, pour une action d'ensemble. Étendant sa
gauche jusqu'au chemin Buxières—Rezonville, éclairée et couverte sur son flanc gauche par la 6ᵉ division de cavalerie, cette
attaque eût été exécutée par la 10ᵉ brigade, à laquelle seraient
venues se joindre d'elles-mêmes les fractions encore disponibles
de l'avant-garde, eût été dirigée droit sur Rezonville, et eût réalisé
une action de cinq bataillons au moins donnant avec ensemble,
action dont l'efficacité, il est légitime de le prétendre, eût été autre
que celle des fractions de la 5ᵉ division se lançant successivèment
dans la fournaise, au fur et à mesure de leur débouché, sans
combinaison, sans idée directrice et souvent sans liaison, action
d'ensemble enfin, dont le résultat eût été la conquête plus rapide
et moins douteuse de ce dos de terrain sur lequel passe le chemin
de Gorze à Flavigny, d'où l'on pouvait pendant longtemps défier
les retours offensifs du 2ᵉ corps français, ou bien, par une attitude
constamment agressive, prévenir même ces retours, et conserver
jusqu'à la fin cet ascendant moral dont on connaît le prix, que
l'on a conquis sans marchander les efforts et les sacrifices, et
que l'on est résolu à ne pas abandonner, comme Alvensleben

nous le dira et nous le montrera tout à l'heure d'une si éclatante façon.

Nous pensons avoir fait suffisamment ressortir la situation qui était faite au commandant du IIIᵉ corps par les événements que nous venons d'analyser et de discuter. A lui maintenant de nous montrer comment on sort d'une pareille crise.

CHAPITRE II

LA DÉCISION DU GÉNÉRAL VON ALVENSLEBEN

I — Analyse de la détermination du général von Alvensleben

« La force morale m'a toujours paru supérieure à
la force matérielle. » (BUGEAUD.)

L'enseignement qui nous sera donné par Alvensleben est d'une haute portée.

« L'étude du combat engagé par le IIIᵉ corps, dit un rédacteur de la *Revue militaire de l'Étranger* (¹), présente un intérêt de premier ordre, parce qu'elle nous montre un homme de haute valeur aux prises avec les plus grandes difficultés et dans une situation des plus tendues qu'on puisse voir dans l'histoire des guerres. »

« Jamais dans toute la campagne de 1870, dit de son côté le général Cardot, situation n'a été plus solennelle et plus tragique que celle du 16 août et jamais homme ne s'est rencontré pour être aussi bien à la hauteur des circonstances que le général Constantin von Alvensleben. »

Nous savons que le 16 au matin, sans tenir compte de la fatigue des troupes, Alvensleben mettait de très bonne heure ses colonnes en marche sur Vionville et Mars-la-Tour, pensant, dans les circonstances présentes, qu'un gain de quelques heures était précieux, puisque le moindre retard pouvait permettre à l'adversaire d'échapper à son étreinte.

En conséquence, dès 5 heures du matin, la 6ᵉ division d'infanterie, suivie de l'AC$_{III}$ (²), prenait d'abord la route de Chambley,

---

(¹) *Revue militaire de l'Étranger*, « La Journée du 16 août », d'après CARDINAL VON WIDDERN.

(²) Abréviations usuelles concernant l'artillerie :
AD$_5$ = artillerie divisionnaire de la 5ᵉ division ;
AC$_{III}$ = artillerie de corps du IIIᵉ corps.

puis le chemin difficile d'Onville à Buxières ; la 5ᵉ division ne se mettait en marche que plus tard, vers 7ʰ 3o, à la suite de la 6ᵉ division de cavalerie, comme nous l'avons vu.

Alvensleben quittait son quartier général de Pagny à 6ʰ 3o, pour se porter en tête du gros de la 6ᵉ division, dont la marche par une grosse chaleur, d'abord dans une vallée très encaissée, ensuite par des chemins à pente raide, était assez pénible. Il n'espérait plus se heurter à d'importantes fractions de l'armée française, et comptait seulement couper la retraite à quelques arrière-gardes. Mais son intention bien arrêtée était dans tous les cas de s'engager à fond quand même, afin d'attirer à lui, s'il le pouvait, une partie plus ou moins forte des troupes supposées en retraite vers la Meuse.

Vers 7 heures, un peu avant d'arriver à Onville, le général recevait un premier renseignement d'une reconnaissance de cavalerie envoyée dès 3 heures du matin pour reconnaître la route d'Onville à Buxières et chercher la liaison avec la 5ᵉ division de cavalerie, lui faisant connaître que des avant-postes français étaient en position entre Tronville et Vionville.

Bien que décidé par avance à attaquer, Alvensleben entendait engager l'action avec toutes ses forces réunies. Il résolut donc d'attendre le débouché de sa colonne de droite et envoya à 7ʰ 15 l'ordre suivant au général von Buddenbrock :

Sur la nouvelle que Vionville est occupé par les avant-postes ennemis, j'ordonne à la 6ᵉ division de ne pas s'engager et même d'éviter de se montrer tant que la 6ᵉ division de cavalerie n'aura pas débouché sur le plateau et ne sera pas prête pour le combat.

Après avoir dicté cet ordre, le général prend les devants, traverse le bois de Harl(¹), dépasse les Baraques et s'avance jusqu'à la statue de la Vierge (2 5oo mètres sud de Vionville) pour examiner lui-même la situation et le terrain.

« Cet examen, écrit-il dans ses Notes, fit naître dans mon esprit une double impression : en premier lieu, le terrain n'offrait pas d'aspect bien caractéristique au point de vue tactique ; en

____

(¹) Bois de Gravelose et des Paintainvaux des cartes françaises (Voir carte au 1/8o oooᵉ)·

second lieu, je ne pus noter aucune particularité intéressante ni surprendre le moindre mouvement de troupes. Cependant, au loin, à travers une éclaircie, je vis un gros de troupes en marche sur Saint-Marcel. »

Le général n'avait pas achevé sa reconnaissance lorsque tout à coup le canon se fit entendre sur sa gauche : c'était la surprise Körber que nous avons étudiée plus haut, et qui lui arrachait l'amère réflexion que nous connaissons également. Peu de temps après, la 6e division de cavalerie entrait en scène de la même façon bruyante, et le commandant du IIIe corps apercevait bientôt de nombreuses fractions françaises qui, après quelques instants de désordre, débouchaient en formation de combat des environs de Rezonville et se dirigeaient sur Vionville et Flavigny.

Les événements qui se déroulaient à l'ouest de Rezonville firent naître dans l'esprit d'Alvensleben cette conviction qu'il avait affaire à de simples arrière-gardes, que déjà le gros de l'armée ennemie avait effectué sa retraite et se trouvait hors d'atteinte. Cette conviction s'étayait encore sur les renseignements reçus le matin même et sur la présence constatée de la 5e division de cavalerie aux environs de Mars-la-Tour.

Le général, influencé encore par les données de l'ordre de Frédéric-Charles, admit sans preuve suffisante que l'arrière-garde adverse, surprise en plein repos, ne tarderait pas à se replier, à la suite du reste de l'armée. Il rechercha ensuite la direction qu'elle devait suivre, en bonne logique, sa mission terminée. En marchant droit vers la Meuse, les Français se heurtaient à la cavalerie allemande qui déjà leur barrait la route ; ils ignoraient si cette cavalerie n'était pas soutenue par des gros d'infanterie, et par suite devaient craindre d'être obligés, le cas échéant, de se frayer un chemin de vive force. Leur direction de retraite la plus vraisemblable était donc vers le nord et, précisément, il avait aperçu le matin même une troupe de cavalerie française rétrogradant sur Saint-Marcel.

Une fois sa conviction arrêtée, le commandant du IIIe corps se fixa de suite une tâche à remplir dans cet ordre d'idées. Il se décida à pousser l'adversaire l'épée dans les reins et, dans la poursuite, à avancer toujours son aile gauche afin d'empêcher les Français d'obliquer vers le nord-ouest, si par hasard ils en avaient la pensée. C'est alors qu'il dicta pour Frédéric-Charles le rapport suivant ([1]) :

Camps ennemis près de Vionville et Rezonville. IIIe corps s'avance réuni, aile gauche sur Jarny, éventuellement Conflans. 5e division de cavalerie près de Mars-la-Tour, 6e près de Rezonville. L'ennemi se retire par Thionville ([2]).

En conséquence, le général prescrivait vers 9[h]30 à la 6e division d'infanterie de reprendre sa marche vers Mars-la-Tour, pour gagner ensuite Jarny.

Puis, il quittait son point d'observation pour rejoindre sa colonne de gauche et rencontrait alors le général von Rheinbaben.

« Descendant de la hauteur, dit-il, je m'en allais lentement dans la direction de Tronville, c'est-à-dire dans la direction où je venais d'envoyer la 6e division, vers Jarny.

« Au pied de la hauteur, à mi-chemin entre la statue de la Vierge et Tronville, s'est décidé le sort ([3]) de la journée. Je trou-

---

([1]) La 18e monographie donne, comme heure de départ de ce rapport, 10[h]30 du matin, en faisant remarquer que cette heure doit être considérée comme tardive, d'après l'heure d'accusé de réception au quartier général de la IIe armée. D'après le même document, von der Goltz (*Opérations de la IIe armée*) donne 10 heures. Il nous paraît difficile d'admettre même cette dernière heure. Il paraît certain que ce compte rendu et l'ordre donné, à 9[h]30, à la 6e division de reprendre la marche sur Jarny sont, à peu de chose près, du même moment ; ce compte rendu est en tout cas certainement antérieur à l'ordre donné peu après 10 heures à la 6e division de suspendre la marche sur Mars-la-Tour pour prendre la direction de Vionville ; on peut donc, croyons-nous, le placer entre 9[h]30 et 9[h]45 ; il ne serait guère explicable après 9[h]45.

([2]) Si, à titre de curiosité, on soulève le voile, on se rend compte que la conception d'Alvensleben à cette heure, fruit de l'orientation reçue du haut commandement, est loin de la réalité des faits. Loin d'être en pleine retraite sur la Meuse, l'armée française, en effet, se trouvait encore, le 16 au matin, étroitement concentrée à quelques kilomètres de Metz. L'ensemble avait ordre de marcher sur Verdun en deux colonnes : à gauche, les 2e et 6e corps et la Garde par la route de Mars-la-Tour ; à droite, les 3e et 4e corps par celle d'Étain.

Le 15 au soir, les 2e et 6e corps étaient installés côte à côte à hauteur de Rezonville, l'un au nord, l'autre au sud de la route de marche, précédés par la cavalerie vers Mars-la-Tour. En arrière, la Garde bivouaquait près de Gravelotte. Le 3e corps était arrivé à Verneville ; le 4e corps, retardé dans son mouvement, stationnait sous le canon de Metz au nord de la ville.

Les mesures de sécurité étaient nulles ou insuffisantes. Les mouvements prescrits, mal conçus, mal réglés, s'exécutaient dans les pires conditions, au prix de fatigues hors de proportion avec les résultats obtenus.

Pour permettre aux troupes de prendre quelque repos, le départ pour la marche du 16 fut reculé jusqu'à midi. Cette marche ne devait pas avoir lieu (*Revue militaire de l'Étranger*, « La Journée du 16 août », d'après Cardinal von Widdern).

([3]) *Die Aufgabe* (la tâche, le rôle à remplir).

vai là le général von Rheinbaben, commandant la 5e division de cavalerie, accompagné, je crois, d'un seul officier d'ordonnance.

« Le général vint à moi et me dit : « Je ne sais si je suis plus « bête que le commun des mortels, mais j'ai toujours eu la convic- « tion que l'armée ennemie entière était devant moi; maintenant « j'en suis certain. »

« Il devait le savoir, ajoute Alvensleben, car depuis le 14 au soir, il se trouvait sur les lignes de marche de l'adversaire. »

Le commandant du IIIe corps a nettement défini l'impression qu'il éprouva à cet instant critique :

« La pensée marche vite en pareille occurrence; si ce n'était pas l'armée française en entier qui était devant moi, c'était en tout cas un fort paquet; les impressions de Rheinbaben et l'intensité crois- sante de la fusillade sur toute la ligne étaient la pour le prouver (1).

« Comme le 15, le but stratégique de toute la campagne se dessina nettement à mes yeux; je fus certain que les circonstances justifiaient l'entrée en ligne de mon corps d'armée. Je ne son- geais au Xe corps qu'avec l'idée de me replier éventuellement sur lui, si je me décidais à livrer une bataille à front renversé, contre des forces supérieures. Si le Xe corps pourrait, devrait, saurait me secourir, je ne le savais pas, mais je savais que, au point de vue du but à atteindre, et d'après la direction suivie par l'armée française, il importait peu que ce but fût atteint à 2 milles plus ou moins à l'ouest, et que, en outre, tout pas en arrière me faisait gagner du temps et des forces que l'ennemi perdait.

« L'entrée en action, examinée de plus près, n'était ni trop grave, ni trop dangereuse; il eût été pénible, très pénible, de laisser nos blessés (2) sur le champ de bataille, mais au point de vue du résultat de la journée, c'était sans importance.

« La 6e division — qui était en marche sur Mars-la-Tour — reçut l'ordre de faire à-droite dans la direction de Tronville (3), non pas que j'aie changé d'opinion sur la position que je jugeais

---

(1) On est en droit de s'étonner que Caprivi — qui a négligé la veille d'instruire le IIIe corps des événements, et qui à cette heure est là sur place — ne soit point allé trouver Alvensleben pour l'orienter verbalement, comme l'a fait Rheinbaben d'une façon si pittoresque.

(2) Ceux de la 5e division d'infanterie.

(3) La 18e monographie donne, avec assez de vraisemblance, 10h 15 comme heure de cet ordre (heure de remise à la 6e division).

et que je juge encore aujourd'hui la plus favorable stratégiquement et tactiquement — les hauteurs de Mars-la-Tour—Conflans — mais parce que je ne pouvais, dans les circonstances présentes, donner un aussi grand front à mes troupes, attendu que, entre temps, la 5ᵉ division s'était déjà engagée et que le temps des manœuvres préparatoires avait pris fin.

« Il me fallait accepter le terrain tel qu'il était et l'utiliser le mieux possible (*make the most of it*). Il fallait par suite *s'efforcer de contre-balancer la disproportion des forces matérielles en présence par la force morale de l'attaque.* »

Comme on le voit, Alvensleben connaît la puissance de la force morale ; il pense avec Bugeaud qu'elle est supérieure à la force matérielle ; plus il sera faible et plus il frappera, sans rien vouloir entendre, comme un sourd ; il ne connaît qu'un mode d'action, l'offensive, qu'une attitude sur le champ de bataille, l'attitude agressive toujours, en vue justement d'étonner l'adversaire, de prévenir même ses velléités d'offensive. Cet homme, on ne peut le nier, avait une claire intelligence et un caractère rudement trempé.

« Les troupes que j'avais sous mes ordres, continue-t-il, étaient capables de cela, et je disposais en outre de dix-huit régiments de cavalerie, attendu que le général von Rheinbaben m'avait offert son concours. Ceci me donnait une grande liberté de mouvement.

« Mais — il y avait un « mais » qui me tourmentait — certaines impressions sur le degré d'esprit de sacrifice de la cavalerie, c'est-à-dire sur les dispositions par rapport aux autres armes que manifestaient ses chefs à engager leurs troupes ont pesé sur mon esprit pendant toute la campagne. Je disposais de 9 000 cavaliers de première catégorie, mais non de la cavalerie correspondante.

« Je pris alors le chemin de Vionville (¹). »

Le rôle qu'allait jouer le IIIᵉ corps ressort nettement de ces paroles d'Alvensleben : enrayer coûte que coûte le mouvement de retraite des Français, afin de permettre aux armées allemandes, à tout le moins à la IIᵉ armée, si dispersée, de se réunir en vue d'une bataille décisive à livrer sur la rive gauche de la Moselle, pour cela attaquer carrément, avec tout son monde ou du moins

______

(¹) Extrait de la 18ᵉ monographie.

avec tout ce qu'il a sous la main, à fond et sans arrière-pensée, « taper dans le tas », comme on l'a dit d'une façon si pittoresque et si juste.

Sans doute, son idée première est de barrer de front les routes de Metz à Verdun, en occupant la ligne de hauteurs entre Mars-la-Tour et Conflans, solution qui pouvait présenter l'avantage d'obliger les Français à s'ouvrir un chemin de vive force, s'ils voulaient continuer leur marche vers l'ouest ; mais la question n'est plus intacte, les divisions de cavalerie et la 5e division d'infanterie ont mis les pieds dans la fourmilière ennemie, ont provoqué de sa part une grande activité, la bataille est commencée, ainsi que le prouve « l'intensité croissante de la fusillade et de la canonnade », la liberté d'action n'existe plus, « le temps des manœuvres est passé », comme le dit très bien Alvensleben.

Il s'agit maintenant « de ne pas récriminer sur le passé, puisque les faits accomplis sont sans remède », mais d'utiliser le mieux possible le terrain dont on dispose, d'accrocher sa droite au sol dans la région boisée, de prendre avec sa gauche, dans un terrain dont les ondulations se prêtent bien à l'emploi des trois armes, une vigoureuse offensive, pour mettre la main sur les points d'appui nécessaires à l'infanterie, amener le gros de l'armée française à faire front, conquérir surtout l'ascendant moral, comme nous le dit si bien Alvensleben, maintenir ensuite partout une attitude constamment agressive.

« C'est en cette tactique, désormais nécessaire au résultat de la journée, pleine de grandeur, faite d'abnégation et d'esprit de sacrifice, qu'Alvensleben se montrera un maître à admirer d'autant plus que c'est en pleine connaissance de cause qu'il décide l'entreprise (¹). »

Cette bataille est vraiment son œuvre.

Nous étudierons plus tard et les mesures d'exécution prises par le général, et la vigoureuse offensive de la 6e division d'infanterie, et l'attitude agressive maintenue toute la journée par le corps d'armée du Brandebourg. Là encore, nous trouverons des enseignements d'autant plus précieux qu'ils échappent au calcul, qu'ils

---

(¹) Général Foch, *La Conduite de la guerre*. Paris, Berger-Levrault et Cie, éditeurs.

appartiennent à « la partie divine » ([1]) de l'art de la guerre, qu'ils sont exclusivement d'ordre moral.

Mais, auparavant, il importe d'examiner la décision d'Alvensleben, que nous avons analysée, et au besoin de la défendre, même contre les siens.

II — Examen critique de la décision d'Alvensleben ([2])

Et, en effet, Alvensleben a été désapprouvé par quelques-uns des siens, qui n'ont point voulu reconnaître qu'il les avait sauvés en consentant librement son sacrifice, qui ont ironiquement parlé de sa « louable ardeur à joindre l'ennemi ». Le maréchal de

---

([1]) Expression de Napoléon.

([2]) Il nous a paru intéressant d'insérer ici, en abordant cette critique, un remarquable portrait tracé d'Alvensleben par CARDINAL VON WIDDERN dans son ouvrage intitulé : *La Crise de Vionville*.

« Le général Constantin von Alvensleben, né le 26 août 1809, avait donc en 1870 près de soixante-deux ans. Admirablement doué, homme de caractère, ce général était un des plus éminents de l'armée allemande.

« Sorti de l'infanterie de la Garde, il avait été d'abord à plusieurs reprises employé dans le service d'état-major, en dernier lieu comme chef d'état-major du Ier corps. Il entra ensuite en 1860, à une époque particulièrement difficile, au ministère de la guerre, où il remplit avec distinction les fonctions de directeur d'une des sections. En quittant le ministère, il prit le commandement du régiment de grenadiers de la Garde Empereur-Alexandre, et en 1864, il fut placé à la tête de la 1re brigade d'infanterie de la Garde, qu'il conduisit à la victoire à Soor et à Kœniggrätz. A partir du 30 octobre 1866, il commanda la 1re division de la Garde, jusqu'au début de la guerre de 1870, où il fut placé à la tête du IIIe corps.

« Tous ceux qui l'ont approché ont loué sa distinction, la noblesse de ses sentiments, son désintéressement, sa simplicité ainsi que la cordialité, la courtoisie et le tact dont il faisait preuve envers tout le monde, dans la vie privée comme dans le service.

« Soldat jusqu'à la moelle des os, amoureux de sa profession, dont il s'était fait un idéal qu'il poursuivait sans relâche, il ne vivait que pour elle. Dans tous les postes qu'il a occupés successivement, il a su stimuler le zèle de ses subordonnés, partout il a laissé des traces de son passage. Ne visant pas, par modestie, à des effets de prestance, il attirait peu l'attention en public.

« D'une intelligence très vive, Alvensleben avait su acquérir une instruction générale solide et une instruction militaire basée essentiellement sur l'étude de l'histoire militaire.

« Le travail en avait fait un homme de volonté. Avant de prendre une résolution, il y réfléchissait mûrement ; une fois son but fixé, rien ne pouvait l'en détourner. Il pensait par lui-même et savait agir spontanément.

« Toute cause juste trouvait en lui un défenseur intrépide. Nature simple et désintéressée, le général ne reculait pas au besoin devant un conflit, quand il s'agissait de défendre son autorité, ses subordonnés, ses propositions ou desseins. Bien qu'il aimât son métier avec passion, il finit cependant par prendre prématurément sa retraite, le jour où l'on exigea de lui des concessions qu'il jugeait incompatibles avec sa dignité.

« Par son caractère, sa valeur intellectuelle, ses talents militaires, Alvensleben était un

Moltke lui-même a regretté et l'offensive et l'attitude de celui qui cependant a sauvé ses combinaisons, en particulier sa pensée directrice, le *leitender Gedanke* dont parle l'Historique officiel, le rejet vers le nord de l'armée de Bazaine, pensée maîtresse qu'il devait considérer comme fortement compromise depuis le 14 au soir, et que la décision de son subordonné lui permettra de reprendre le 17 et le 18.

Alvensleben a, lui-même, amplement justifié son attitude, lorsqu'il nous dit simplement que la situation générale commandait impérieusement l'entrée en action de son corps d'armée, que, au moment de prendre sa décision, la question n'est plus intacte, que le temps des manœuvres est passé, que l'on ne peut songer à retirer du combat la 5ᵉ division, non seulement parce qu'il faudrait abandonner ses blessés, mais surtout parce que tout mouvement rétrograde exécuté par une troupe sous le feu, même sous un chef de premier ordre, eût entraîné de grosses pertes, peut-être même l'anéantissement de certaines fractions ou leur refoulement dans des directions excentriques, enfin et par-dessus tout une forte dépression morale.

Alvensleben, lorsqu'il a pris sa décision, connaissait-il la situation exacte ou approchée de l'armée française, savait-il

---

homme de premier ordre, qui ne craignait pas les responsabilités, qui marchait droit et imperturbablement au but qu'il s'était tracé : la crise de Vionville l'a du reste bien démontré.

« Profondément convaincu de la valeur de son corps d'armée brandebourgeois (dont il ne pouvait tirer vanité, puisqu'il l'avait reçu des mains de son prédécesseur, le prince Frédéric-Charles), il avait aussi confiance en lui-même, condition essentielle de succès devant l'ennemi.

« Au dire de certains officiers, qui avaient servi sous ses ordres et avaient été bien placés pour le juger, il manquait cependant du don d'agir sur le cœur du soldat, de l'animer et de l'enlever par sa présence ou par une parole d'encouragement.

« En ce qui concerne l'instruction de ses troupes, le général ne se préoccupait pas outre mesure de ce qui se passait sur la place d'exercices, mais aux manœuvres, il s'entendait vraiment à intéresser son monde et à l'instruire.

« Tous ceux qui ont vu Alvensleben au feu ne tarissent pas d'éloges sur son calme et son sang-froid dans l'exercice du commandement, ainsi que sur le courage avec lequel il savait endosser la responsabilité de ses décisions et y persévérer dans les occasions les plus critiques ; aussi son calme se répercutait sur son entourage.

« Souffrant souvent de la migraine, qui ne le quitta pas pendant les sept journées critiques des opérations autour du Mans où il était dans un triste état, le général n'en fit pas moins son métier, grâce au sentiment élevé de ses devoirs et de sa responsabilité.

« Son chef d'état-major dans la campagne de 1870-1871, le colonel von Voigts-Rhetz, esprit vigoureux de moindre envergure que son général, possédait toute sa confiance et était pour lui l'auxiliaire le plus fidèle et le plus précieux. » (Von Widdern, *La Crise de Vionville*, traduction Richert.)

qu'il s'attaquait seul avec ses 30 000 hommes aux 150 000 de Bazaine ?

Il est possible qu'il l'ait su, et il est moralement certain qu'il a dû envisager cette éventualité, car, lorsqu'il a pris sa décision, il a vu Rheinbaben, il a reçu les impressions, entendu le propos pittoresque de ce général, en songeant qu'il devait être renseigné, depuis deux jours qu'il était sur les routes de marche de l'armée française.

Cet argument peut être opposé tout d'abord aux critiques qui ont prétendu avec Scherff qu'Alvensleben n'aurait probablement pas attaqué s'il avait su avoir sur les bras toute l'armée française, et par conséquent, n'aurait pas dû attaquer.

Mais cette objection va nous permettre d'élever la question et, mettant de côté la personnalité d'Alvensleben, qui se suffit à elle-même, nous nous demanderons à quels résultats pouvait conduire une décision autre que celle d'Alvensleben et quelle était par suite la décision à prendre.

Sans la bataille de Mars-la-Tour, c'est-à-dire sans l'attaque d'Alvensleben, nous dit-on en faveur de la thèse ci-dessus, les armées allemandes, continuant leur marche vers l'ouest parallèlement à l'armée française, gagnaient celle-ci de vitesse.

Peut-être, répondrons-nous, mais à la double condition toutefois que l'armée française ignore ce mouvement ou, si elle le connaît, ne peut l'entraver, le contrarier. Or, depuis 8ʰ 30 ou 9 heures, l'armée française s'est aperçue par la démonstration de la 5ᵉ division de cavalerie, puis par l'engagement de la 5ᵉ division d'infanterie, événements qui ne sont pas attribuables à Alvensleben, de la présence des Allemands sur sa gauche et même devant sa tête ; nul ne l'empêche d'agir et de tomber sur les gêneurs ; bien plus, si elle veut, comme son chef a fait semblant de l'ordonner, continuer sa marche vers l'ouest pour gagner Verdun, elle est obligée de chasser le gêneur, de l'éloigner tout au moins, et pour cela de le refouler, car là où il se trouve, il est trop près pour ne pas constituer un danger dans la marche sur Verdun par Mars-la-Tour.

D'autre part, si le IIIᵉ corps, dont la 5ᵉ division est déjà furieusement aux prises avec l'ennemi, rompt ce combat, ce qui n'est pas déjà sans danger, nous ne cessons de le répéter, pour manœuvrer en retraite, mais il va enlever à l'ennemi toute illusion, il va entraîner à sa suite l'armée française, l'inviter en quelque sorte à s'attacher à ses pas. Cette armée, dont il connaît la supériorité, ne lui laissera pas la liberté de faire tranquillement cette retraite, mais avec une minime partie de ses forces, elle l'obligera, sous peine de débandade, à lui faire front quand elle le voudra, et avec la majeure partie, elle le débordera, le submergera et tombera au milieu de son armée à lui, Alvensleben, qu'il sait dispersée, dans son passage de la Moselle « sur un large front ».

Il doit, lui Alvensleben, penser cela, car il commence à se rendre compte de la fausse orientation où il était; il ne sait pas positivement que l'armée française veut aller à Verdun; il peut bien croire que, pour elle comme pour toute armée digne de ce nom, l'enjeu de la lutte, c'est la victoire; que, tombant sur cette proie qu'il lui offre, l'armée française ne la laissera pas échapper, mais exploitera à fond la situation inespérée de ce début de journée; il doit redouter et redoute cette manœuvre; il doit y parer, et ce n'est pas par la retraite, en combattant si l'on veut, qu'il écartera ce danger, danger d'autant plus redoutable que ses chefs l'ignorent, que seul il le connaît, parce qu'il lui crève les yeux.

Si la retraite est inadmissible, peut-il au moins se décider à la défensive, demander à une forte position le salut pour son corps d'armée, la sécurité pour son armée?

Ici encore, les mêmes inconvénients se représentent. Qu'il barre directement ou indirectement la route de Mars-la-Tour, c'est-à-dire qu'il prenne cette position défensive à cheval sur cette route ou sur son flanc, il constitue toujours un obstacle pour l'armée française; de plus, il est isolé, et sa timide attitude n'illusionnera pas davantage ni longtemps son adversaire; il donne à cet adversaire le temps de se reconnaître et de le reconnaître, de prendre conscience de sa supériorité numérique et de constater la faiblesse du IIIᵉ corps; il perd le bénéfice de la surprise, que lui procurait une action d'ensemble sur un adversaire un instant déjà désorienté, mais aussi, tiré de sa torpeur par les provocations de la cavalerie, il perd surtout l'ascendant moral, c'est-à-dire la force essentielle à la guerre, force dont il connaît le prix, lui qui a proclamé dans ses Notes à propos de cette journée : « La bataille n'est pas une tuerie, c'est une lutte morale... », force enfin dont ses troupes connaissent aussi la valeur et dont elles ont déjà commencé à s'emparer.

Donc, pas plus que la manœuvre en retraite, la défensive n'est acceptable et ne peut que conduire à l'écrasement pour lui, au désastre pour les siens.

Seule, l'offensive, exécutée avec ensemble pour frapper fort, avec tous les moyens dont il dispose, lui permet de parer au danger, d'étonner l'adversaire, de le forcer à faire front, de le fixer au sol, de le réduire enfin à cette défensive dont il ne veut pas pour lui. Il se peut qu'il aille au sacrifice, mais ses troupes sont faites pour cela, lui-même l'a dit, et si le jour est venu de « périr pour sauver ses frères », selon l'immortelle maxime de Souvarov, il en a salué l'aurore avec joie.

Ainsi, ni la manœuvre en retraite, qui attirait l'ennemi dans le flanc de sa propre armée, ni une attitude défensive sur une position, qui le vouait à l'écrasement, n'étaient admissibles pour le IIIe corps. Tout lui interdisait la défensive ou la retraite; tout lui commandait une action énergique, et cette énergie, il devait la puiser dans la force morale inhérente à l'offensive, puisqu'il ne la possédait pas dans l'effectif de ses troupes.

Alvensleben a-t-il fait ces raisonnements sur le champ de bataille ? Il a pu en faire quelques-uns, depuis le moment où Rheinbaben l'a mis au fait de la situation jusqu'à celui où il a donné à la 6e division l'ordre de converser à droite; il a compris en tout cas le devoir qui s'imposait à lui; la décision qu'il a prise et les mesures d'exécution qu'il a ordonnées nous montreront qu'il n'y a point failli.

En définitive, le général von Alvensleben a dû prendre à son compte, par un acte de sacrifice, la sûreté des armées allemandes; de la IIe armée tout particulièrement, sûreté dite stratégique, faite d'espace garanti sans doute, comme l'admet le maréchal de Moltke, mais aussi et à défaut, de temps procuré, de renseignements obtenus, comme le recommande expressément Napoléon, notion que ne possède pas ou du moins ne pratique pas intégralement le premier, puisqu'il ne demande sa sûreté qu'à l'espace, ainsi que le montre à l'évidence l'étude de sa concentration à la fin de juillet, courant d'ailleurs de surprise en surprise, manquant successivement sa bataille de la Sarre, puis celle de la Nied, con-

duit par les événements au lieu de leur commander, apprenant
une bataille lorsqu'elle est terminée, comme le 14, invitant ses
chefs d'armée, comme le 15, à conduire les opérations d'après
leur propre inspiration après les avoir orientés sur de pures hypothèses, arrivant finalement, tant par sa faute que par celle de
son agent le plus immédiat, qui amplifie ses erreurs, à jeter un
chef en sous-ordre dans la situation la plus lourde pour les
épaules d'un homme, la plus critique pour une troupe, celle d'Alvensleben le 16 au matin, trouvant le 17, par un bonheur immé-
rité, les voiles déchirés, le brouillard dissipé, sa stratégie remise
sur pied, sa grande pensée enfin redevenue exécutable, grâce à
l'intelligence et à la sauvage énergie de ce soldat qui a mis toute
sa foi dans des vérités éternelles, qui a frappé sur ce qu'il a
trouvé — une armée — avec d'autant plus d'énergie qu'il avait de
plus faibles moyens — un corps d'armée — qui, enfin, a détruit
le bel échafaudage des combinaisons visant la Meuse, en faisant
accourir à son canon ses voisins et son chef d'armée, en permettant à ce dernier la concentration de ses forces le 17, en vue de
reprendre l'exécution de la grande pensée de Moltke dont nous
parlions tout à l'heure.

Oui, la personnalité d'Alvensleben dans ces circonstances fait
singulièrement pâlir celle du docte chef de l'État-major allemand ;
son mérite est grand, ses exemples sont à méditer. Aussi ne pou-
vons-nous nous défendre d'admirer la grande figure de ce soldat
qui, pourtant, ce jour-là, a fait tant de mal à notre pays, en son-
nant avec son canon sur les célèbres plateaux le glas de l'armée de
Metz.

III — Exécution de la décision d'Alvensleben

1° L'ordre d'attaque. — En vue de mettre sans retard à exécution l'énergique décision qu'il venait de prendre, Alvensleben
envoyait, vers 10^{h}30, à la 6e division en marche sur Tronville
l'ordre suivant :

L'ennemi paraît attaquer vigoureusement le général von Stülpnagel ;
le général von Buddenbrock va s'avancer sur Vionville en mettant
toutes ses forces en ligne.

On reconnaîtra que, chez cet homme, l'action est à la hauteur de la pensée. Il a résolu de frapper sur l'adversaire, il le fera avec tous ses moyens agissant ensemble et à fond, il conquerra ainsi de haute lutte l'*ascendant moral*, son objectif.

Disons de suite que, dans sa pensée comme dans son action, le général est merveilleusement servi par les siens ; l'activité, l'énergie, le mouvement, sont dans le sang de ce corps d'armée, il faut bien le proclamer, et nous ne pouvons nous défendre de songer avec tristesse que, dans l'autre camp, le nôtre, ces vertus sont de race pourtant et ne sont pas éteintes encore, mais étouffées et remplacées par la passivité et la manie des positions chez les grands, par la résignation dans le sacrifice chez les petits. Ces pensées ne vous quittent pas un instant lorsque vous errez sur ce champ de bataille ; vous y allez pour étudier et vous vous prenez à rêver, vous vous attachez aux Brandebourgeois pour vous abstraire de votre rêve ou de vos tristes pensers et, malgré vous, vous êtes avec ceux d'en face, qui sont vos frères ; vous voudriez les entraîner — ils n'auraient pas demandé mieux — et avec eux bousculer l'audacieux qui les brave insolemment, et puis, dans votre impuissance, vous reprenez votre pèlerinage, votre étude, veux-je dire, en restant du côté de l'ouest, parce que là, du moins, vous trouvez des enseignements qui ne soient pas négatifs.

2° *L'entrée en ligne de l'artillerie du IIIe corps*. — En vue de gagner le temps nécessaire au déploiement éventuel de la 6e division, Alvensleben avait prescrit de faire avancer sur le flanc de la direction primitivement suivie (Mars-la-Tour—Jarny) l'artillerie de cette division, en la faisant couvrir par le seul 2e dragons[1], et pressé l'arrivée de l'artillerie de corps.

Pendant qu'il continuait sa reconnaissance, son commandant d'artillerie, général von Bülow, avait pris connaissance par lui-même de la physionomie du combat en ce qui concernait les divisions de cavalerie, et il avait donné l'ordre à l'AD_6[2] d'accourir au trot dans les positions qu'il lui indiquait.

---

[1] Régiment divisionnaire de la 6° division d'infanterie.

[2] Artillerie divisionnaire de la 6° division : batteries légères $\frac{5}{3}$, $\frac{6}{3}$. Batteries lourdes $\frac{V}{3}$, $\frac{VI}{3}$.

Les $\frac{6}{3}$ et $\frac{5}{3}$, passant au sud de Tronville, prennent au passage la $\frac{2\ c}{10}$[1] et s'avancent, la $\frac{6}{3}$ et la $\frac{2\ c}{10}$ vers la hauteur du cimetière, la $\frac{5}{3}$ plus à gauche, près de la grand'route ; mais le feu d'infanterie qui part des lisières de Vionville et de Flavigny ne leur permet pas de s'installer sur la crête et elles rétrogradent vers la pente ouest (vers 10^h 15).

Peu après, les $\frac{V}{3}$ et $\frac{VI}{3}$, amenées par le lieutenant-colonel Beck, commandant l'AD$_6$, de la ferme de Saulcy, viennent s'établir sur la hauteur nord-est de la statue de la Vierge d'où, vers 10^h 30, elles ouvrent le feu, tant sur l'artillerie adverse que sur l'infanterie répartie entre Vionville et Flavigny.

Nos batteries, dit l'Historique officiel, n'avaient à compter que sur elles-mêmes pour se protéger contre ces masses, car l'infanterie venait seulement de se mettre en mouvement ; seuls, trois escadrons du 2e dragons, postés à droite et en arrière des pièces, se tenaient prêts à leur venir en aide.

Cette ligne d'artillerie ne tardait pas à se trouver encore renforcée et prolongée. C'est l'artillerie de corps qui arrive à son tour ; mais laissons la parole au colonel von Dresky, qui la commandait, et qui écrivait ce qui suit peu après les grandes batailles de Metz :

« Le 16, de grand matin, on quitta le bivouac de Pagny et Arnaville pour se diriger au nord en suivant la vallée de la Moselle. A 10 heures, je reçus l'ordre de me porter en avant le plus vite possible en faisant tous les efforts imaginables. Il fallut passer, en obliquant par la montagne, par des chemins encaissés et pierreux[2]. L'abtheilung à cheval (major Lenz) franchit les 11 250 mètres qui nous séparaient du champ de bataille en trois quarts d'heure ; l'artillerie à pied[3] ne put pas suivre avec une rapidité aussi grande ; sa tête n'arriva que trois quarts d'heure plus tard.

---

[1] Batterie à cheval Schirmer, de la 5e division de cavalerie.
[2] Chemin qui traverse le bois de Gravelose.
[3] Batteries lourdes.

« A Tronville, je ne reçus pas d'ordres et me dirigeai sur Vionville. Je venais de faire ôter l'avant-train à deux batteries à cheval, lorsque le général von Bülow m'ordonna d'aller occuper la hauteur qui, au sud de Flavigny, court de l'est à l'ouest, avec l'artillerie de corps, et de m'y maintenir. Le général von Alvensleben me prévint que l'artillerie de corps était destinée à former le centre de sa position et qu'il comptait avec certitude que je m'y maintiendrais.

« Je donnai l'ordre de remettre l'avant-train et, pendant qu'il était exécuté par l'abtheilung à cheval, je me portai vivement en avant dans le but de découvrir un point de passage où nous puissions franchir le fossé profond et marécageux qui, de Flavigny, s'étend à l'ouest. Je trouvai un pont à Tantelainville, pont de l'autre côté duquel s'élève immédiatement en pentes raides la hauteur sur laquelle je devais prendre position. Avant de m'éloigner du pont, j'avais bien examiné la situation pour savoir s'il ne pouvait pas être commandé par le feu ennemi.

« La localité la plus rapprochée que l'ennemi occupât était Flavigny ; on n'y voyait que de l'infanterie ; la distance qui nous en séparait se montait, d'après mon évaluation, à environ 1 600 pas ; je ne tins donc pas le passage du pont pour dangereux.

« Mais au moment où la tête de l'abtheilung s'apprêtait à le franchir, elle se vit soudain couverte par une telle grêle de balles de chassepot, venant de Flavigny, que 1 officier, le trompette-major, 3 hommes et 6 chevaux furent atteints. Je fis faire la sonnerie « Au galop », sur quoi les pièces et les caissons non touchés franchirent vivement le pont et trouvèrent un abri derrière la hauteur qui, en cet endroit, formait une pente très raide. On se reforma et, sans subir de nouvelles pertes, on gagna la première position.

« Après que l'abtheilung à cheval eut pris position sur la hauteur, dans le voisinage du pont, on ouvrit le feu contre Flavigny ; nos obus eurent vite fait d'incendier le hameau...

« A ce moment, arrivaient également les batteries à pied[1]. »

On nous excusera d'avoir transcrit cette longue citation ; malgré les détails qu'elle donne sur des faits tout à fait spéciaux à l'arme,

---

[1] Extrait des *Lettres sur l'artillerie* du prince DE HOHENLOHE.

nous n'avons pas hésité à le faire, pensant que cela contribue singulièrement à donner un peu de vie et de relief à ces épisodes « du drame effrayant et passionné »[1] qu'est la guerre ; nous avions la bonne fortune d'avoir les impressions toutes fraîches d'un acteur et non des moindres : nous l'avons saisie au passage.

En résumé, au moment où la 6e division se porte à l'attaque du front Vionville—Flavigny, l'artillerie prussienne arrivée sur le champ de bataille occupe les emplacements ci-après :

a) Sur la hauteur ouest de Vionville . . . . .

- $\dfrac{5}{3}$ (de l'AD$_6$) ;
- $\dfrac{1}{4}$ c (batt. Bode de la 5e divis. de cav.) ;
- $\dfrac{1}{10}$ c (batterie à cheval du groupe Körber) ;

Major Körber ;

b) Sur la hauteur du cimetière .

- $\dfrac{3}{10}$ c (batterie à cheval du groupe Körber) ;
- $\dfrac{2}{10}$ c (batt. Schirmer de la 5e div. de cav.) ;

Colonel von der Becke (Xe corps) ;

c) Sur la hauteur sud-ouest de Flavigny . . .

- $\dfrac{VI}{3}$
- $\dfrac{V}{3}$ de l'AD$_6$;
- $\dfrac{6}{3}$ [2]
- $\dfrac{1}{3}$ c (batt. à chev. du gr. Lenz de l'AC$_{III}$) ;
- $\dfrac{3}{3}$ c (batt. à chev. du gr. Lenz de l'AC$_{III}$) ;
- $\dfrac{2}{3}$ c (batt. à chev. de la 6e div. de cav.) ;

Colonel von Dresky.

Cette entrée en ligne de l'artillerie, lisons-nous dans la dix-huitième Monographie, fut la première décision prise par Alvensleben ; elle était audacieuse, mais commandée par les circonstances.

Et en effet, que le général voie encore les Français en retraite, qu'il veuille fixer leurs arrière-gardes, accrocher même et forcer

---

[1] Expression de Jomini.

[2] Cette batterie s'était d'abord placée à la droite de la $\dfrac{2}{10}$ c ; elle fut appelée sur cette nouvelle position par le commandant de l'AD$_6$ lorsqu'il arriva avec les batteries lourdes $\dfrac{V}{3}$ et $\dfrac{VI}{3}$.

leurs gros, en partie du moins, à faire front, ou qu'il vise simplement la protection du flanc de la 6e division marchant sur Mars-la-Tour, ou bien qu'il soit déjà convaincu, à la parole de Rheinbaben, de la présence devant lui de la plus grande partie de l'armée française, l'artillerie lui donne un premier et puissant moyen de lutte ; elle lui permet de couvrir une grande étendue de terrain, oblige l'ennemi à entrer en lutte avec elle à bonne distance, lui permet de gagner ce temps dont il a besoin pour la mise en main et le déploiement de son infanterie, de préparer les voies à cette dernière et de rendre possibles les effets d'ensemble et de soudaineté qu'il lui demandera tout à l'heure.

Mais aussi cette artillerie, que n'encadrent pas de suffisantes fractions d'infanterie, qui ne peut compter que sur son feu pour sa sécurité même, peut courir les plus graves dangers ; Alvensleben ne l'ignore pas, mais nécessité fait loi, l'audace doit être aujourd'hui le mobile de tous les actes, la reine de la bataille ; il faut étonner l'ennemi, et c'est en pleine connaissance de cause qu'il demande à son artillerie d'être audacieuse.

Les propriétés de l'artillerie permettaient cette entrée en ligne. L'expérience de la campagne de 1866 l'avait en effet bien montré : l'artillerie à longue portée une fois engagée ne perd pas, comme l'infanterie, par exemple, sa faculté de manœuvrer ; elle peut, après avoir rempli son office en un point, changer de position pour aller le remplir ailleurs. C'est l'absence de cette propriété chez l'artillerie napoléonienne, par exemple, qui obligeait l'Empereur à conserver dans sa main une puissante réserve de canons qu'il jetait dans la balance au moment décisif, manœuvre qu'il a caractérisée lui-même en disant : « Celui qui sait amener une masse de canons au point d'attaque est sûr de l'r aporter. » C'est cette propriété qui, au contraire, a permis plus tard au commandement de jeter d'emblée toute son artillerie dans la lutte dès le début de l'action, sans toutefois s'en dessaisir, pouvant, tant que la lutte n'aura pas pris un caractère décisif, lui assigner une autre position, sans être obligé de tenir en réserve et inactive la fraction avec laquelle il compte amener la décision. Cette propriété a été nettement caractérisée par le mot de *disponibilité*.

Nous comprenons alors qu'Alvensleben n'ait pas hésité à faire

accourir, sur le terrain où il pouvait déjà entrevoir les luttes ultérieures, l'artillerie de sa colonne de gauche, quitte à la retirer du
combat, s'il était amené, conformément à son idée primitive, à
faire continuer la 6e division sur Mars-la-Tour, procurant au contraire à cette unité l'inappréciable avantage de faciliter singulièrement son entrée en scène lorsqu'elle aurait à faire face à l'est
et se porterait à l'attaque dans cette direction.

Une autre propriété de l'arme, sa *mobilité,* rendait possible
l'emploi qu'en a fait le commandant du IIIe corps. La rapidité de
mouvement dont était capable l'artillerie allemande, ainsi que
l'ont montré tout particulièrement les batteries légères de la
6e division et les batteries à cheval de l'artillerie de corps, permettait au général de lui demander et cet effort et cette action
en dehors de la direction première de marche, sans qu'elle fît
longtemps défaut à son infanterie, s'il devenait nécessaire de
rompre le combat face à l'est pour se reporter vers Mars-la-Tour.

Si, ouvrant une courte parenthèse, nous passons de l'artillerie
de 1870 à celle d'aujourd'hui, nous constatons que l'artillerie
d'aujourd'hui possède toujours la disponibilité, à la condition
toutefois qu'elle utilise judicieusement les masques du terrain et
ne se révèle pas autrement que par ses lueurs, ce que son matériel lui permet d'ailleurs absolument (¹).

Mais aussi nous voyons de quelle importance est pour cette
artillerie puissante et rapide la mobilité, pour être à même d'exploiter au maximum cette disponibilité, mobilité que beaucoup
de bons esprits trouvaient notoirement insuffisante dans notre
matériel de 90ᵐᵐ et trouvent encore aujourd'hui à peine suffisante dans le matériel de 75ᵐᵐ malgré les progrès réalisés (²).

(¹) Nous ne voulons nullement dire que l'artillerie ne devra jamais se départir de la
lutte à couvert sous le prétexte de se garder disponible ; mais dans les débuts de la
lutte et souvent au cours de la lutte elle le pourra et le devra.

Il nous semble à cet égard que l'on ait une tendance regrettable à préconiser à
l'excès le tir à couvert exagéré ; la guerre russo-japonaise, qui a accentué cette
tendance, n'en a nullement démontré la nécessité permanente. Il faudra toujours en
effet pouvoir appuyer l'infanterie, par suite en découvrir le combat et avoir pour cela
des batteries à vues directes ; ces batteries, dans certaines limites de distance, pourront
être détruites par le tir à démolir, c'est entendu ; mais alors il faudra disposer des
contre-batteries nécessaires pour empêcher l'artillerie adverse de se livrer à ce tir. Il
faudra tout au moins des batteries faisant du tir direct à pointage indirect.

(²) Le caisson en particulier, qui pourtant doit être l'inséparable de la pièce, est
sensiblement plus lourd que celle-ci.

Mais nous fermons vite cette parenthèse, car, étranger à l'arme, nous ne pouvons qu'effleurer ces questions techniques lorsque la suite de nos réflexions les amène au bout de notre plume.

Ainsi que le montre la répartition exposée plus haut, Alvensleben dispose, au moment où la 6e division va entrer en action, de onze batteries, en dehors, bien entendu, de l'artillerie de la 5e division, alors fortement occupée pour son propre compte. Ces onze batteries seront renforcées, au cours de l'attaque, comme nous le montrerons au fur et à mesure de notre exposé, par le reste de l'artillerie de corps et un certain nombre de batteries du Xe corps.

3° L'engagement de la 6e division d'infanterie (¹). — A son débouché des bois de Harl (²), la 6e division s'était formée à hauteur de Buxières, la 12e brigade (von Bismarck) en tête, la 11e (von Rothmaler) derrière elle, l'une et l'autre sur deux lignes (³).

Vers 9^h 30, la division s'était mise en marche dans une formation différant peu de cette dernière, sur Mars-la-Tour, conformément au premier ordre d'Alvensleben. Sa tête était près d'atteindre la transversale Puxieux—Tronville, lorsque, vers 10^h 15, le général von Buddenbrock reçut l'ordre de converser à droite vers Vionville.

Une fois en possession de cet ordre, Buddenbrock se porte de sa personne en avant, pour reconnaître les positions de Vionville et de Flavigny. Du premier coup d'œil, il constate qu'elles sont fortement occupées et décide d'employer tout ce dont il dispose pour en déloger l'adversaire. A cet effet, vers 10^h 30, il porte ses brigades en avant, la 12e des deux côtés de la chaussée de Mars-la-Tour, la 11e le long de la route Puxieux—Tronville. Pendant que ce mouvement s'exécute, il reçoit d'Alvensleben l'ordre « de s'avancer sur Vionville en mettant toutes ses forces en ligne ».

C'est donc bien ici une attaque d'ensemble que l'on va tenter

---

(¹) Voir carte au 1/80 000e.

(²) Bois de Gravelose et des Pantainvaux des cartes françaises.

(³) Il ne manquait que la $\frac{6}{64}$ qui, nous l'avons vu plus haut, avait été de garde au quartier général du corps d'armée, et se joignit à la 5e division.

de mener à bien et, à cet égard, elle est très intéressante pour nous. Nous savons déjà par quelle artillerie elle va être appuyée.

La 11ᵉ brigade gagne tout d'abord la hauteur est de Tronville (¹) ; le 35ᵉ régiment, qui constitue sa première ligne, dirige contre Vionville le 1ᵉʳ bataillon, suivi du 2ᵉ, tandis que le 3ᵉ bataillon, formé en échelon en arrière à droite, appuie vers le vallon de Flavigny.

Le 20ᵉ régiment, seconde ligne de la brigade, suit le mouvement du 35ᵉ.

La 12ᵉ brigade se déploie en même temps à la gauche de la 11ᵉ, le 64ᵉ devant attaquer Vionville par l'ouest et par le nord. Le 24ᵉ se forme en échelon en arrière et à gauche en vue de couvrir éventuellement le flanc gauche contre les bois de Tronville.

Nous étudierons successivement les combats livrés par ces différentes unités.

a) **11ᵉ brigade.** *35ᵉ régiment.* — Dès le village de Tronville, le $\frac{\text{I}}{35}$ s'était formé en colonnes de compagnie ; les $\frac{\text{I et 2}}{35}$, cheminant par le vallon qui longe au nord la hauteur du cimetière, se dirigent sur l'issue ouest (1ʳᵉ) et le saillant sud-ouest (2ᵉ) de Vionville. Appuyant plus à droite, les $\frac{3 \text{ et } 4}{35}$ gagnent la hauteur du cimetière ; elles échappent dès lors à l'action du chef de bataillon et s'engageront un peu plus tard partie contre Flavigny, partie contre la grand'route, lors du débouché de Vionville.

Dès son entrée en ligne, ce bataillon a déjà subi des pertes sérieuses par le feu des défenseurs de Vionville d'une part, de Flavigny et du bouquet d'arbres (abreuvoir) au nord de ce hameau d'autre part.

Le $\frac{\text{II}}{35}$ avait d'abord suivi le $\frac{\text{I}}{35}$ sur Vionville, mais, ce village ayant été enlevé rapidement grâce à un mouvement enveloppant du 64ᵉ (²), il n'avait pas à intervenir pour appuyer les $\frac{\text{I et 2}}{35}$ et

---

(¹) Hauteur d'où avait eu lieu la canonnade Körber.

(²) L'attaque de Vionville par le 64ᵉ sera étudiée plus loin.

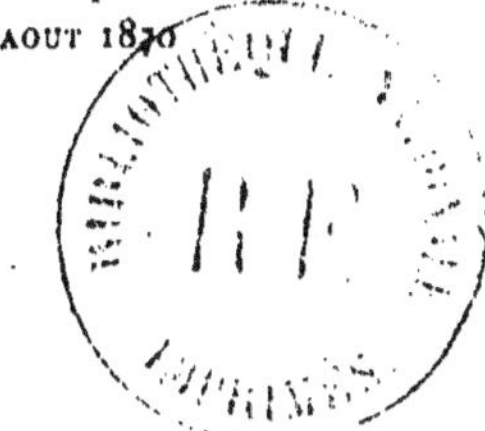

gagnait également la hauteur du cimetière. Ses compagnies de tête, $\dfrac{6 \text{ et } 7}{35}$, passant à gauche (nord) du cimetière, sont, dès qu'elles émergent, saisies par un feu très intense et se séparent ; la 6ᵉ se jette à droite avec la majeure partie de la 3ᵉ pour concourir à la lutte du $\dfrac{\mathrm{III}}{35}$ (¹) contre Flavigny ; la 7ᵉ reste face au bouquet d'arbres. Quant aux $\dfrac{5 \text{ et } 8}{35}$, elles sont tellement éprouvées en essayant de franchir la crête qu'elles restent au cimetière.

Le $\dfrac{\mathrm{III}}{35}$, utilisant le vallon Tantelainville—Flavigny, se porte contre Flavigny et déploie immédiatement les $\dfrac{10 \text{ et } 11}{35}$, la 10ᵉ dans le fond du vallon, la 11ᵉ sur la pente sud de la hauteur du cimetière ; les $\dfrac{9 \text{ et } 12}{35}$ suivent à rangs serrés. En cours de route, la 11ᵉ appuyait à gauche pour éviter de gêner le tir d'une batterie, tombait alors sous le feu de Flavigny, laissait son peloton de tirailleurs continuer sur ce hameau et, obliquant elle-même toujours à gauche, était entraînée dans la lutte du $\dfrac{\mathrm{I}}{35}$ vers la grand'route ; de même, la gauche des tirailleurs de la 10ᵉ faisait face au bouquet d'arbres, tandis que la majeure partie de la compagnie maintenait sa direction sur Flavigny. Finalement, le bataillon gagne une ligne de haies à environ 400 mètres à l'ouest de Flavigny ; les 9ᵉ et 12ᵉ viennent s'y déployer et ouvrent le feu.

En résumé, le 35ᵉ, dont les unités se trouvent alors passablement mélangées, forme donc trois groupes de combat et une réserve, ainsi répartis de la gauche à la droite.

1° A Vionville puis au débouché de ce village : 1ʳᵉ, 2ᵉ, fraction de la 3ᵉ, majeure partie de la 4ᵉ et de la 11ᵉ ;

2° Face au bouquet d'arbres : 7ᵉ, fraction de la 10ᵉ ;

(¹) Le 35ᵉ régiment porte le nom de : « das brandenburgische Fusilier-Regiment nᵒ 35 » ; par suite, ses bataillons sont numerotés I, II, III.

3° Contre Flavigny : fraction de la 4ᵉ, majeure partie de la 3ᵉ, fraction de la 11ᵉ, majeure partie de la 10ᵉ, 11ᵉ et 12ᵉ ;

4° En réserve au cimetière : 5ᵉ et 8ᵉ.

Dans ce début d'engagement, le 35ᵉ avait déjà subi des pertes considérables, particulièrement le $\frac{\text{II}}{35}$, qui avait été très éprouvé en essayant de franchir la hauteur du cimetière ([1]).

20ᵉ régiment. — Le 20ᵉ, sur l'ordre du général von Rothmaler, garde ses 1ᵉʳ et 2ᵉ bataillons en réserve dans un vallonnement entre Tronville et Vionville, à l'exception toutefois de la $\frac{3}{20}$, qui a suivi de très près le $\frac{\text{I}}{35}$ et se trouve engagée face au bouquet d'arbres avec la $\frac{7}{35}$, avant d'avoir reçu l'ordre de rejoindre son bataillon.

Le $\frac{\text{F}}{20}$ appuie avec ses 9ᵉ, 10ᵉ et 12ᵉ compagnies le $\frac{\text{I}}{35}$; la $\frac{\text{II}}{20}$, obliquant plus à droite, se réunit à la $\frac{3}{20}$, face au bouquet d'arbres, ce qui finit par amener :

1° Au débouché de Vion-ville	{ 4 compagnies du 35ᵉ ; { 3 — du 20ᵉ ;	}	
2° Face au bouquet d'ar-bres	{ 1 compagnie et demie du 35ᵉ ; { 2 compagnies du 20ᵉ ;	} 15 compagnies engagées ;	
3° Contre Flavigny. . .	4 compagnies et demie du 35ᵉ ;	}	
4° En réserve	{ 2 compagnies du 35ᵉ ; { 7 — du 20ᵉ ;	} 9 compagnies en réserve.	

([1]) La $\frac{6}{35}$ perdit 2 officiers et 1 feldwebel aux environs du cimetière.

La $\frac{7}{35}$ perdit 2 officiers, 1 feldwebel et 1 vice-feldwebel.

La $\frac{5}{35}$ eut 3 officiers, 1 feldwebel et 1 vice-feldwebel blessés, 87 hommes tués ou blessés.

La $\frac{8}{35}$ eut 3 officiers, 1 feldwebel blessés, 98 hommes tués ou blessés.

Il ne resta au demi-bataillon formé par les $\frac{5,\ 8}{35}$ que trois officiers (Historique du 35ᵉ).

b) **12ᵉ brigade.** *64ᵉ régiment.* — Le 64ᵉ avait reçu comme objectif Vionville, qu'il devait aborder par l'ouest et par le nord, et s'était formé, en atteignant la grand'route, sur deux lignes : $\dfrac{\text{I et II}}{64}$ en première ligne, à intervalles de déploiement, $\dfrac{\text{F}}{64}$ en deuxième ligne, derrière l'intervalle des deux autres bataillons ; puis, lorsque le feu commença à devenir gênant, ce dernier bataillon fut porté à la gauche et les trois bataillons s'avancèrent contre Vionville en une seule ligne ainsi répartie, de droite à gauche : $\dfrac{\text{II}}{64}$, $\dfrac{\text{I}}{64}$, $\dfrac{\text{F}}{64}$.

Le $\dfrac{\text{II}}{64}$ déploie immédiatement deux compagnies : $\dfrac{5,\,7}{64}$, qui marchent contre le saillant sud-ouest de Vionville ; la $\dfrac{8}{64}$ suit en soutien ([1]). Le $\dfrac{\text{F}}{64}$, avec deux compagnies, $\dfrac{10,\,11}{64}$ déployées en première ligne, suivies des deux autres, $\dfrac{9,\,12}{64}$ en deuxième ligne, traverse la partie sud du petit bois de Tronville, fait ensuite une conversion à droite, au cours de laquelle la $\dfrac{9}{64}$ vient en première ligne, pour faire face à la lisière nord.

Le $\dfrac{\text{I}}{64}$, qui a reçu l'ordre de soutenir cette attaque, se maintient sur la hauteur ouest de Vionville, d'où il appuie, par un feu de tirailleurs, le mouvement des $\dfrac{\text{II et F}}{64}$.

Ainsi investi et finalement abordé sur trois de ses faces, Vionville tombe au pouvoir des Allemands vers 11ʰ 30. Comme on le voit, cette attaque a été rondement menée, puisque la 6ᵉ division a conversé à droite à hauteur de Tronville vers 10ʰ 30.

Cinq compagnies du 64ᵉ sont entrées ensemble dans le village, $\dfrac{9,\,10,\,11}{64}$ par le nord, $\dfrac{7,\,5}{64}$ par l'ouest, ces dernières bientôt

---

([1]) La $\dfrac{6}{64}$, on s'en souvient, n'a pas rejoint ; elle combat avec la 5ᵉ division.

suivies de la $\frac{8}{64}$. Le combat continue pendant un certain temps à l'intérieur, où les Français se défendent avec opiniâtreté.

En vue de garder les flancs, les $\frac{11 \text{ et } 5}{64}$ sont retirées de l'intérieur de Vionville et se portent vers l'est, la $\frac{11}{64}$ par la lisière nord, la $\frac{5}{64}$ par la lisière sud ; elles sont immédiatement accueillies par un feu meurtrier déchaîné de la hauteur à l'est de Vionville et du bouquet d'arbres au nord de Flavigny.

« Là, dit l'Historique du 64ᵉ, se manifesta nettement la supériorité du chassepot sur notre fusil à aiguille : tandis que nous étions littéralement accablés de balles à une distance d'environ 1 200 pas, nous ne pouvions faire à l'ennemi le moindre mal. »

Aussitôt après l'irruption des $\frac{\text{II et F}}{64}$ dans Vionville, le $\frac{\text{I}}{64}$ y pénètre à son tour et pousse rapidement jusqu'à la lisière est.

Le 64ᵉ se trouve alors réparti du sud au nord à peu près comme il suit : 5ᵉ, 8ᵉ, 7ᵉ, 1ʳᵉ, 2ᵉ, 3ᵉ, 4ᵉ, 9ᵉ, 10ᵉ, 11ᵉ.

La $\frac{12}{64}$ qui, au début, se trouvait à l'extrême gauche et avait perdu pas mal de temps dans la traversée d'une partie du bois de Tronville, arrivait trop tard pour participer à l'enlèvement de Vionville ; elle était obligée, pour ne pas masquer le feu d'une batterie installée au nord de la chaussée, d'appuyer au sud, ce qui l'amenait à l'entrée ouest du village, qu'elle traversait, pour venir finalement s'intercaler dans un intervalle existant entre les $\frac{5 \text{ et } 8}{64}$.

Le combat devenait alors stationnaire et prenait la forme d'une lutte par le feu de pied ferme contre l'ennemi qui occupait la hauteur à l'est.

24ᵉ régiment. — Ainsi que nous l'avons indiqué plus haut, l'attaque de Vionville était couverte à gauche et en arrière par le 24ᵉ. Ce régiment ne tardait pas à se trouver, de par ce fait, violemment engagé lui aussi.

Suivant en effet le mouvement offensif du 64ᵉ, le 24ᵉ avait d'abord gagné avec deux bataillons $\left(\dfrac{\text{I et F}}{24}\right)$ la corne sud-est du bois de Tronville, d'où il était à même d'appuyer éventuellement le 64ᵉ, ou de parer à une contre-attaque française dirigée contre la gauche de ce régiment, et poussé son dernier bataillon $\left(\dfrac{\text{II}}{24}\right)$ plus au nord, pour couvrir son propre flanc de ce côté. Le $\dfrac{\text{II}}{24}$ descend donc le vallon nord de Vionville et se trouve engagé sur son versant est avec les lignes françaises d'infanterie et d'artillerie déployées du bois de Saint-Marcel à la chaussée (¹).

Pour ne pas le laisser accabler par l'énorme supériorité numérique des masses françaises, les deux autres bataillons le suivent dans le vallon, viennent prolonger sa droite, et mettent de suite en ligne toutes leurs unités, afin d'opposer une sérieuse muraille de feu à l'adversaire, ne laissant en repli, provisoirement d'ailleurs, à la lisière du bois de Tronville, que la $\dfrac{8}{24}$.

Le 24ᵉ forme ainsi une longue et mince chaîne de tirailleurs, sur un front de 2 000 mètres, dans l'ordre suivant de la droite à la gauche :

$$\frac{\text{F}}{24} : 10^e, 9^e, 12^e, 11^e ;$$

$$\frac{\text{I}}{24} : 4^e, 2^e, 1^{re}, 3^e ;$$

$$\frac{\text{II}}{24} : 7, 6^e, 5^e, \text{plus tard } 8^e.$$

Mais, en raison de la disproportion numérique des forces, la situation de ce régiment, qui constitue l'aile gauche allemande, ne tarde pas à devenir périlleuse.

« *Hier ist aushalten eine Heldenthat*, dit l'Historique du 24ᵉ. On s'organise aussi bien que possible... Sur ce plateau dénudé, balayé par les balles, un champ de pommes de terre est un couvert bienvenu... Tout le régiment se trouve là, déployé sur une seule ligne, sans réserves... A trois reprises, il repousse des retours offensifs des Français par des feux rapides... »

(¹) Troupes du corps Canrobert.

Pour le soutenir, le général von Buddenbrock lui envoie le $\frac{II}{20}$, maintenu en réserve jusque-là à l'ouest de Vionville avec le $\frac{I}{20}$, avec mission de boucher la trouée séparant les $\frac{I \text{ et } II}{24}$.

Au prix de pertes considérables, le $\frac{II}{20}$ se fraie un chemin vers le nord en suivant la lisière est du bois de Tronville, gagne le vallon à l'est et en gravit la pente opposée pour se porter à hauteur du 24ᵉ.

Ce bataillon était d'ailleurs insuffisant pour changer la situation. En arrivant sur la crête, les hommes se couchent et entament un combat de feux.

En même temps qu'il renforçait ainsi sa gauche, le général von Buddenbrock rappelait de l'aile droite les batteries de son artillerie divisionnaire engagées avec l'artillerie de corps.

c) **Changements de position des batteries allemandes. Arrivée des batteries lourdes de l'AC$_{III}$. Situation de l'artillerie vers midi.** — Ce changement de position coïncide avec l'arrivée du reste de l'AC$_{III}$, de sorte que, vers midi, nous trouvons l'artillerie allemande répartie comme il suit, de la droite à la gauche :

1° *Sur la hauteur nord-est de la statue de la Vierge* :

$\frac{2\ c}{3}$ (batterie à cheval de la 6ᵉ division de cavalerie);

$\frac{1\ c}{3}$, $\frac{3\ c}{3}$ (groupe à cheval Lenz, de l'AC$_{III}$);

$\frac{6}{3}$ (de l'AD6);

$\frac{III}{3}$ $\left(\text{de l'AC}_{III}\text{, à la place des } \frac{V \text{ et } VI}{3}\right)$.

} Colonel von Dresky.

2° *Sur la hauteur du Cimetière* :

$\frac{2\ c}{10}$ (batterie Schirmer, de la 5ᵉ division de cavalerie);

$\frac{3\ c}{10}$ (batterie à cheval du groupe Körber).

$\frac{IV}{3}$ et $\frac{4}{3}$ (de l'AC$_{III}$).

} Colonel von der Becke (Xᵉ corps).

3° *Près du saillant sud-ouest de Vionville :*

$\dfrac{3}{3}$ (de l'AC$_{\text{III}}$, isolée).

4° *Sur la hauteur ouest de Vionville :*

$\dfrac{1\,\text{c}}{10}$ (batterie à cheval du groupe Körber) ;

$\dfrac{1}{10}$ (de l'AD$_{19}$, venue avec le détachement Lehmann) ;

$\dfrac{1\,\text{c}}{4}$ (batterie Bode de la 5e division de cavalerie) ;

$\dfrac{\text{VI}}{3}$, $\dfrac{\text{V}}{3}$, $\dfrac{5}{3}$ (de l'AD$_6$).

> Major Körber et lieutenant-colonel Beck.

d) **Débouché de Vionville.** — « A la suite de l'enlèvement de Vionville, dit l'Historique officiel prussien, la nombreuse artillerie française en position sur les hauteurs de la voie romaine écrasait ce village sous un feu si terrible, que le seul moyen de s'y maintenir était de pousser plus avant [1]. »

En vue de donner à ses troupes l'impulsion nécessaire, le général von Buddenbrock fait appel à sa dernière réserve, le $\dfrac{1}{20}$ [2].

Les trois compagnies de ce bataillon $\left(\dfrac{1,\ 2,\ 4}{20} \right)$ débouchent donc entre Vionville et le cimetière, dépassent, en les laissant à leur gauche, les fractions du 20^e $\left(\dfrac{9,\ 10,\ 12}{20} \right)$ qui ont appuyé dès le début le $\dfrac{1}{35}$, entraînent avec elles à leur droite quelques unités du 35e et parviennent à gagner lentement et au prix d'une lutte meurtrière le dos de terrain à l'est de Vionville.

A la gauche, le 64e débouchait également de Vionville avec ses trois bataillons déployés.

En résumé, les troupes engagées autour de Vionville se por-

---

[1] L'Historique du 64e se sert de termes à peu près identiques.

[2] Moins la $\dfrac{3}{20}$ déjà engagée avec la $\dfrac{11}{20}$ contre le bouquet d'arbres.

taient vers l'est dans l'ordre approximatif suivant, de la gauche à la droite :

64e régiment : 4e, 3e, 2e, 1re ; 9e, 10e, 11e ; 5e, 7e, 8e ; 12e compagnies ;
20e   —   : 1re, 2e, 4e compagnies ;
35e   —   : 1re, 2e, 4e, 7e, 11e compagnies.

Les $\dfrac{9,\ 10,\ 12}{20}$, dépassées par les $\dfrac{1,\ 2,\ 4}{20}$ et ne trouvant plus de place dans la ligne de combat, obliquaient à droite et suivaient vers Flavigny les $\dfrac{3\ \text{et}\ 11}{20}$, d'abord engagées contre le bouquet d'arbres, puis contre Flavigny.

Enfin, la droite du 35e $\left(\dfrac{6,\ 3,\ 9,\ 10,\ 12}{35}\right)$ est engagée contre Flavigny.

L'Historique officiel prussien a décrit comme il suit ce débouché de Vionville :

« Pour aborder les positions où l'ennemi se tenait largement déployé, il fallait traverser le plateau presque entièrement à découvert. Dès le début de ce mouvement, une action opiniâtre s'engage et, au milieu de ses sanglantes péripéties, toute direction d'ensemble ne tarde pas à disparaître. Le coup d'œil des chefs subalternes, le courage des soldats y suppléent. Selon que le comportent et la configuration du sol et la direction des feux de l'ennemi et l'inspiration du moment, la ligne, fractionnée en colonnes de compagnie, gagne çà et là du terrain ; les compagnies se confondent, leurs débris se rallient à d'autres débris, se groupent et rentrent de leur mieux dans la lutte. C'est en vain que l'on tenterait une description fidèle de cet engagement furieux. Après des efforts aussi longs qu'opiniâtres, les Prussiens se trouvent avoir avancé d'un millier de pas dans la direction de l'est, et quand ils parviennent enfin à arracher au défenseur la position formée par le bouquet d'arbres et les hauteurs adjacentes, celui-ci se met en retraite, laissant une bouche à feu aux mains de notre infanterie, qui le serre de très près. »

L'Historique du 64e donne une note analogue :

« On ne doit pas, dit-il, se représenter cette attaque comme nous étions habitués à les exécuter, les compagnies en colonnes de compagnie, à intervalle de déploiement avec des tirailleurs devant le front se reformant ensuite dans les intervalles. Aucune trace de cela, mais tout se précipite vers le but désigné en gros essaims, les unités complètement mélangées. Celui qui courait le plus vite, avait les meilleurs poumons, le plus de courage, arrivait le premier. Chaque commandant de compagnie ne s'inquiétait que d'avoir le plus grand nombre possible d'hommes sous la main... ; quant à leur numéro de régiment, de compagnie, on ne s'en inquiétait pas. »

C'est à ce moment que, sur l'ordre du colonel von Voigts-Rhetz, chef d'état-major du IIIe corps, le 2e escadron du 2e dragons de la Garde et le 1er escadron du 17e hussards, postés à la droite des batteries établies à l'ouest de Vionville, chargèrent, mais sans grand succès, les bataillons en retraite des brigades Mangin et Colin.

e) **Enlèvement de Flavigny** ([1]). — Ainsi qu'on l'a vu plus haut, les $\dfrac{F}{12}$ et $\dfrac{II}{52}$ s'étaient portés vers midi à l'attaque de Flavigny, en partant des lisières nord du bois de Gaumont, soutenus indirectement, mais très efficacement, par l'artillerie de la crête de la Vierge. Arrêtés cependant par le feu de la lisière du hameau, le $\dfrac{F}{12}$ déployait ses quatre compagnies, le $\dfrac{II}{52}$ déployait deux compagnies (5e, 8e). Mais au bout de très peu de temps, l'artillerie précitée incendiait Flavigny, et le commandant du $\dfrac{F}{12}$ ordonnait l'attaque. « Mais, dit le major Kunz, sa voix ne fut entendue que dans son voisinage immédiat et ce n'est que lorsque les officiers furent devant le front qu'il réussit à entraîner la masse des tirailleurs. »

Cet essai d'assaut était d'ailleurs aussitôt enrayé ; à ce moment, en effet, une contre-attaque française intervenait par le nord-est de Flavigny.

« L'impression causée par la supériorité des forces françaises fut grande, dit encore Kunz, et les fusiliers cédèrent ; ils se repliè-

---

([1]) Cf. *Revue d'Histoire.*

rent au pas de course, mais les officiers surmontèrent heureusement ce moment critique, le major de La Chevalerie, commandant le $\dfrac{F}{12}$, réussit à arrêter la masse de son bataillon dans un pli de terrain à 400 ou 500 mètres au sud de Flavigny, et à le faire tirer à nouveau. Les Français pressaient vivement, mais alors le feu rapide des Prussiens agit d'une façon meurtrière ; bientôt les Français s'arrêtèrent, se couchèrent à terre et recommencèrent le feu... »

Cet arrêt du 94e de ligne, coïncidant d'ailleurs avec l'abandon presque complet de Flavigny par ses défenseurs (8e de ligne), déterminait les tirailleurs prussiens à reprendre leur mouvement offensif vers le hameau ; les tirailleurs de la $\dfrac{11}{12}$, qui s'étaient élancés les premiers, furent arrêtés net à 100 mètres de la lisière par le feu des défenseurs restés en place, mais un renforcement général exécuté par les autres compagnies du 12e et les $\dfrac{5,\,8}{52}$ permit un nouveau bond en avant qui conduisit la ligne prussienne jusque dans le hameau ; trois compagnies $\left(\dfrac{12}{12},\,\dfrac{6,\,7}{52}\right)$ étaient restées en arrière.

L'occupation de Flavigny par les troupes prussiennes ne dura que quelques minutes ; le hameau était en effet bombardé par l'artillerie prussienne de la crête de la Vierge et par l'artillerie française en position au sud-ouest de Rezonville, qui y avaient déterminé plusieurs incendies ; en outre, une partie du 94e de ligne y avait pénétré. Par suite, les compagnies prussiennes qui se trouvaient dans Flavigny se replièrent sur les trois autres compagnies en appuyant à droite (vers l'est) et, utilisant un vallon qui se dirige vers Rezonville, se reportèrent en avant, à la suite d'une partie du 94e de ligne en retraite.

Flavigny était donc retombé aux mains des Français, mais les progrès des troupes de la 6e division ne devaient pas tarder à le rendre aux Prussiens ; en effet, les fractions mélangées du 35e et du 20e engagées au sud de Vionville s'approchaient du bouquet d'arbres au nord de Flavigny et s'en emparaient ; dès lors, le 94e de ligne, complètement isolé du reste des troupes françaises, ne pouvait plus se maintenir dans le hameau d'ailleurs dévoré par l'incendie et se dérobait vers le nord en grand désordre. C'est alors que l'aile droite du 35e (cinq compagnies [1]), suivie de près de cinq compagnies [2] du 20e, pénétrait dans Flavigny, où elle faisait environ 450 prisonniers [3].

La retraite des troupes françaises engagées à l'est de Vionville, au bouquet d'arbres et à Flavigny fut couverte par une charge de cavalerie (lanciers et cuirassiers de la Garde) que reçut en grande partie le demi-bataillon du 52^e $\left(\dfrac{6 \text{ et } 7}{52}\right)$, commandé par le capitaine Hildebrand, et qui tenait alors la droite des deux bataillons $\left(\dfrac{\text{II}}{52}, \dfrac{\text{F}}{12}\right)$ de la 5e division progressant vers la chaussée.

Ce dernier bataillon était alors déployé sur une seule ligne, les pelotons de tirailleurs aux ailes. L'Historique du 52e raconte ainsi cet épisode :

« Devant le front, le capitaine Hildebrand se tient debout, appuyé sur son sabre, comme coulé en airain. « Soldats, dit-il, ne « tirez pas, ce sont nos cavaliers. » Il enraie ainsi un feu prématuré. Puis, il demeure devant le centre de la ligne, observant avec calme l'approche de la cavalerie ennemie. Sa tranquillité se communique à ses hommes, qui ont reconnu l'ennemi aux crinières des casques... Un silence angoissant règne dans les compagnies ; tous les regards sont dirigés vers le capitaine... Maintenant, le premier échelon, devant lequel est visible une longue rangée d'officiers, se trouve éloigné de 250 à 300 pas. Alors, le capitaine Hildebrand rentre à pas lents derrière le deuxième rang, puis retentit son commandement : « Apprêtez armes ! Feu ! » Des cavaliers s'échappent par les ailes ou les intervalles, le second rang fait demi-tour et les fusille dans le dos.

---

[1] 12e, 10e, 9e, 3e, 6e.

[2] 3e, 11e, puis 9e, 10e, 12e.

[3] Il résulte clairement de la thèse fortement documentée soutenue par la 18e monographie que Flavigny a bien été enlevé une première fois vers 11^h 45 par les $\dfrac{\text{II}}{52}$ et $\dfrac{\text{F}}{12}$ qui ne s'y sont pas maintenus, Flavigny étant incendié par l'artillerie, et ont continué sur Rezonville, une deuxième fois vers 12^h 30 par le 35e contre les troupes françaises (partie du 94e de ligne) qui avaient réoccupé cette localité.

C'est en marchant contre Rezonville, après être entrés dans Flavigny et l'avoir évacué, que les $\dfrac{\text{II}}{52}$ et $\dfrac{\text{F}}{12}$ reçurent la charge des cuirassiers et des lanciers de la Garde.

« Les $\dfrac{6 \text{ et } 7}{52}$ ne perdaient personne $(^1)$, les cuirassiers laissaient 22 officiers, 208 cavaliers, 243 chevaux sur le terrain... »

Cet épisode constitue assurément un bel exemple de sang-froid devant une charge de cavalerie, surtout de la part de troupes déjà fatiguées par un combat long et meurtrier.

4° *Examen critique de l'engagement de la 6ᵉ division d'infanterie*. — Telle fut l'entrée en scène de la 6ᵉ division ; à 10ʰ 30, elle conversait à droite aux environs de Tronville ; à 12ʰ 30, elle a, contre des forces supérieures, conquis Vionville et Flavigny.

Son attaque, exécutée avec ensemble, toutes forces engagées, a lourdement pesé dans la balance, étonné et fait reculer les Français, déterminé enfin ceux-ci à amener sur ce champ de bataille si brusquement envahi des forces considérables qui devraient être en route sur Verdun. Elle encadre une puissante ligne d'artillerie, et se met en mesure de défier tout le jour, par une attitude en rapport avec sa première attaque, c'est-à-dire constamment agressive, et malgré l'absence de toute réserve en dehors de la cavalerie, les efforts de trois et quatre corps français.

L' « ascendant moral » enfin lui appartient incontestablement. C'est là l'important, car sa conquête constitue vraiment la victoire. L'équilibre entre les deux volontés adverses est rompu, et la balance penche visiblement du côté de celui qui a mis toute sa confiance dans la vertu de la *force morale*.

Notre tâche est donc facile, lorsque nous voulons soumettre cette action à la critique.

Secret, autant que les larges ondulations de ce terrain permettaient de le garder ; *vitesse, ensemble,* elle réalise vraiment les conditions que nous cherchons dans une attaque conduite, et produit la *surprise,* signe précurseur de la *démoralisation.*

Cela ne l'empêche pas d'ailleurs de pourvoir à sa *sûreté* par l'emploi judicieux du 24ᵉ qui, à l'aile gauche, malgré son infériorité, tient tête à des fractions supérieures de l'ennemi, les immobilise et permet aux siens d'accomplir leur œuvre jusqu'au bout.

$(^1)$ Le capitaine Hildebrand fut tué un peu plus tard sur la grand'route.

L'attaque de la 6ᵉ division est digne en tous points de la décision d'Alvensleben et nous donne de grandes leçons.

Si maintenant, et c'est par là que nous terminons cette première partie, nous jetons un coup d'œil en arrière sur la physionomie de ces combats, que nous avons à dessein relatés par le menu, nous y reconnaissons à l'évidence le caractère *individualiste* du combat moderne, que toutes les guerres récentes ont nettement mis en relief.

Ce caractère du combat moderne n'avait pas échappé aux esprits sérieux, en particulier aux officiers français qui avaient participé à la guerre de 1870 et se préoccupaient de profiter de ses leçons [1].

L'un d'eux écrivait en 1874 les lignes suivantes qui, pensons-nous, ne seraient pas reniées par les tacticiens de 1908 :

« La loi du combat moderne, c'est l'alliance indissoluble des feux et de l'offensive, en d'autres termes, du choc et du feu, le mélange intime, l'alternance incessante entre la marche en avant et le tir de mousqueterie sous toutes ses formes.

« L'expression de cette loi, sa manifestation, c'est le combat de tirailleurs, le combat dispersé, l'ordre individuel, le nom ne fait rien à la chose.

« La formule, s'il faut une formule, c'est la colonne de compagnie ou, plus exactement, le système des sous-unités du bataillon.

« La caractéristique, c'est l'*individualisme* [2] .»

Ces principes étaient la base du règlement d'infanterie du 12 juin 1875, et il fallait, pour les faire oublier, la somnolence intellectuelle introduite chez nous par les délices de la paix et la complicité des règlements rétrogrades que nous avons subis de 1884 à ces temps derniers.

Éclairés par l'étude des faits de guerre, nous sommes heureusement revenus à une conception plus juste du combat, mais il ne faudrait pas nous laisser aller de nouveau à cette somnolence intellectuelle, qui produirait infailliblement les mêmes effets. Aussi estimons-nous très sage cette prescription de notre Règlement sur les manœuvres de l'infanterie qui recommande instam-

---

[1] Général BONNAL, *La Récente Guerre sud-africaine.*

[2] *Revue militaire de l'Étranger,* 1874. Sous la signature « 45 » (capitaine, aujourd'hui général, Cardot).

ment l'étude des faits de guerre (¹), comme étant la plus propre à former et à entretenir notre sens tactique.

C'est dans cet ordre d'idées que nous avons entrepris ces études et que nous les poursuivrons en abordant notre deuxième partie.

Nous nous proposons, dans cette deuxième partie, de demander de nouveaux enseignements à cette bataille du 16 août, en étudiant l'attitude du IIIe corps pendant le reste de la journée, l'entrée en scène du Xe corps et le tragique épisode de la brigade Wedell, enfin la dernière impulsion donnée à la bataille par le prince Frédéric-Charles.

Ces nouvelles études, nous osons l'espérer, nous permettront tout particulièrement de faire ressortir les bienfaits et l'importance de la liaison intime des différentes armes dans le combat.

(¹) Règlement sur les manœuvres de l'infanterie du 3 décembre 1904, article 240.

IIe PARTIE

L'APRÈS-MIDI ET LA SOIRÉE DU 16 AOUT

> « La guerre moderne réclame une solidarité sans cesse croissante entre les diverses armes.
> « Où la camaraderie de combat fait défaut, il n'y a que faiblesse. » (Général LANGLOIS, *Enseignements de deux guerres récentes.*)

Nous avons, dans la première partie de ces études, recherché les origines de la crise du 16 août 1870, et l'examen des faits et gestes du haut commandement allemand nous a amené jusqu'au seuil des plateaux de Vionville dans la matinée de cette mémorable journée ; nous avons alors vu la II* armée allemande s'acheminer vers la Meuse — en vue d'y devancer l'armée française supposée battue le 14 et en pleine retraite depuis ce jour — dans un inconcevable état de dispersion, sa gauche orientée vers Commercy, sa droite visant les routes de Metz à Verdun. Nous attachant à cette dernière fraction de l'armée du prince Frédéric-Charles, nous avons assisté avec la 5e division de cavalerie au réveil de l'armée française point du tout en retraite, mais étroitement concentrée sur la rive gauche de la Moselle, à proximité de Metz, et à l'engagement du corps d'armée du Brandebourg contre la gauche de cette armée. Nous avons analysé la conduite en cette circonstance du général von Alvensleben ; les mâles résolutions de l'illustre guerrier et la sauvage énergie de ses troupes nous ont donné de précieuses leçons en nous montrant une fois de plus la grandeur de la force morale et les vertus de l'offensive. Nous avons terminé ce premier travail au moment où, vers midi et demi, le commandant du IIIe corps était maître des bois de Vionville et de Saint-Arnould, des villages de Vionville et de Flavigny et menaçait Rezonville, où il avait surtout conquis l'ascendant moral, véritable enjeu de la victoire.

Nous nous proposons maintenant d'étudier d'abord l'attitude

prise dans l'après-midi par le III⁰ corps livré à lui-même encore pendant de longues heures, attitude qui peut se deviner d'avance, qui dérivera directement de la tactique adoptée dans la matinée, et que l'on peut caractériser d'un mot, l'*attitude agressive,* considérée comme seule capable de conserver l'ascendant moral conquis par l'offensive.

Puis, nous accompagnerons successivement au champ de bataille les diverses fractions qui ont pris part aux luttes de la soirée, X⁰ corps, VIII⁰ corps, IX⁰ corps, scrutant les pensées des chefs, analysant les engagements des troupes et nous efforçant, en les reprenant au besoin pour notre compte, de tirer de ces faits vécus et passionnants d'utiles leçons.

Nous montrerons enfin comment le commandant de la II⁰ armée, auteur responsable d'une grande partie de la crise, comprend lui-même, presque à la tombée de la nuit, la situation, et fait dans l'obscurité le geste dernier qui doit fixer la victoire, victoire toute morale d'ailleurs, mais victoire qui correspond bien à une réalité, qui remet sur pied les combinaisons d'en haut, très compromises douze heures plus tôt, et donne finalement au stratège absent la possibilité d'entrevoir et de préparer la bataille décisive qui livrera une grande armée et une place forte de premier ordre à l'envahisseur.

CHAPITRE III

SITUATION GÉNÉRALE DES ALLEMANDS VERS 12ʰ 30

I — Situation matérielle — Répartition des troupes (¹)

A l'aile droite du IIIe corps, où combat la 5e division d'infanterie, la 9e brigade est parvenue, après un combat de bois pénible et confus, à occuper la lisière nord du bois de Saint-Arnould $\left(\dfrac{\text{II, F}}{8}\right)$ (²), le saillant nord-ouest du bois de Vionville (3e bataillon de chasseurs, $\dfrac{\text{I, II}}{48}$, fractions du 78e), mais elle ne peut en déboucher.

La 10e brigade est fortement engagée en terrain découvert auprès du carrefour sud de Flavigny, face à Rezonville, son front à peu près jalonné par le chemin Gorze—Flavigny $\left(\dfrac{\text{I, F}}{52}, \dfrac{\text{F}}{48}, \dfrac{\text{II}}{12}\right)$; les fractions de sa gauche qui ont contribué à l'enlèvement de Flavigny s'avancent à l'est de cette dernière localité vers Rezonville $\left(\dfrac{\text{F}}{12}, \dfrac{\text{II}}{52}\right)$.

Entre les deux brigades, l'AD, renforcée par la batterie du détachement Lyncker $\left(\dfrac{\text{I}}{10}\right)$ est établie sur la crête ouest du bois de Vionville et lutte victorieusement contre les batteries françaises (³) établies au sud de Rezonville ; elle est protégée par l'infanterie Lyncker (⁴).

(¹) Carte au 1/80 000e. L'emplacement des troupes n'a pas été reproduit.

(²) En réalité, les $\dfrac{\text{II et F}}{8}$ ne seront définitivement en possession de cette lisière que vers 2 heures. Le bois de Saint-Arnould est le bois compris entre le bois de Vionville et le bois des Chevaux.

(³) Batteries $\dfrac{5, 6}{5}, \dfrac{7}{2}, \dfrac{6}{15}, \dfrac{11}{15}$, puis $\dfrac{1, 2, 4}{18}$.

(⁴) $\dfrac{\text{II, F}}{78}$ moins environ deux compagnies qui avaient gagné le bois de Vionville avec le 48e.

A l'aile gauche, la 6e division est maîtresse de Flavigny, où s'entassent des fractions mélangées du 35e et du 20e ; elle progresse au delà de Vionville (64e), refoulant lentement au delà du chemin de Flavigny à Saint-Marcel les brigades françaises Mangin (2e corps) et Colin (6e corps) ; sa gauche $\left(24^e\ \dfrac{II}{20}\right)$ est engagée dans un violent combat contre le 6e corps français (brigade Sonnay) et, pour le moment, clouée au sol à l'ouest du chemin de Flavigny à Saint-Marcel.

Le détachement Lehmann ([1]), arrivé à Tronville avant midi, y est accueilli avec bonheur par Alvensleben, qui dirige le $\dfrac{II}{91}$ sur les bois de Tronville, en réserve de l'extrême gauche, et fait rassembler les autres bataillons à Tronville même.

L'artillerie, dont nous avons, dans la première partie, indiqué les emplacements détaillés, est répartie en trois grandes batteries :

A l'est de la statue de la Vierge	5 batteries
Sur la hauteur du cimetière de Vionville. . . .	4 —
Sur le mamelon ouest de Vionville	7 —

La cavalerie qui, avec les trois bataillons Lehmann conservés à Tronville, est seule à former réserve, et qui, depuis son équipée du matin, assiste d'assez loin au combat, est ainsi répartie :

La 6e division de cavalerie se tient abritée sur les revers sud de la crête de la Vierge, ayant devant elle trois escadrons du 12e dragons ([2]) et deux escadrons et demi du 9e dragons ([3]), au total vingt-deux escadrons et demi.

Dans le vallon de Flavigny, au sud de la hauteur du cimetière se trouvent huit escadrons (11e hussards [4] $\dfrac{2,\ 3,\ 4}{17^e\ \text{huss.}}$ [4], $\dfrac{2}{2^e\ \text{drg. G}}$) à l'affût derrière l'infanterie, prêts à intervenir.

([1]) $91^e\ \dfrac{1}{78}$, batterie $\dfrac{1}{10}$ (en position sur le mamelon ouest Vionville), $\dfrac{2,\ 4}{9^e\ \text{drg}}$.

([2]) Régiment divisionnaire de la 5e division.

([3]) Régiment divisionnaire de la 19e division (escadrons du détachement Lyncker).

([4]) Brigade Redern (5e division de cavalerie).

Entre le vallon et la grande route, sont éparpillés : le 2ᵉ dragons(¹), un escadron du 17ᵉ hussards (²), un escadron et demi du 9ᵉ dragons (³).

Enfin, la 5ᵉ division de cavalerie a cinq régiments (brigades Barby et Bredow) réunis loin du combat au nord-ouest de Tronville, un régiment de la brigade Redern (10ᵉ hussards) à la lisière sud des bois de Tronville, un régiment de la brigade Bredow (13ᵉ dragons) au nord des mêmes bois, avec mission de surveiller les masses françaises qui se montraient à Bruville et à Saint-Marcel.

En résumé, le IIIᵉ corps avait engagé toute son infanterie et ne disposait plus, pour toute réserve, que d'une cavalerie nombreuse, il est vrai, mais peu avantageusement disposée pour remplir, le cas échéant, le rôle qui pouvait lui incomber d'un moment à l'autre, et qui allait lui incomber effectivement.

En revanche, l'artillerie avait pu s'installer solidement sur les crêtes qui s'étendent autour de Rezonville et formait, à ce moment de la journée, la base la plus sûre sur laquelle pût s'appuyer Alvensleben pour continuer la lutte.

II — Situation tactique et morale

« Le général von Alvensleben, dit la 18ᵉ monographie, avait dès maintenant atteint son but : attirer à soi le plus possible des forces de l'ennemi et les retenir.

« Tandis que le 2ᵉ corps français se repliait battu et en partie désorganisé, le 6ᵉ corps et une division de la Garde arrivaient au combat (⁴). Un nouveau corps d'armée, le 3ᵉ, était déjà signalé en marche contre notre aile gauche ; il était donc à peu près certain que nous avions toute l'armée du Rhin en face de nous.

« Pourtant, tout d'abord, le général s'en tint encore fermement à son idée d'offensive, au moins à l'aile gauche, pour ne pas laisser à l'adversaire le temps de la réflexion et afin d'entretenir chez lui l'illusion qu'il était menacé par des forces supérieures.

(¹) Régiment divisionnaire de la 6ᵉ division.
(²) Brigade Redern (5ᵉ division de cavalerie).
(³) Régiment divisionnaire de la 19ᵉ division.
(⁴) En fait, cette division de la Garde n'apparut que plus tard.

« Vers midi et demi, toutefois, il prévoit une catastrophe et songe qu'il se retirera dans la direction de Verdun (¹). » Le travail se passe dans son esprit, et c'est en effet son devoir de chef, mais en attendant, il continue à agir offensivement.

« Bazaine, écrit-il, pouvait me battre, mais il ne serait pas débarrassé de moi pour longtemps.

« S'il ne me vient pas de secours, je garde la route de Verdun, que je tiens, et j'espère que le Xe corps pourra soutenir ma retraite sur ma droite.

« A l'un des moments les plus critiques (²), j'exprimai au général von Bülow le désir qu'il me plaçât une abtheilung (³) entre Mars-la-Tour et Ville-sur-Yron, comme position de repli. Le général me pria d'ajourner cette mesure, attendu que, à son avis, l'artillerie travaillait très bien, et que, au point de vue de l'effet moral, il lui répugnait de retirer du combat une abtheilung ; dès que cette opération serait nécessaire, il me réclamerait l'ordre, qu'il se tiendrait prêt à exécuter. Je me rendis à ses raisons et heureusement l'ordre ne fut point nécessaire. »

Remarquons en passant la haute idée que ce subordonné d'Alvensleben a du facteur moral, son admirable logique, le prix qu'il attache à le conserver, après l'avoir conquis.

Disons également qu'Alvensleben, lorsqu'il songe au combat en retraite, s'illusionne peut-être bien aussi lui-même, et que, en la circonstance, ses actes d'énergie servaient mieux la situation, si grave qu'elle fût, que la manœuvre en retraite. Ce genre de lutte, en effet, qui peut, dans certains cas, donner des résultats si féconds, est fort délicat, et il est permis de penser que, dans la circonstance, il eût été difficile de demander au IIIe corps de rompre le combat et d'exécuter une pareille manœuvre, alors que la totalité de son infanterie était engagée dans un combat violent, en terrain presque partout découvert.

Dès lors, maître de l'ascendant moral que, par sa brutale offensive, il a conquis de haute lutte, c'est par un appel cons-

---

(¹) Il continuait ainsi en effet à disputer cette route aux Français.

(²) Vers 1 heure, au moment où le mouvement tournant des Français devenait de plus en plus menaçant et où l'on ne savait encore rien de bien certain sur l'arrivée du Xe corps.

(³) Groupe d'artillerie.

tant à l'ascendant moral et, par suite, par l'emploi renouvelé de l'offensive, *par une attitude constamment agressive,* qu'Alvensleben devait continuer à trancher les difficultés de sa situation. C'est par les mêmes procédés que ses camarades et son chef (¹) devaient finalement faire pencher la balance en faveur de l'Allemand, donner incontestablement — en dépit des apparences — à la fin de la journée, au milieu des ténèbres de la mort, *la victoire morale, la vraie, la seule victoire,* aux soldats nos ennemis, qui avaient fait violence à la fortune, en mettant leur foi dans la toute-puissance de la force morale.

(¹) Xe corps, fractions des VIIIe et IXe corps, Frédéric-Charles.

CHAPITRE IV

L'ATTITUDE DU IIIe CORPS DANS L'APRÈS-MIDI DU 16 AOUT

I — Attaque demandée à la 6e division de cavalerie et non exécutée

Dès 11ʰ45, c'est-à-dire peu après la prise de Vionville, remarquant les premiers mouvements rétrogrades du 2ᵉ corps français au sud de Flavigny, Alvensleben avait envoyé à la 6ᵉ division de cavalerie l'ordre de sabrer cette infanterie qui se repliait en terrain découvert.

Mais cette division, toujours réunie au sud de la statue de la Vierge, assistait de trop loin et avec trop d'indifférence, semble-t-il, à la partie dramatique qui se jouait sur le plateau, et il devait s'écouler plus d'une heure avant que cette cavalerie répondît à l'appel du général (¹).

Aussi devons-nous nous borner, pour le moment, à mentionner à l'actif du commandant du IIIe corps l'idée de cette intervention, dont les résultats pouvaient, à ce moment précis, être considérables, d'une part, en ne laissant pas aux Français en retraite le temps de se ressaisir, d'autre part, en permettant aux troupes de la 6ᵉ division d'infanterie de se consolider au point d'appui de

---

(¹) La *Revue d'Histoire* attribue en partie le retard de cette division au temps assez long que mit l'ordre à lui parvenir. Cependant, le lieutenant von Rundstedt, du 10ᵉ hussards, porteur de l'ordre, semble bien avoir rejoint cette dernière avant midi (18ᵉ monographie).

Nous pensons donc que le retard doit être attribué plutôt à l'emplacement de cette cavalerie, trop éloignée du combat, et à la passivité.

Vionville ou d'en déboucher plus aisément, et peut-être même de faire tomber Flavigny sans coup férir.

Cette idée cadrait bien avec la tactique offensive pratiquée par Alvensleben : frapper toujours, dans le tas ; c'était en outre chez lui la judicieuse application de la notion de la liaison des armes ; c'eût été pour la 6ᵉ division de cavalerie l'occasion de montrer qu'elle était à la hauteur des vues du commandant en chef, prête à courir au-devant de ses moindres désirs, prévenant son signal, parce qu'elle suit attentivement les événements, et qu'elle connaît assez les conditions du combat pour se lancer spontanément dans la fournaise au bon endroit et au bon moment, parce qu'elle comprend enfin les exigences de la camaraderie de combat. Après tout, la tâche était belle et point excessive, car il s'agissait pour elle, tout simplement, d'aider ses frères les fantassins, victorieux mais harassés, en allongeant leurs baïonnettes pour compléter le succès.

C'est cela que la 6ᵉ division de cavalerie ne comprit pas, et Alvensleben le lui a plus tard, durement mais justement, fait sentir. Il y avait dans ce fait un enseignement, et nous devions le saisir ; il se résume en deux mots, et nous le retrouverons plus d'une fois dans cette journée :

La cavalerie doit suivre attentivement le développement de l'action ; elle doit agir spontanément, sous peine de laisser fuir l'occasion.

II — Attaque de la cavalerie française et contre-attaque
de la brigade Redern

Ce qu'Alvensleben n'avait pu faire, la nécessité le fit. Et en effet, avant que la 6ᵉ division de cavalerie entrât en ligne, on avait également senti du côté français le besoin de faire agir une forte masse de cavalerie. C'est ce qui détermina les charges du 3ᵉ lanciers (¹) et des cuirassiers de la Garde, charges exécutées vers 12ʰ 30 ; nous avons, dans notre première partie, montré

(¹) Le 3ᵉ lanciers appartenait au 5ᵉ corps (armée d'Alsace) et était rattaché à la brigade Lapasset.

comment ces charges furent reçues par le demi-bataillon du 52ᵉ aux ordres du capitaine Hildebrand (¹).

« Ce fut la brigade Redern, dit la 18ᵉ monographie, qui se décida spontanément à répondre la première à la charge de la cavalerie française. »

Le rédacteur de cet ouvrage n'a sans doute pas attaché à cette spontanéité l'importance que nous lui attribuons, et qui constituerait en effet pour la brigade Redern le meilleur des éloges, s'il était mérité.

C'est en effet sur l'instigation du lieutenant-colonel von Caprivi, chef d'état-major du Xᵉ corps — spectateur étranger au corps d'armée engagé, mais qui toutefois pouvait avoir qualité pour actionner cette cavalerie, rattachée au Xᵉ corps — que le général von Redern lança, de leur position au sud du cimetière de Vionville, les huit escadrons (²) qu'il avait sous la main sur les débris des cuirassiers français.

Par les résultats qu'elle produisit, cette attaque mérite d'être étudiée de près (³).

En exécution de l'ordre de Redern, le lieutenant-colonel von Rauch, prenant avec lui les trois escadrons du 17ᵉ hussards et le 2ᵉ escadron du 2ᵉ dragons de la Garde, prit le galop en se dirigeant vers le nord de Flavigny. Le lieutenant-colonel von Eberstein le suivit avec le 11ᵉ hussards, mais en passant au sud de Flavigny.

Les escadrons Rauch se formèrent en bataille après avoir dépassé l'infanterie prussienne au nord de Flavigny; les escadrons Eberstein, retardés par les difficultés du terrain (prairies marécageuses) au sud de Flavigny, n'appuyèrent que de loin la charge de l'autre moitié de la brigade; obliquant trop à droite, ils passèrent complètement en dehors de la zone suivie par les derniers cuirassiers français et vinrent tomber sous le feu du $\frac{1}{77}$ (⁴), qui occupait encore le mamelon coté 311 aux abords du

---

(¹) Étudiant ici les caractères des actes allemands dans cette bataille, nous ne traiterons qu'exceptionnellement les événements du côté français.

(²) 11ᵉ hussards (4 escadrons), 3 escadrons du 17ᵉ hussards, 2ᵉ escadron du 2ᵉ dragons de la Garde.

(³) Le récit qui suit est emprunté en majeure partie à la *Revue d'Histoire*.

(⁴) Brigade Jollivet du 2ᵉ corps.

chemin Buxières—Rezonville. Sans insister davantage, et déjà fort désunis, ces escadrons firent demi-tour et regagnèrent leur point de départ ([1]).

Les escadrons Rauch, eux, étaient bien dans la bonne direction, sur les traces des cuirassiers, qui se repliaient alors vers Rezonville, mais ils tombaient bientôt sous le feu du 3ᵉ bataillon de chasseurs ([2]) resté sur la crête à l'ouest de Rezonville, en même temps que sous celui de la 3ᵉ batterie du 18ᵉ régiment d'artillerie ([3]) en position au nord de la grande route.

Seuls, les cuirassiers démontés furent atteints par les escadrons prussiens, « alors très égaillés sur un grand front et une grande profondeur » ([4]); ceux-ci arrivèrent ainsi jusqu'à 600 mètres au sud-ouest de Rezonville.

C'est alors que le colonel von Rauch s'élança avec une vingtaine de hussards sur la 2ᵉ batterie à cheval de la Garde, que le maréchal Bazaine amenait en personne de Rezonville et qu'il s'occupait de placer lui-même sur le terrain. La première moitié de la batterie avait à peine eu le temps de séparer les trains, sur l'emplacement choisi par le maréchal, que les hussards prussiens surgissaient du fond du vallon; elle parvenait à peine à tirer trois coups à mitraille, que déjà les cavaliers ennemis, lancés à toute vitesse, la traversaient, entraînant avec eux deux avant-trains et les chevaux des servants. La seconde moitié de la batterie, un instant retardée par l'encombrement à la sortie de Rezonville, était en train de se mettre en batterie lorsqu'elle fut à son tour atteinte par les hussards toujours galopant à folle allure, de sorte que les chevaux d'attelage, emballés à leur tour, furent entraînés vers l'arrière sans qu'il fût possible de séparer les trains. Le maréchal Bazaine enfin, qui avait mis l'épée à la main en voyant arriver les hussards, participait à l'échauffourée avec les quelques officiers qui l'accompagnaient, et galopait vers l'arrière côte à côte avec quelques cavaliers ennemis.

([1]) Il y a loin de là aux expressions fantaisistes de l'Historique officiel prussien, d'après lequel le 11ᵉ hussards se serait enfoncé dans les débris de l'infanterie française en retraite.

([2]) Brigade Valazé du 2ᵉ corps.

([3]) Réserve générale d'artillerie.

([4]) Colonel de Sainte-Chapelle, cité par la *Revue d'Histoire*.

Cet acte d'audace marquait la fin de la charge du régiment prussien ; au moment où les hussards de Brunswick en effet arrivaient sur la crête ouest de Rezonville, épuisés par leur longue course et fort éparpillés, ils étaient abordés successivement, mais dans un très court espace de temps, sur des points différents et très vigoureusement par trois escadrons français (¹). Cette contre-attaque forçait le 17ᵉ hussards à regagner précipitamment son point de départ.

Cette attaque de cavalerie, faite à propos, bien que non spontanée, puisque l'instigateur en fut Caprivi, produisit incontestablement, au profit de la 6ᵉ division d'infanterie, un effet sans doute moins considérable que celui qu'Alvensleben était en droit d'attendre de la 6ᵉ division de cavalerie au moment où il en avait réclamé l'intervention, mais cependant un effet très appréciable, en raison, d'une part, du répit qu'elle procura à l'infanterie prussienne non encore remise en ordre après la conquête de Flavigny, en raison, d'autre part, du trouble qu'elle porta dans le camp français et jusque dans l'état-major même du commandant en chef français.

Cet acte éminemment agressif, hautement inspiré par le sentiment de la liaison des armes et de la camaraderie de combat, contribua vraiment à cet égard à exalter l'ascendant moral des siens et servit grandement en ce sens les vues d'Alvensleben.

III — La tentative d'attaque de la 6ᵉ division de cavalerie

Sur ces entrefaites, la 6ᵉ division de cavalerie avait achevé ses préparatifs, et tentait de passer à l'exécution de l'acte offensif qu'Alvensleben lui avait demandé dès 11ʰ45, ainsi que nous l'avons dit plus haut.

Il était 1 heure — et l'historien pas plus que le critique ne peut essayer de justifier ce retard — lorsque la 6ᵉ division de cavalerie déboucha sur la crête de la Vierge, formée sur deux lignes, brigade Rauch en première ligne, brigade Grüter en deuxième ligne

---

(¹) 1ᵉʳ escadron du 2ᵉ chasseurs (escorte du maréchal Bazaine) ;
3ᵉ escadron du 4ᵉ chasseurs (escorte du général Frossard) :
5ᵉ escadron du 5ᵉ hussards (brigade Lapasset).

et présentant elle-même deux échelons successifs, ainsi que l'indique la figure ci-dessous :

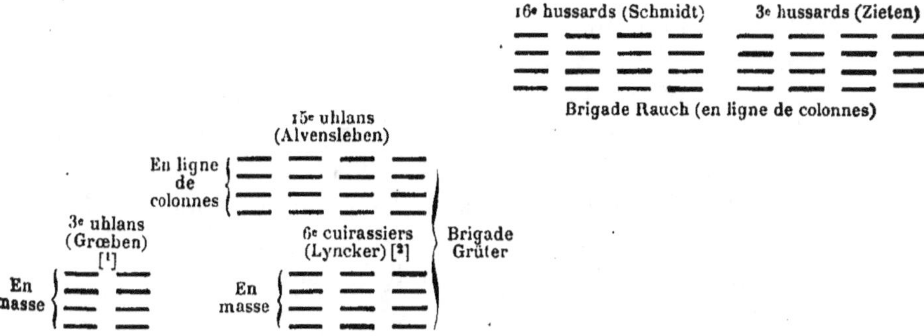

A peine cette masse très dense apparut-elle sur la crête qu'elle fut assaillie par le feu de l'artillerie française établie sur la crête ouest de Rezonville. Gênée par les batteries placées en avant d'elle et par les six escadrons des 9e et 12e dragons [3] demeurés jusqu'alors derrière l'aile droite de l'artillerie, et qu'un noble sentiment poussa à prendre part à la charge, une partie seulement de la division parvint à se déployer. Un tel resserrement se produisit bientôt entre ces escadrons convergeant tous vers le clocher de Rezonville, que la plupart d'entre eux non seulement n'arrivèrent pas à se former en bataille, mais se virent dans l'obligation de resserrer la masse jusqu'au botte-à-botte.

Presque au début du mouvement, le général von Rauch et le colonel von Zieten (3e hussards) restèrent sur le terrain. La brigade de hussards continua cependant sa marche sous le commandement du colonel von Schmidt (16e hussards); mais, arrivée à hauteur de l'infanterie prussienne, c'est-à-dire aux abords du chemin de Flavigny à Gorze, elle tomba sous les feux à longue portée des fractions du 2e corps qui garnissaient encore la crête sud-ouest de Rezonville (3e bataillon de chasseurs [4], $\frac{\mathrm{I}}{77}$ [5]).

---

(1) Deux escadrons du 3e uhlans étaient encore sur la rive droite de la Moselle.

(2) Le 4e escadron du 6e cuirassiers était en soutien de l'aile gauche des batteries Dresky.

(3) Régiments divisionnaires de la 19e division et de la 5e division.

(4) Brigade Valazé (division Vergé du 2e corps).

(5) Brigade Jollivet (division Vergé du 2e corps).

Le colonel von Schmidt arrêta ses régiments pour y remettre un peu d'ordre ; il parvint à faire reprendre les intervalles, mais il dut faire demi-tour pour se replier ensuite derrière Flavigny avec les 9e et 12e dragons.

Dans la brigade Grüter, le 15e uhlans était parvenu jusqu'à hauteur de Flavigny, lorsqu'il fut traversé par les chasseurs français[1] qui avaient contre-attaqué la brigade Redern ; après un court engagement, il plia et se retira, ainsi que le 6e cuirassiers, sous la protection des deux escadrons formant le dernier échelon de la division (3e uhlans).

En résumé, la 6e division de cavalerie manqua son but et fit une belle retraite[2].

Quant aux causes de cet échec, il est à peine besoin de les rechercher : la cavalerie allemande manqua son but, parce qu'elle manqua l'occasion, toujours si fugitive pour cette arme.

De ce qu'elle aurait pu faire, nous avons déjà dit un mot plus haut, et la 18e monographie nous met à ce sujet de très justes réflexions sous les yeux.

« Il n'est pas nécessaire, dit son auteur, de faire des hypothèses pour savoir quels résultats aurait procurés une attaque audacieuse poussée très peu après midi par la 6e division de cavalerie contre le centre de la position française, qui se trouvait alors dans une situation des plus critiques. Il est peut-être possible de s'en faire une idée d'après les résultats obtenus plus tard, dans des conditions moins favorables, par les charges de la brigade Bredow. »

Ces considérations sont très judicieuses, mais il nous est impossible, l'histoire en main, de souscrire à l'explication que l'Historique officiel et la 18e monographie essaient de donner de l'insuccès présent de la 6e division de cavalerie.

« Lorsque eut lieu la charge de la 6e division de cavalerie, vers 1 heure de l'après-midi, dit la 18e monographie, la situation était changée du tout au tout. Ce n'est plus sur un ennemi en fuite, mais sur la division de grenadiers Picard, partie en avant au pas de charge pour recueillir le 2e corps, que vint se heurter l'attaque ; aussi manqua-t-elle son but[3]. »

---

(1) Cf. *supra* contre-attaque de la brigade Redern.

(2) D'après la *Revue d'Histoire*.

(3) L'Historique officiel prussien s'exprime en termes presque identiques.

Les faits historiques donc ne nous permettent pas d'accepter cette explication, car à 1 heure, aucune fraction de la division Picard n'était encore arrivée sur la crête ouest de Rézonville; à 1 heure, cette unité quittait à peine la poste de Gravelotte, sur un ordre du maréchal Bazaine, qui ne parvenait pas avant 12ʰ 45 au commandant de la Garde impériale.

La situation était donc changée, mais pas aussi profondément que le prétendent les ouvrages ci-dessus.

Sans doute, ce ne sont point des fuyards qui ont arrêté la cavalerie allemande, mais ce ne sont pas non plus des troupes fraîches; ce sont des troupes de ce 2ᵉ corps français si éprouvé, le 3ᵉ bataillon de chasseurs, le $\dfrac{1}{77}$, qui ont arrêté par leur feu les escadrons allemands.

Les faits historiques mettent donc une fois de plus en lumière cette vérité que l'occasion d'agir est fugitive au plus haut point pour la cavalerie, cette nécessité pour cette arme de poser ses actes au moment précis créé par la situation, et par suite d'être constamment attentive au développement de l'action, d'agir enfin *spontanément,* pour être sûre d'agir soudainement au bon moment et au bon endroit. Le général en chef doit compter sur l'initiative de son cavalier mille fois plus que le cavalier sur l'ordre du général en chef.

Quoi qu'il en soit, la tentative de la 6ᵉ division de cavalerie n'en contribua pas moins à confirmer l'attitude agressive délibérément adoptée par le commandant du IIIᵉ corps, attitude faite d'actes offensifs exécutés coup sur coup, éminemment propre à entretenir l'ascendant moral chez celui qui l'avait conquis, à préparer la démoralisation chez celui qui se l'était laissé ravir.

Une autre arme, en effet, l'artillerie, mettait à profit à ce moment même le tumulte du combat, les chevauchées des cavaliers, pour prononcer un nouveau mouvement en avant.

IV — Mouvement en avant de l'artillerie prussienne

Le général von Bülow, commandant l'artillerie du IIIᵉ corps, avait compris à merveille la tactique adoptée par son chef, consistant à renouveler constamment les actes offensifs, seuls capa-

bles de maintenir toujours l'attitude agressive prise dès le début
en vue de conquérir et de conserver l'ascendant moral, en vue de
produire chez l'adversaire le sentiment de l'impuissance, commencement de la démoralisation, signe précurseur de la défaite.
Il obéissait en outre à un autre sentiment, celui de la *liaison
des armes,* celui de la *camaraderie de combat,* sachant fort bien,
d'une part, que, depuis $12^h 30$, l'infanterie du IIIe corps, épuisée
par ses efforts au delà de Vionville et autour de Flavigny, était à
peine capable de se maintenir accrochée au terrain conquis,
d'autre part, que, de sa position actuelle, trop éloignée, l'artillerie
ne procurait pas à cette infanterie toute l'assistance désirable,
impuissant toutefois à déplacer sous le feu les batteries alors en
action dans les positions que nous avons indiquées plus haut.
Les charges de cavalerie que nous venons de relater lui fournis-
saient l'occasion désirée; avec beaucoup d'à-propos, le général
von Bülow mettait à profit le temps d'arrêt produit par elles dans
la lutte pour rapprocher ses batteries de l'adversaire [1].

Les batteries allemandes prenaient alors les positions ci-dessous :

L'artillerie de la 5e division (y compris la batterie $\dfrac{1}{10}$ du détachement Lyncker) exécutait une demi-conversion à droite et
gagnait quelques centaines de pas en avant, ce qui lui permettait de mieux voir le terrain au nord des bois de Vionville et de
Saint-Arnould et de rendre plus facile la tâche du 48e, du 3e bataillon de chasseurs et du 8e à la lisière nord de ces bois, en
clouant au sol tout essai de contre-attaque française.

Les batteries Dresky, établies jusqu'alors sur la crête nord de
la statue de la Vierge, faisaient d'un seul coup un bond de
1 400 mètres pour venir s'établir, les trois batteries à cheval [2]
au carrefour des routes de Gorze à Flavigny et de Buxières à
Rezonville (cote 317), les deux autres [3] plus à gauche, à une
centaine de mètres en avant du chemin de Gorze à Flavigny.

---

[1] Cf. Hohenlohe, *Lettres sur l'artillerie.*

[2] 2 batteries à cheval de l'ACiii (groupe Lenz), 1 batterie de la 6e division de
cavalerie.

[3] $\dfrac{III}{3}$ de l'ACiii, $\dfrac{6}{3}$ de l'AD.

Les batteries von der Becke, précédemment installées sur la hauteur du cimetière, prenaient successivement position :

Batterie Schirmer $\left(\dfrac{2\,c}{10}\right.$, 5ᵉ division de cavalerie) en avant du saillant nord-est de Vionville, en arrière de l'aile gauche du 64ᵉ et au nord de la grand'route ;

Batterie $\dfrac{3\,c}{10}$ (batterie à cheval du groupe Körber) à hauteur de cette dernière, derrière le centre du 64ᵉ, au sud de la grand'route ;

Batteries $\dfrac{4 \text{ et } IV}{3}$ (de l'A C_{III}) près de l'abreuvoir de Flavigny [1], le long du chemin Flavigny—Saint-Marcel, derrière le 20ᵉ régiment ;

La batterie $\dfrac{3}{3}$ (de l'A C_{III}), agissant isolément près du saillant sud-ouest de Vionville, se portait au nord de ce village, en arrière de l'aile droite du 24ᵉ ;

Enfin, les batteries Beck et Körber, établies sur la hauteur ouest de Vionville [2], toujours soumises au feu violent et meurtrier de l'artillerie du 6ᵉ corps français, restaient sur place.

C'est ainsi que sur les vingt et une batteries alors engagées, quinze batteries s'étaient avancées presque à hauteur de la ligne de combat de l'infanterie, à laquelle elles prêtaient dès lors un appui très efficace.

L'artillerie prussienne, par ce mouvement, venait se mêler non plus seulement tactiquement, mais matériellement, pour ainsi dire, aux luttes de l'arme sœur, l'infanterie.

Épuisée par ses longs efforts dans une lutte opiniâtre contre un ennemi supérieur en nombre auquel il fallait à tout prix arracher l'ascendant moral, épuisée par ses propres succès, l'infanterie brandebourgeoise était à la merci d'une attaque française exécutée avec audace et ensemble, peut-être même à la merci d'une menace. En venant placer ses pièces jusque dans ses rangs, l'artille-

---

[1] Bouquet d'arbres au nord de Flavigny.

[2] $\dfrac{5,\ V,\ VI}{3}$ de l'AD_{6}, $\dfrac{1\,c}{4}$ (batterie Bode de la 5ᵉ division de cavalerie), $\dfrac{I}{10}$ (batterie du détachement Lehmann).

rie venait consacrer la possession du terrain conquis, marquer la place où l'on resterait, puisque l'on n'avait plus la force d'avancer, puisque l'on ne pouvait plus reculer sous peine de débâcle, et que d'ailleurs on ne le voulait pas. La voix puissante de l'artilleur venait réconforter le fantassin qui en avait grand besoin; les canons devenaient pour ce dernier des drapeaux qu'il y aurait honte à abandonner. Pour l'un comme pour l'autre, le devoir se précisait dès lors dans la formule de Souvarov : « Péris, mais sauve tes frères »; la liaison des armes s'affirmait hautement comme le premier principe de la tactique, et la camaraderie de combat devenait dans la lutte pour la victoire de tous un élément d'une incontestable prépondérance.

Enfin, comme le dit très bien le prince de Hohenlohe, la ligne d'artillerie faisait office de réserve.

« Pendant les alternatives du combat d'infanterie, lui écrivait le colonel von Dresky, j'ai vu bien des fois des détachements, que l'ennemi venait de refouler, se reformer immédiatement derrière la ligne d'artillerie, car là ils se savaient en sûreté; de là, on les menait derechef en avant à l'attaque. Nous n'avions plus de réserves d'infanterie ([1]). »

Ces enseignements ont une haute portée; ils s'imposent à nous de toute leur force; c'est l'ennemi qui nous les donne, nous les acceptons et les retenons.

Cependant, malgré tous ces efforts, la situation du III⁰ corps ne laissait pas que d'être très pénible, et le moment n'était pas très éloigné où, en l'absence de toute réserve d'infanterie, Alvensleben devrait faire appel, pour la maintenir, au dévouement de la cavalerie. Ce nouvel acte agressif se produira vers 3 heures; pour le bien saisir et en faire ressortir la portée, il nous paraît nécessaire de fixer, avec toute la précision possible, la situation dans laquelle est venue fondre cette tempête équestre.

V — La situation dans les premières heures de l'après-midi

1° Côté français. — Il n'entre pas dans notre plan d'étudier ni au point de vue historique, ni au point de vue critique, les opéra-

---

([1]) HOHENLOHE, *Quatrième lettre sur l'artillerie.*

tions de l'armée française ; aussi nous bornerons-nous dans ce qui suit, en vue d'éclairer la suite de nos études, à présenter succinctement la situation de l'armée française au début de l'après-midi du 16, vers 1 heure d'abord, vers 2 heures ensuite. Bien que peu éloignés, ces deux moments nous montrent deux tableaux très différents : le premier caractérise la fin des luttes initiales et la disparition du 2ᵉ corps français du champ de bataille ; le deuxième nous met sous les yeux la constitution à peu près définitive de l'ordre de bataille de l'armée du Rhin.

a) **Situation vers 1 heure de l'après-midi.** — *Du bois des Ognons au ravin de Gorze.* — La brigade Lapasset (¹), à cheval sur la route Rezonville—Gorze, fait toujours face avec les $\frac{\text{I et III}}{84}$ à la lisière nord du bois de Saint-Arnould, d'où elle empêche de déboucher les $\frac{\text{II et F}}{8}$; le $\frac{\text{II}}{84}$ occupe la partie nord-ouest du bois des Ognons.

En deuxième ligne se trouvent : le $\frac{\text{III}}{97}$ (²), le $\frac{\text{III}}{55}$ (³), qui intercale quelques unités en première ligne entre les $\frac{\text{I et III}}{84}$.

Ces troupes sont soutenues par cinq batteries (⁴).

Du ravin de Gorze au chemin Rezonville—Chambley. — La brigade Jollivet (⁵) évacuait peu après 1 heure la hauteur nord-ouest du bois de Vionville (311-312), à l'exception de quelques

---

(¹) Brigade Lapasset (5ᵉ corps) :

Infanterie. . . . . . . { 84ᵉ et 97ᵉ de ligne ;
         { 14ᵉ bataillon de chasseurs.

Artillerie. . . . . . . batterie $\frac{7}{2}$.

Cavalerie. . . . . . . 5ᵉ hussards.

(²) Les $\frac{\text{I et II}}{97}$, rappelés aux abords de Rezonville par le maréchal Bazaine, sont au sud de ce village.

(³) De la brigade Valazé (division Vergé).

(⁴) $\frac{6}{18}$ (réserve générale d'artillerie), $\frac{6}{15}$ (réserve d'artillerie du 2ᵉ corps), $\frac{7}{2}$ (brigade Lapasset), $\frac{11}{5}$ (réserve d'artillerie du 2ᵉ corps), $\frac{5}{18}$ (réserve générale d'artillerie).

(⁵) De la division Vergé du 2ᵉ corps.

fractions du 76ᵉ qui, par les fonds du ravin de Gorze, établissaient la liaison avec la brigade Lapasset.

Les $\dfrac{5,\,6}{5}$ (division Vergé), avec les cinq batteries ci-dessus, ne parvenaient pas à lutter avec avantage contre les cinq batteries prussiennes établies auprès du saillant nord-ouest du bois de Vionville.

Du chemin Rezonville—Chambley à la grand'route. — Il ne reste plus guère du 2ᵉ corps que le 3ᵉ bataillon de chasseurs (brigade Valazé) qui, nous l'avons vu, a contribué à rejeter sur Flavigny les hussards Redern.

Les fractions du 6ᵉ corps engagées dans cette région avaient aussi abandonné le terrain (94ᵉ de ligne, de la brigade Colin [1]); un bataillon frais de ce corps d'armée, le $\dfrac{\text{I}}{25}$ (de la brigade Marguenat [2]), est venu vers 1 heure occuper la crête ouest de Rezonville d'où il bat les pentes qui descendent vers Flavigny.

Cinq batteries (3) sont engagées dans cette zone.

Au nord de la grand'route. — Le 93ᵉ(2), se retirant vers le nord-est après l'évacuation de Flavigny, s'était déployé au nord de la grand'route de manière à couvrir le mouvement rétrograde de la brigade Sonnay (4).

Trois compagnies du 23ᵉ (brigade Mangin [5]), qui avaient combattu avec le 93ᵉ aux environs de Flavigny, établies à sa gauche, le reliaient avec le 9ᵉ de ligne (division Bisson [6]), encore déployé vers 1 heure le long de la grand'route.

---

(1) Brigade Colin, du 6ᵉ corps (division Lafont de Villiers) : 93ᵉ et 94ᵉ de ligne.

(2) Brigade Marguenat, du 6ᵉ corps (division Levassor-Sorval) : 25ᵉ et 26ᵉ de ligne.

(3) $\dfrac{8}{19}$, $\dfrac{10}{5}$, $\dfrac{10}{15}$ (réserve d'artillerie du 2ᵉ corps), $\dfrac{9,\,8}{5}$ (artillerie de la division Bataille du 2ᵉ corps).

(4) Brigade Sonnay, du 6ᵉ corps (division Lafont de Villiers) : 75ᵉ et 91ᵉ de ligne.

(5) Brigade Mangin, du 2ᵉ corps (division Bataille) : 8ᵉ et 23ᵉ de ligne ; 12ᵉ bataillon de chasseurs.

(6) Division Bisson, du 6ᵉ corps : 9ᵉ de ligne ; batterie $\dfrac{12}{8}$.

A sa droite, le 93ᵉ se reliait avec la brigade Péchot ([1]), dont un régiment (10ᵉ), déployé à la lisière sud du bois de Saint-Marcel le long de la voie romaine, prenait en flanc l'aile gauche (24ᵉ) de la 6ᵉ division prussienne.

L'artillerie engagée dans cette zone comprenait les batteries ci-après, de la gauche à la droite :

$\frac{9,\ 10}{13}$ (de la réserve générale d'artillerie, affectées à la division Bisson), $\frac{1,\ 2,\ 3,\ 4}{18}$ (réserve générale d'artillerie), $\frac{5}{14}$ (division Lafont de Villiers), $\frac{7}{5}$ (division Bataille), $\frac{6}{14}$ (division Lafont de Villiers), $\frac{5}{8}$ (division Tixier), $\frac{12}{8}$ (division Bisson), $\frac{7}{14}$ (division Lafont de Villiers, $\frac{7}{8}$ (division Tixier), $\frac{7,\ 10}{4}$ (réserve d'artillerie du 3ᵉ corps) à la lisière sud du bois de Saint-Marcel), $\frac{8}{8}$ (division Tixier), $\frac{9,\ 10}{11}$ (4ᵉ division du 3ᵉ corps) à l'ouest du bois de Saint-Marcel.

Les neuf dernières batteries : $\frac{9,\ 10}{11}$, $\frac{8}{8}$, $\frac{7,\ 10}{4}$, $\frac{7}{8}$, $\frac{7}{14}$, $\frac{12}{8}$, $\frac{5}{8}$, battaient de front et de flanc l'artillerie allemande du mamelon de Vionville qui, nous l'avons vu plus haut, ne put de ce fait changer de position ni participer au mouvement général en avant exécuté par l'artillerie prussienne vers 1 heure.

En réserve auprès de Rezonville, se trouvaient :

Infanterie : $\frac{I,\ II}{97}$ (brigade Lapasset), $\frac{II,\ III}{25}$, 26ᵉ (brigade Marguenat), 28ᵉ et 70ᵉ (brigade Chanaleilles [2]), soit au total treize bataillons, dont onze appartenaient à la division Levassor, du 6ᵉ corps.

Cavalerie : division Forton (réserve générale de cavalerie,

([1]) Brigade Péchot, du 6ᵉ corps (division Tixier) : 4ᵉ et 10ᵉ de ligne ; 9ᵉ bataillon de chasseurs.

([2]) Brigade Chanaleilles (division Levassor, du 6ᵉ corps) : 28ᵉ et 70ᵉ de ligne.

quatre régiments), division Valabrègue (2ᵉ corps, quatre régiments), 2ᵉ chasseurs (division Clérembault, du 3ᵉ corps), 3ᵉ lanciers (brigade Lapasset), brigade du Preuil (cuirassiers et carabiniers de la Garde), au total douze régiments.

b) **Mouvements de 1 à 2 heures.** — Après la charge Redern, le maréchal Bazaine déployait le 70ᵉ [brigade Chanaleilles] sur la crête ouest de Rezonville, au nord du $\dfrac{\text{I}}{25}$.

Le 9ᵉ de ligne (division Bisson), enfilé par l'infanterie et l'artillerie allemandes de Vionville, se repliait d'abord derrière le 70ᵉ, puis au nord de Rezonville.

Au 2ᵉ corps, la retraite continuait sur Gravelotte.

D'autre part, à 12ʰ 45′, le général Bourbaki avait reçu de Bazaine l'ordre de faire entrer en ligne les grenadiers de la Garde, alors réunis auprès de la poste de Gravelotte.

En exécution de cet ordre, à la première brigade ([1]), les zouaves viennent se rassembler au nord-est de Rezonville, le $\dfrac{\text{I}}{1^{\text{er}}\,\text{gr}}$ se porte en première ligne à la gauche du $\dfrac{\text{I}}{25}$, le $\dfrac{\text{II}}{1^{\text{er}}\,\text{gr}}$ à la lisière ouest de Rezonville, le $\dfrac{\text{III}}{1^{\text{er}}\,\text{gr}}$ dans Rezonville même.

A la 2ᵉ brigade ([2]), les $\dfrac{\text{I, II}}{2^{\text{e}}\,\text{gr}}$ se déploient sur la crête sud-ouest de Rezonville (311-312), à l'ancien emplacement du 77ᵉ, le $\dfrac{\text{III}}{2^{\text{e}}\,\text{gr}}$ reste en réserve au sud de Rezonville, les $\dfrac{\text{I et II}}{3^{\text{e}}\,\text{gr}}$ sont maintenus plus à l'est.

A l'arrivée de ces troupes, le 77ᵉ s'est replié sous la protection des $\dfrac{\text{II et III}}{25}$ qui, tout à l'heure en réserve auprès de Rezonville, sont venus se placer en première ligne entre les grenadiers et la brigade Lapasset.

---

[1] 1ʳᵉ brigade (2ᵉ division, Picard) : zouaves et 1ᵉʳ grenadiers.

[2] 2ᵉ brigade (division Picard) : 2ᵉ et 3ᵉ grenadiers (général de Lacroix).

Enfin, les $\dfrac{\text{I, II}}{\text{3}^{\text{e}}\,\text{gr}}$, maintenus un moment à l'est de Rezonville, sont dirigés sur la Maison-Blanche, en réserve de la brigade Lapasset.

c) **Situation vers 2 heures.** — La ligne de bataille française est donc, vers 2 heures, à peu près constituée comme il suit :

Du bois des Ognons au ravin de Gorze :

Infanterie : en première ligne : $\dfrac{\text{III}}{84}$ (brigade Lapasset), $\dfrac{\text{III}}{55}$ (brigade Valazé), $\dfrac{\text{I}}{84}$, fractions du 76° (brigade Jollivet) ;

En deuxième ligne : $\dfrac{\text{III}}{97}$ (brigade Lapasset), $\dfrac{\text{I, II}}{\text{3}^{\text{e}}\,\text{gr}}$ (bataillons frais).

Artillerie : batteries $\dfrac{7}{2}$, $\dfrac{6}{15}$, $\dfrac{5,\,6}{18}$, $\dfrac{7,\,8}{10}$ ([1]).

Du ravin de Gorze au chemin Rezonville—Chambley :

Infanterie : $\dfrac{\text{II, III}}{25}$, $\dfrac{\text{II, I}}{\text{2}^{\text{e}}\,\text{gr}}$, soit quatre bataillons frais.

Artillerie : les batteries $\dfrac{5,6}{5}$ se sont repliées sur Rezonville ; elles sont remplacées vers 2 heures par les batteries $\dfrac{1,4}{18}$ (réserve générale d'artillerie), qui étaient auparavant au nord de la grand'-route ([2]).

Du chemin Rezonville—Chambley à la grand'route :

Infanterie : $\dfrac{\text{I}}{\text{1}^{\text{er}}\,\text{gr}}$, $\dfrac{\text{I}}{25}$, 70°, soit cinq bataillons frais.

Artillerie : batteries $\dfrac{8}{17}$ (réserve d'artillerie du 2° corps), $\dfrac{3}{6}$ (di-

---

([1]) $\dfrac{7,\,8}{10}$ appartiennent à la division Levassor. La $\dfrac{11}{5}$ (situation à 1 heure) est allée se ravitailler à Rezonville.

([2]) La $\dfrac{2}{18}$, venue avec les $\dfrac{1,4}{18}$, ne put mettre en batterie en raison du feu ennemi.

vision Picard), $\dfrac{5}{5}$ (division Vergé, après ravitaillement), $\dfrac{10,\ 11}{5}$, $\dfrac{8,\ 9}{5}$, formant avec les $\dfrac{1,\ 4}{8}$ précitées une masse de neuf batteries contre-battant les huit batteries allemandes échelonnées un peu à l'est du chemin de Gorze à Saint-Marcel.

Au nord de la grand'route :

Infanterie : 93ᵉ et 75ᵉ ; 10ᵉ à la lisière sud du bois de Saint-Marcel ; à l'ouest du même bois, 100ᵉ et 12ᵉ [1].

Artillerie : même répartition qu'à 1 heure, sauf que les batteries $\dfrac{1,\ 2,\ 4}{18}$ se sont portées au sud de la grand'route, et que les $\dfrac{9,\ 10}{13}$ ont rétrogradé jusque sur la crête cotée 299.

A l'ouest du bois de Saint-Marcel, la $\dfrac{8}{8}$ est la seule en action ; les $\dfrac{9,\ 10}{11}$ se sont repliées.

Nous avons donc de ce côté douze batteries en action : $\dfrac{9,\ 10}{13}$, $\dfrac{3}{18}$, $\dfrac{7}{5}$, $\dfrac{6}{14}$, $\dfrac{5}{8}$, $\dfrac{12}{8}$, $\dfrac{7}{14}$, $\dfrac{7}{8}$, $\dfrac{7,\ 10}{4}$, $\dfrac{8}{8}$.

En réserve autour de Rezonville :

Infanterie : 26ᵉ et 28ᵉ, $\dfrac{I,\ II}{97}$, $\dfrac{II,\ III}{1^{er}\ gr}$, $\dfrac{III}{2^e\ gr}$, $\dfrac{I,\ II}{3^e\ zouaves}$, soit treize bataillons frais.

Artillerie : batteries $\dfrac{4,\ 6}{G}$ (division Picard), $\dfrac{3\ c,\ 4\ c}{G}$ (batteries à cheval de la réserve d'artillerie de la Garde), se trouvant à peine en mesure d'intervenir dans la lutte à cause de la distance.

$\dfrac{1\ c,\ 2\ c}{G}$ (division de cavalerie de la Garde) sur le versant nord du ravin de Sainte-Catherine, surveillant les lisières des bois de Saint-Arnould et des Ognons ;

---

[1] Brigade Le Roy de Dais, formant avec la brigade Péchot (4ᵉ, 10ᵉ, 9ᵉ bataillon de chasseurs) la division Tixier, du 6ᵉ corps.

$\dfrac{5\,c,\,6\,c}{G}$ (batteries à cheval de la réserve d'artillerie de la Garde) en batterie à l'est du ravin de Sainte-Catherine, ne sont pas à portée pour intervenir dans la lutte.

Artillerie à proximité du champ de bataille :

En batterie auprès de Saint-Marcel : $\dfrac{11,\,12}{11}$, $\dfrac{3,\,4}{17}$ (réserve d'artillerie du 3ᵉ corps), $\dfrac{8}{11}$ (4ᵉ division du 3ᵉ corps), $\dfrac{9}{4}$ (division Nayral).

Disponibles (mais non en batterie) :

Auprès de Saint-Marcel : $\dfrac{11,\,12}{4}$ (division Nayral) ;

Auprès de Villers-au-Bois : $\dfrac{5,\,6,\,8}{4}$ (division Montaudon) ;

Auprès de Bruville : neuf batteries du 4ᵉ corps.

L'artillerie française comptait alors au total :

Batteries en position : 39 ;

— disponibles : 26 au moins, sans compter les batteries qui avaient déjà combattu et étaient en train de se refaire autour de Rezonville.

2° Côté allemand. — Vers 2 heures, la situation était pour la 5ᵉ division d'infanterie sensiblement la même que vers 12ʰ 30.

Les $\dfrac{\text{II et F}}{8}$, le 3ᵉ bataillon de chasseurs, le $\dfrac{\text{II}}{78}$, la moitié du $\dfrac{\text{F}}{78}$ étaient accrochés aux lisières nord des bois de Vionville et de Saint-Arnould.

Les cinq batteries de l'AD₅ [1] luttaient avec avantage contre les batteries françaises établies au nord de la Maison-Blanche.

A leur gauche, la ligne de combat de la division se prolongeait jusqu'au chemin Chambley—Rezonville, formée par : moitié du $\dfrac{\text{F}}{78}$, $\dfrac{6}{64}$, $\dfrac{\text{F}}{52}$, $\dfrac{\text{II}}{12}$; elle disposait d'une réserve de trois bataillons :

---

[1] Y compris la $\dfrac{1}{10}$ du détachement Lyncker.

$\dfrac{I}{12}$ au nord de la ferme d'Anconville, $\dfrac{I}{52}$, $\dfrac{F}{48}$ en arrière de l'aile gauche [1].

Les batteries Dresky établissaient la liaison entre la 5e et la 6e division, dont la droite occupait Flavigny.

La situation de la 6e division était assez précaire. L'infanterie de son aile droite, déployée de Flavigny à la chaussée, dont les fractions, très éprouvées, étaient en outre fort mélangées, avait profité du répit procuré par la charge Redern et la tentative de la 6e division de cavalerie pour se remettre en ordre et rétablir dans une certaine mesure les liens tactiques.

Cinq compagnies du 35e assuraient l'occupation de Flavigny, cinq autres compagnies de ce régiment gagnaient la chaussée et en occupaient les fossés ; le $\dfrac{F}{64}$ et trois batteries reliaient ces deux groupes.

Au nord de la grande route, le 64e, dont la majeure partie avait jusque-là combattu plus au sud, parvenait à se relier avec le 24e, grâce à l'appui des $\dfrac{I \text{ et } F}{20}$ et de deux compagnies du 91e [2] qui prolongeaient sa droite jusqu'aux unités du 35e établies sur la chaussée.

Enfin, la gauche de la division (24e et $\dfrac{II}{20}$) luttait péniblement contre le 6e corps français qui, du bois de Saint-Marcel, menaçait son flanc.

L'artillerie du mamelon de Vionville la soutenait « avec dévouement » [3], mais avait sur les bras une lourde tâche dans la vaste zone limitée par la chaussée et la lisière est des bois de Tronville.

« A ce moment, dit la 18e monographie, la capacité de résistance des troupes de la 6e division était épuisée ; les rangs étaient fort éclaircis, la plupart des officiers tués ou blessés. »

La seule réserve d'infanterie dont disposât Alvensleben était constituée par le détachement Lehmann, précieusement conservé jusqu'à $12^h 30$ à l'abri de Tronville.

---

[1] Ces bataillons avaient déjà été engagés comme on l'a vu plus haut.

[2] Appartenant au détachement Lehmann.

[3] 18e monographie.

Mais un peu avant cette heure, le commandant du IIIe corps avait été avisé de l'approche de forces importantes par Saint-Marcel et Bruville. Ce n'était donc plus seulement le flanc de la 6e division qui menaçait d'être débordé, c'était bien l'enveloppement par des masses considérables qui s'annonçait, et qu'il s'imposait de conjurer au plus vite, de façon à gagner le moment où la 20e division arriverait.

VI — L'engagement du détachement Lehmann dans les bois de Tronville

La 20e division était en effet signalée comme devant atteindre Tronville vers 3 heures. L'approche de cette unité rendait évidemment un peu de liberté à Alvensleben dans l'emploi de ses derniers moyens; aussi, en vue de s'assurer le bénéfice de l'important point d'appui constitué par le bois de Tronville, Alvensleben ordonnait au colonel Lehmann d'en occuper les lisières nord et est ([1]).

« Par suite de l'épaisseur du taillis, dit la 18e monographie, dont la traversée sous le feu des premières batteries du 3e corps français en position au sud de Saint-Marcel, était fort difficile, ce fut seulement à 1[h] 30 que l'ordre put être exécuté. »

Il est nécessaire d'étudier en détail cet engagement en vue d'en faire plus tard ressortir les enseignements.

Au reçu de l'ordre d'Alvensleben, Lehmann déployait ses deux bataillons et demi face au nord, $\dfrac{2,3}{91}$ à l'aile droite, $\dfrac{F}{91}$ au centre, $\dfrac{I}{78}$ à l'aile gauche; deux compagnies du $\dfrac{F}{91}$, deux compagnies du $\dfrac{F}{78}$ étaient en deuxième ligne. Le détachement se porta dans cette formation au delà de la chaussée et pénétra sous bois ([2]).

([1]) Lehmann avait laissé à Thiaucourt les $\dfrac{1,4}{91}$ pour tenir cette localité jusqu'à l'arrivée de la 20e division. Le $\dfrac{II}{91}$ était engagé avec la 6e division.

([2]) L'Historique du 91e note ce détail : Arrivés devant le bois, tous les officiers montés durent mettre pied à terre. Seuls, le colonel Lehmann et son adjudant restèrent à cheval et contournèrent la lisière ouest. Le colonel von Kameke (commandant le 91e) accompagna à pied le $\dfrac{F}{91}$ dans le bois.

Les $\dfrac{2 \text{ et } 3}{91}$ eurent vite traversé la partie des bois qui leur avait été indiquée, la moins étendue d'ailleurs et la moins épaisse, et gagnèrent la partie est de la lisière nord qu'elles dépassèrent pour aller se jeter dans le vallon situé à quelques centaines de mètres en avant de cette lisière.

Les fusiliers, progressant droit au nord à travers bois, avaient à chaque pas rencontré de nouveaux obstacles ; le taillis était en certains points si épais, qu'ils devaient se servir de la baïonnette pour se frayer un chemin ; les éclaircies étaient utilisées pour effectuer des ralliements partiels ; on s'appelait mutuellement, les officiers faisaient des efforts considérables pour tenir leurs hommes réunis — tout cela en vain — et la liaison des différentes fractions entre elles finit par disparaître entièrement. Il pouvait être $1^h 30$ lorsque les fusiliers occupèrent peu à peu la lisière nord du bois.

Le $\dfrac{1}{78}$, qui s'était également engagé sous bois dès le début, rencontrait de même les plus grandes difficultés, et devait avoir recours aux outils pour gagner du terrain ; aussi la $\dfrac{4}{78}$ gagnait-elle la lisière ouest pour la longer, suivie de la $\dfrac{3}{78}$. Le bataillon parvenait ainsi, non sans peine, vers $1^h 30$, à retrouver à la lisière nord la gauche du $\dfrac{F}{91}$ [1].

Finalement donc, vers $1^h 30$, le détachement était ainsi réparti : $\dfrac{1}{78}$, $\dfrac{F}{91}$ à la lisière nord, $\dfrac{2, 3}{91}$ au saillant nord-est.

L'engagement du détachement Lehmann appelle quelques observations.

Le colonel Lehmann avait reçu avant $12^h 30$, ainsi qu'il ressort des documents [2], l'ordre de réaliser l'occupation de la lisière nord du bois de Tronville, à laquelle Alvensleben attachait avec raison une grande importance.

---

[1] Historique du 91e.

[2] Idem.

Son détachement est réuni, au moment où l'ordre lui parvient, à Tronville, c'est-à-dire à 3 000 mètres de la lisière à occuper, et ce n'est qu'à 1ʰ 30, soit plus d'une heure après, que l'ordre est exécuté.

Quelles sont les raisons de cette lenteur ? Lehmann a conduit son détachement par le chemin le plus court, la ligne droite, mais qui, en l'espèce, n'était pas le plus facile. « C'est en effet l'épaisseur du taillis... » qui contribua principalement à ralentir sa marche.

Nous dirons une fois de plus que Lehmann *pouvait le prévoir*. La reconnaissance de ces bois avait été faite depuis longtemps par la cavalerie, qui voisinait avec lui depuis son arrivée à Tronville ; il ne pouvait et en tout cas ne devait en ignorer ni la nature ni les difficultés. D'autre part, on savait l'ennemi dans la région de Saint-Marcel ; on n'était pas certain de pouvoir arriver avant lui à la lisière nord du bois ; *a fortiori* pouvait-on craindre que l'intérieur en fût balayé par le canon. Il y avait donc mille raisons d'éviter la traversée de ces bois difficiles et dangereux.

Lehmann a d'ailleurs assez bien conduit sa marche à travers bois (¹), puisqu'il est arrivé quand même à son but avec toutes ses unités reconstituées. Mais ces marches sont toujours incertaines, en raison des difficultés d'orientation, de direction, de commandement ; la présence de quelques fractions françaises dans le bois — chose qui était à craindre — pouvait amener un combat confus et sans décision, qui l'eût empêché de remplir sa mission.

Il était par conséquent indiqué d'éviter l'intérieur des bois et de cheminer par les lisières.

Tenant compte de ces réflexions, reprenons pour notre compte la question qui s'est posée à Lehmann (²).

Si donc, par la pensée, nous nous rendons à Tronville au rassemblement de la colonne Lehmann et cherchons à nous

---

(¹) Tout le mérite en revient aux officiers et aux cadres subalternes, particulièrement du $\frac{F}{91}$.

(²) N'ayant pu, à l'époque où nous traitions cette partie, nous rendre sur le terrain, nous avons eu recours à la collaboration d'un camarade qui voudra bien reconnaître dans ce qui suit une grande partie de sa pensée.

mettre dans la peau de ce dernier, nous sommes amené à faire les réflexions suivantes.

Notre détachement est abrité à l'ouest de Tronville, face au nord-est. En vue de suivre l'engagement général, nous nous portons de notre personne sur la hauteur 286 à l'est de ce village, où nous restons d'ailleurs à proximité de notre détachement et faisons une rapide reconnaissance du terrain [1] et du combat.

L'ordre d'Alvensleben nous arrivant au cours de cette reconnaissance, nous nous portons, pour la compléter, d'un temps de galop sur la hauteur ouest de Vionville (297), après avoir envoyé au détachement l'ordre de gagner la lisière sud du bois de Tronville.

Orienté par notre reconnaissance, nous aurions alors opéré de la manière suivante [2] :

1° Les deux compagnies $\left(\dfrac{2, \, 3}{91}\right)$ destinées au saillant nord-est contournaient le petit bois par l'est, cheminaient le long de la lisière est du grand bois et parvenaient à la corne nord-est en passant entre la petite parcelle allongée du sud au nord et la lisière ;

2° Des deux autres bataillons $\left(\dfrac{1}{78}, \, \dfrac{F}{91}\right)$, deux compagnies traversaient le petit bois sud par la tranchée forestière [3], longeaient la lisière ouest du grand bois jusqu'au rentrant 500 mètres nord du petit bois, pénétraient sous bois par la tranchée orientée sud-ouest-nord-est et débouchaient à la lisière nord, qu'elles occupaient sur un front de 500 à 600 mètres [4].

Les six autres compagnies, en échelon à gauche, passaient à l'ouest des deux bois, garnissaient le saillant nord-ouest avec une compagnie et demie, qui s'y rendait par le même cheminement que les deux précédentes, et formaient une réserve de quatre compagnies, maintenues à l'abri dans le rentrant précité en se gardant par une section au saillant ouest, et une section au peuplier (cote 261).

On perdait ainsi le minimum de temps, en évitant les difficultés

----

[1] Reconnaissance figurée par le croquis perspectif nᵒ 6 (Cf Iʳᵉ partie).

[2] Croquis nᵒ 7 : engagement hypothétique du détachement Lehmann.

[3] On peut y marcher par quatre.

[4] La lisière nord a environ 800 mètres de développement, non compris le saillant nord-ouest.

de la marche à travers bois, sous le feu de l'artillerie ou non (¹),
et il est permis de croire que l'on eût bien gagné, en allant vite et
après avoir pris la précaution, largement justifiée en la circonstance, de déposer les sacs à Tronville, de quinze à vingt minutes
sur Lehmann. Ces minutes étaient précieuses.

Telle pouvait être une première occupation, commandée par
l'urgence ; mais il est évident qu'elle demandait, si l'on en avait
le temps, à être perfectionnée. La réserve, en particulier, dont
l'emplacement est justifié par les craintes que l'on a pour la
gauche, et auxquelles on compte parer par la manœuvre en terrain libre, la contre-attaque, ne pouvait que difficilement se
porter à l'extrémité est de la ligne de combat, si d'aventure il
s'imposait de frapper de ce côté. Pour lui permettre ce mouvement, il y avait lieu d'établir une communication entre les rentrants est et ouest, c'est-à-dire un simple sentier obtenu en se
bornant à couper les buissons et les jeunes pousses qui entravent
la marche.

Si, pour compléter cette étude, nous recherchons la façon dont
les troupes de Lehmann vont agir, nous faisons les constatations
suivantes :

Le terrain en avant de la lisière nord (²) est coupé et difficile ;
c'est par excellence la partie à défendre de pied ferme par le feu.
Sans doute, l'adversaire trouvera des cheminements pour se
couler dans le lit du ruisseau (³), mais il faut en sortir ; pour cela,
il dispose, soit de thalwegs balayés sur 400 mètres au minimum,
soit de croupes en palier dominées par les lisières. Les trois

---

(¹) Il faut remarquer en effet — sans vouloir contester le fait allégué par la 18ᵉ monographie, au sujet du tir exécuté sur le bois de Tronville par les batteries du
3ᵉ corps — que, de la position de ces batteries, on découvre mal la lisière nord ; cela
est dû à la façon lente et continue dont s'élève le terrain depuis Saint-Marcel. Pour
découvrir la lisière nord du bois de Tronville, il faut s'avancer de 200 mètres au moins
vers le sud au delà de cette position (croquis perspectif nᵒ 8).

L'impression qui ressort de l'examen du terrain est que le retard du mouvement de
Lehmann ne doit pas être imputé à l'action des batteries françaises ; l'artillerie française de 1870, croyons-nous, ne devait pas être dangereuse pour des troupes errant
dans des bois tels que ceux-là.

En réalité, il est évident que les compagnies qui ont voulu progresser sous bois en
dehors des tranchées ont dû... bafouiller à fond. L'Historique du 91ᵉ le reconnaît
d'ailleurs parfaitement.

(²) Lettre A du croquis représentant l'engagement hypothétique du détachement
Lehmann.

(³) Origine du ravin du Poirier.

compagnies et demie disposées en cet endroit sur un front de 800 mètres environ doivent suffire à la tâche ; tout le terrain est vu, et aucun de ses mouvements capricieux n'échappe à la balle ; la fraction (une compagnie et demie) qui tient la partie nord de la parcelle allongée bat les pentes descendant du nord vers le ravin ; la fraction (une compagnie et demie) du saillant nord-ouest a devant elle un terrain analogue ([1]).

Quant aux quatre compagnies maintenues en réserve, elles sont appelées à agir surtout contre l'attaque d'un ennemi auquel la supériorité numérique permet la recherche de l'enveloppement par les hauteurs nord-ouest (274). L'examen du terrain montre que leur contre-attaque aura surtout à agir par le feu. Si en effet elles se lançaient en avant sur les fractions ennemies remontant les pentes sud du ravin du Poirier vers le saillant ouest du bois, elles auraient ensuite, pour regagner leur abri, à parcourir environ 400 mètres sous le feu de la hauteur 274, où des fractions adverses seraient sûrement restées pour protéger la marche de celles qui auraient été dirigées contre le bois. Donc ces quatre compagnies auraient à être très prudentes, surgir de leur cachette, apparaître sur la croupe à l'ouest du saillant, exécuter quelques rafales de feu rapide et se terrer, repousser par le feu et poursuivre par le feu.

Si, contre toute probabilité, l'attaque principale se produisait contre le saillant nord-est, la coupure établie entre les deux rentrants permettrait à tout ou partie de la réserve d'intervenir rapidement de ce côté.

Revenons à Lehmann. A $1^h 30$ donc, il occupait la lisière nord du bois de Tronville. Animé de l'esprit offensif à l'ordre du jour, il essayait aussitôt d'en déboucher, en vue de donner de l'air à l'aile gauche de la 6ᵉ division, mais le feu supérieur du 4ᵉ de ligne et de l'artillerie du 3ᵉ corps français obligeait ses troupes à regagner le couvert.

La gauche de la 6ᵉ division $\left(\dfrac{II}{24}\right)$, ne pouvant plus tenir en terrain découvert, gagnait également la lisière est du bois de Tronville, et ce bois formait dès lors le point d'appui de gauche de la ligne de bataille allemande.

([1]) Croquis perspectif nº 9.

Enfin, en vue, sinon de conjurer l'orage menaçant du côté du nord, mais de renseigner sur son approche tout au moins et si possible de le retarder, la brigade de cavalerie Barby ([1]) gagnait de Tronville la région au nord-est du bois de Tronville, où se trouvait déjà le 13e dragons ([2]) observant les directions de Bruville et de Doncourt. Vers 1 heure, la brigade Barby, avec la 1re batterie à cheval (Planitz) de la Garde ([3]) atteignait le saillant nord-ouest du bois ; mais peu après, vers 1h 3o, les éclaireurs qu'elle détachait vers Bruville étaient dispersés par l'avant-garde du 4e corps français ([4]) ; elle-même tombait alors sous le feu des batteries de Saint-Marcel et allait chercher un abri derrière la lisière ouest du bois de Tronville ([5]).

En arrière de la ligne de bataille, sur les instances d'Alvensleben, le général von Rheinbaben laissait la brigade Bredow près de Tronville. La précaution était justifiée et cette cavalerie, désormais la seule réserve du commandant du IIIe corps, n'allait pas tarder à trouver son emploi en accomplissant ce nouvel acte agressif que l'on a qualifié non sans raison de cette appellation désormais historique « la chevauchée de la mort ».

VII — La charge Bredow

1° Les circonstances. — Les circonstances dans lesquelles s'est produite la charge Bredow ressortent clairement de la situation, telle que nous l'avons établie ci-dessus.

La 18e monographie, monument élevé à la gloire d'Alvensleben un peu tardivement peut-être, mais très justement, s'exprime à ce sujet dans les termes suivants :

« Le IIIe corps d'armée, y compris les détachements Lyncker et Lehmann, était parvenu — vers 1h 3o — grâce à son impétuosité, à sa courageuse ténacité, à attirer progressivement sur lui quatre corps d'armée ennemis et à les obliger à lui faire face.

([1]) 4e cuirassiers, 13e hulans, 19e dragons.

([2]) De la brigade Bredow.

([3]) Cette batterie appartenait à la division de cavalerie de la Garde (brigade Brandenburg).

([4]) 5e bataillon de chasseurs (brigade Bellecour, de la division Grenier).

([5]) La batterie Planitz rejoignait sa brigade à Mars-la-Tour.

« Mais il était à peine 2 heures de l'après-midi et la journée était encore loin de sa fin. On ne pouvait pas compter sur le soutien le plus rapproché, la 20ᵉ division d'infanterie, avant une heure au plus tôt ; par contre, le feu des batteries ennemies établies contre la voie romaine, reprenant avec plus d'intensité, semblait indiquer un nouveau mouvement offensif ; des nuages de poussière trahissaient l'approche de renforts du côté ennemi.

« Vionville devait être gardé à tout prix : il s'agissait de donner de l'air à la 6ᵉ division d'infanterie et, pour cela, de *prévenir l'adversaire par une nouvelle attaque,* afin de l'empêcher de se rendre compte de la supériorité de ses forces. »

Tel est bien en effet le caractère de ce nouvel acte. Le IIIᵉ corps est menacé d'une attaque française ; va-t-il l'attendre de pied ferme, user de la défensive ? Oui, diraient sans doute les prudents, qui seraient en la circonstance des pusillanimes ; non, disent les audacieux, qui sont en fait les prudents, mais par l'offensive, par l'agression, parce que ceux-là connaissent le prix du facteur moral. Alvensleben a été de ceux-là et sa logique de soldat était incontestablement juste.

« L'ascendant moral, a-t-il écrit, que le IIIᵉ corps avait acquis et su conserver jusque-là sur l'ennemi sembla menacé par les préparatifs d'offensive bien nets de l'adversaire contre la 6ᵉ division d'infanterie. Il n'était pas encore 2 heures. Nous avons déjà fait remarquer qu'il paraissait assez indifférent en soi que l'ennemi, dans sa marche vers l'ouest, fût arrêté un peu plus ou un peu moins loin, et c'est pourquoi un mouvement de retraite, éventuellement nécessaire, fut prévu et étudié (¹) ; mais nous ne pouvions pas supporter l'idée d'abandonner à l'ennemi nos blessés et le champ de bataille.

« Dans un semblable engagement, la manœuvre proprement dite cesse, et l'on se trouve soumis aux hasards du combat. Laisser perdre notre ascendant eût été au point de vue de l'issue de la journée une imprudence en face de laquelle les imprudences

____

(¹) Remarquons à ce propos que le général s'illusionnait sur la possibilité de cette rupture. La plus essentielle des conditions nécessaires à la réalisation d'une telle manœuvre est de disposer de réserves destinées d'une part à organiser les replis successifs, lesquels doivent être occupés à l'avance en vue de limiter l'amplitude des mouvements rétrogrades, d'autre part, à exécuter les contre-attaques qui permettront de retirer du combat les troupes accrochées. Or Alvensleben ne disposait plus d'aucune réserve.

moindres disparaissaient. C'est pourquoi je résolus de prévenir l'ennemi par une nouvelle attaque dont serait chargée la cavalerie, puisque l'infanterie, par suite de ses pertes et de la fatigue des hommes, n'était plus en état de l'exécuter.

« Je donnai en conséquence au colonel von Voigts-Rhetz l'ordre d'aller trouver la brigade Bredow, qui se trouvait à proximité et était parfaitement placée pour remplir cette mission.

« En fait de cavalerie, se trouvait encore en vue, tout près de l'endroit où je me tenais, le 2ᵉ dragons (¹). Le colonel von Drigalski, dont l'attention avait été attirée par l'ordre donné au colonel von Voigts-Rhetz, tourna les yeux vers moi, immobile devant son régiment. Je compris ce qu'il attendait, mais je me contins et conservai ce régiment en réserve...

« Le général von Rheinbaben s'était porté en avant après notre dernière rencontre, avec la brigade Barby. Aussi le colonel von Voigts-Rhetz se rendit-il directement près du général von Bredow pour lui transmettre mon ordre d'attaquer les batteries ennemies près de la voie romaine. »

Le colonel von Voigts-Rhetz raconte comme il suit la façon dont il exécuta sa mission :

« Je galopai donc vers la brigade de cavalerie arrêtée à l'ouest de Vionville, au sud des bois de Tronville et je rencontrai le général von Bredow dans un pli de terrain d'où l'on ne pouvait pas voir les batteries françaises.

« Lorsque je communiquai l'ordre, le général me fit remarquer que le bois voisin était occupé par les Français. Je lui répondis que notre infanterie les tenait (²), qu'aucun danger n'était à craindre de ce côté et que, si l'on appuyait tout d'abord vers la gauche, on pouvait tomber dans le flanc des batteries ennemies (un pli de terrain conduisait jusque sur les batteries).

« J'ajoutai encore que c'était la volonté expresse du général von Alvensleben qu'on attaquât, que la bataille était entrée dans une période de crise, et qu'une rapide décision était nécessaire. »

Malgré cette affirmation du colonel von Voigts-Rhetz relative

---

(¹) Régiment divisionnaire de la 6ᵉ division d'infanterie.
(²) Détachement Lehmann.

à l'occupation des bois de Tronville, « il s'écoula un temps relativement considérable avant qu'il se passât quelque chose. Le général von Bredow s'était attardé à tirer au sort(!) les numéros de deux escadrons(¹) qu'il détacha d'une manière tout à fait malheureuse. Le colonel von Voigts-Rhetz, qui s'était éloigné, constata la longueur des préparatifs et revint sur ses pas pour faire observer qu'il n'y avait pas de temps à perdre(²) ».

2° *L'exécution*. — Rappelé au fait par le chef d'état-major du IIIᵉ corps, le général von Bredow ébranle enfin(³) ses six escadrons formés en ligne de masses, gagne la gauche des batteries du mamelon ouest de Vionville, rompt de nouveau en colonne de pelotons pour marcher à peu près droit au nord par le fond du vallon nord de Vionville, échappant ainsi complètement aux vues des troupes françaises, et gagne la gauche de la 6ᵉ division d'infanterie.

Au moment où la tête de la brigade arrive à environ 500 mètres de la voie romaine, et va apparaître à l'infanterie française établie le long de ce chemin, le général von Bredow reforme ses escadrons face à l'est en ligne de masses et gagne le vallon situé à l'ouest du chemin Flavigny—Saint-Marcel, où il ordonne le déploiement et la marche au galop. Ainsi formée en bataille, 7ᵉ cuirassiers à gauche, avec deux pelotons en deuxième ligne derrière sa propre gauche, 16ᵉ uhlans à droite et un peu en échelon par suite d'un léger retard dans le déploiement, la brigade Bredow débouche sur la large ondulation où se trouve l'artillerie du 6ᵉ corps et s'élance au galop allongé sur les batteries françaises.

Dès qu'ils apparaissent sur le rebord ouest du plateau, les cavaliers allemands sont salués à courte distance par le feu

---

(¹) $\dfrac{3}{7^e \text{ cuir}}$, $\dfrac{1}{16^e \text{ uhl}}$. — L'Historique officiel prussien dit à ce sujet qu'un adjudant du IIIᵉ corps apporta à la brigade (déjà en marche) l'ordre de jeter deux escadrons dans le bois de Tronville. L'état-major du IIIᵉ corps tout entier et en première ligne son commandant en chef protestent contre l'envoi d'un pareil ordre, si peu en rapport avec la situation et les intentions du général. Quant au procédé du tirage au sort, dit Alvensleben, il n'a pas besoin d'être commenté, il est clair qu'il ne dérive en rien de l'esprit militaire. « Ce tirage au sort, à peine usité en temps de paix, ne s'était jamais vu en temps de guerre depuis les Horaces. » (ALVENSLEBEN.)

(²) 18ᵉ monographie.

(³) C'est ce que l'Historique officiel prussien appelle « sans perdre un instant ».

rapide de l'infanterie française intercalée dans l'intervalle des batteries([1]) et de l'artillerie établie aux environs du sommet du mamelon([2]); ils n'en continuent pas moins leur course et traversent les batteries de la division de cavalerie Forton $\left(\dfrac{7,8}{20}\right)$, qui viennent d'accourir au galop sur le plateau, et ont à peine le temps de tirer quelques coups à bout portant. Puis, la droite de la brigade (16e uhlans) tombe sur les compagnies du 9e bataillon de chasseurs([1]) et les disperse en partie; la gauche (7e cuirassiers), continuant sa course, vient enfoncer le 93e de ligne sur la pente est du plateau.

Bien que très désunie à ce moment, la cavalerie allemande pousse encore plus loin sa charge et vient ainsi défiler devant le front de la division Forton, formée en bataille à la lisière sud du bois Pierrot; elle est alors attaquée sur son flanc gauche par la brigade Murat, sur son front par la brigade de dragons de la division Valabrègue([3]), qui la charge au nord de Rezonville, sur son flanc droit par le 5e chasseurs([4]) alors stationné auprès de Rezonville.

C'est la fin de la chevauchée; la cavalerie allemande tourbillonne sur place en appuyant sur Rezonville et reprend sa course vers Vionville; elle défile donc de nouveau en présentant cette fois son flanc droit au général de Forton, qui lance dans le tas le 7e cuirassiers et un escadron du 10e([5]). Sabrés par nos cavaliers, fusillés par plusieurs fractions d'infanterie([6]), mitraillés par les batteries à proximité desquelles ils repassent, les débris de la brigade Bredow parviennent cependant à se rallier derrière Flavigny.

« Des trois escadrons que chacun des régiments avait envoyés à la charge, on ne parvenait tout d'abord à en reformer qu'un

---

([1]) 3 compagnies du 9e bataillon de chasseurs (brigade Péchot) sur la partie sud, 6 compagnies du 75e (brigade Sonnay) sur la partie nord du mamelon.

([2]) Batteries $\dfrac{5}{8}$ (division Tixier), $\dfrac{12}{18}$ (division Bisson), $\dfrac{7}{14}$ (division Lafont de Villiers).

([3]) Division de cavalerie du 2e corps.

([4]) Appartenant à la brigade légère de la division Valabrègue.

([5]) Brigade Gramont.

([6]) 94e, 9e, 91e de ligne.

seul, car cette audacieuse attaque leur avait coûté la moitié de leurs effectifs en hommes et en chevaux[1]. »

Quant à la cavalerie française, elle ne poursuivait pas ; le général de Forton ralliait sa division et lui faisait reprendre position au sud du bois Pierrot ; la division Valabrègue se reformait au nord de Rezonville ; aussi le général von Redern qui, voyant la brigade Bredow revenir à la débandade, avait, pour la recueillir, porté le 11e hussards entre Vionville et Flavigny, n'était pas amené à engager ce régiment.

3° Les résultats. — *a*) **Matériels.** — A la suite de la charge Bredow, « les troupes françaises d'infanterie et d'artillerie qui combattaient précédemment sur le plateau au sud de la voie romaine avaient été singulièrement mélangées, morcelées ou disloquées[2] ».

C'est ainsi que « les douze batteries présentes au moment de la charge sur la crête s'étendant de Rezonville à la voie romaine quittèrent toutes leurs positions de combat. Seules, les $\frac{7, 12}{8}$, qui n'avaient d'ailleurs pas été atteintes par la charge, se remirent en batterie presque immédiatement face au sud, après avoir reculé jusqu'auprès des bois. Les dix autres se replièrent sur leurs réserves pour se ravitailler et ne reprirent plus part à la lutte de la journée.

« Le 75e de ligne enfin, ainsi que douze compagnies du 93e s'acculèrent au bois Pierrot où elles restèrent jusqu'au soir, mais sans combattre à nouveau ; six autres compagnies du 93e restèrent seules à la droite du 70e à l'ouest de Rezonville. »

b) **Tactiques et moraux.** — Avanttout, cette attaque avait atteint le but essentiel que s'était proposé Alvensleben.

« Je résolus, nous a-t-il dit, de prévenir l'ennemi par une nouvelle attaque dont serait chargée la cavalerie. »

Et en effet, la charge Bredow lui procurait ce résultat, et par

____

[1] Historique officiel prussien.
Pertes des . . . . { Cuirassiers : 7 officiers, 189 cavaliers, 209 chevaux.
Uhlans : 9 officiers, 174 cavaliers, 200 chevaux.

[2] *Revue d'Histoire.*

le moment où elle était lancée, et en dépit du retard dans son exécution, et par sa puissance.

Le commandant du IIIe corps restait malgré tout l'*agresseur*. Grâce à ce nouvel acte, qui manifestait une fois de plus cette attitude agressive, la 6e division d'infanterie se trouvait dégagée ; son mouvement de recul vers Vionville était limité ; elle regagnait même du terrain avec les $\dfrac{\text{II et F}}{20}$, qui s'avançaient de quelques centaines de mètres au nord de la grand'route ; elle pouvait, enfin, se reconstituer une réserve, indispensable en vue d'un nouvel effort dont la nécessité pouvait se faire encore sentir avant l'arrivée du Xe corps, au moyen de la majeure partie des unités du 64e repliées derrière Vionville.

Quant à l'impression morale produite sur tous par la célèbre chevauchée, Alvensleben l'a très exactement caractérisée en ces termes : « Personne n'a perdu plus que moi[1], mais le cœur de tous battit plus haut, l'ennemi lui-même le sentit. »

4° *Observations critiques*. — *a*) Spontanéité. — Les attaques exécutées par la cavalerie allemande avant la charge Bredow nous ont permis de faire ressortir nettement cette notion, capitale pour la cavalerie, que cette arme, si elle veut saisir le moment d'agir, toujours si fugitif pour elle, doit être constamment attentive au développement de l'action et aller au-devant des ordres ou des appels du commandement, en un mot, agir spontanément.

Ici encore, à cet égard, l'initiative de l'attaque Bredow ne doit pas être attribuée, comme le fait observer le général de Woyde[2], au besoin d'activité qu'éprouvaient les chefs de cavalerie intéressés, mais que l'honneur en revient au contraire au chef qui exerçait à ce moment le commandement supérieur sur le champ de bataille.

Il est juste toutefois de remarquer que la situation de la brigade Bredow était particulière et différente de celle où s'étaient trouvées et la brigade Redern et la 6e division de cavalerie.

---

[1] Allusion aux pertes subies par le III° corps.
[2] *Causes des succès et des revers.*

Alvensleben a conservé cette unité à sa disposition, et il lui appartenait sans doute de la jeter dans la balance à son heure.

Mais alors encore, le général von Bredow était plus que jamais tenu de se tenir prêt à servir instantanément la volonté du commandant du IIIe corps ; il devait, d'une part, être au courant des affaires dans la zone où son intervention allait s'imposer, zone connue par suite de la situation visiblement pénible faite à la 6e division d'infanterie, savoir ce qui se passait dans le bois de Tronville, particulièrement ce que devenaient les troupes de Lehmann, qu'il ne pouvait pas ne pas avoir vu s'y diriger, puisqu'elles étaient passées à proximité de ses escadrons ; il devait, d'autre part, avoir reconnu ou fait reconnaître les cheminements à pratiquer en vue de l'attaque imminente qui allait lui être demandée, sans avoir besoin de se les faire indiquer par le chef d'état-major du IIIe corps, qui a, du reste, très heureusement suppléé à son absence d'activité ; il devait enfin être en relation, soit de sa personne, soit par des agents de liaison, avec Alvensleben, afin de recevoir sans perte de temps l'appel de ce dernier.

L'observation de ces règles essentielles lui eût évité ces hésitations que nous avons constatées et ce ridicule tirage au sort des escadrons détachés dans les bois, lui eût enfin permis de déchaîner l'ouragan au moindre signe d'Alvensleben, et de donner à son attaque le mérite de la soudaineté, à défaut de la spontanéité qui, dans sa situation particulière de réserve à la disposition du commandant en chef, ne lui était pas demandée.

b) **Sacrifice.** — Quelques historiens allemands ont qualifié de « sacrifice » consenti, pour ainsi dire, *in extremis* en vue de sauver la 6e division d'infanterie, l'attaque de la brigade Bredow. Les expressions employées à ce sujet par l'Historique officiel prussien semblent elles-mêmes ne pas avoir été étrangères à cette interprétation : « Le général von Bredow, dit-il, avait compris qu'il ne pouvait accomplir sa tâche qu'en engageant ses troupes avec énergie et sans hésitation, et que la cavalerie devait et pouvait se sacrifier à l'occasion. »

Le général von Bredow, de son côté, s'est demandé dans son ouvrage *Souvenirs de ma vie,* si, au moment où l'ordre d'attaquer a été donné, un « sacrifice » de la cavalerie devait *a priori* paraître nécessaire et inévitable au commandant en chef.

Un autre officier, le capitaine Helmuth, dit dans une conférence : « Le colonel von Voigts-Rhetz porta l'ordre inaccoutumé de charger parce qu'il s'agissait d'exiger de la cavalerie ce qui paraissait impossible. »

Nous avons fait remarquer avec assez d'insistance que, dans l'esprit d'Alvensleben, l'attaque ordonnée à la brigade Bredow constituait purement et simplement l'un des actes voulus par le commandant du IIIe corps dans une admirable unité de pensée, en vue de maintenir constamment l'attitude agressive délibérément adoptée comme condition essentielle de la conservation de l'ascendant moral.

Tel est le caractère de cette attaque ; aussi n'est-il pas étonnant que l'auteur responsable de toute cette journée, Alvensleben lui-même, ait protesté contre ces assertions au nom de sa propre pensée, et aussi au nom de la saine doctrine.

« Le général von Alvensleben, dit la 18e monographie, a toujours repoussé de toute son énergie ce terme de « sacrifice » de la cavalerie, quoique cependant il reconnût sans arrière-pensée combien sa conduite en cette occasion avait été héroïque. » Aux assertions sur les exigences surhumaines qu'il aurait imposées à la cavalerie, il a répondu durement : « J'ai demandé à la cavalerie ce qu'elle doit donner, mais elle n'était plus habituée à le donner. »

Dans une sentence sévère mais juste : « J'avais des cavaliers, mais pas de cavalerie », il a, sans incriminer la valeur intrinsèque de l'arme, exhalé sa plainte sur l'esprit de ses chefs, sur leur méconnaissance des nécessités de la liaison des armes, sur leur peu d'entrain à engager leurs troupes au profit des autres armes, « *die Bereitwilligkeit der höheren Führer ihre Truppe einzusetzen im Verhältniss mit den anderen Waffen* ».

Nous dirons donc que, dans la circonstance, Alvensleben exigea de la brigade Bredow la mise en action complète de toutes ses forces, et qu'il l'exigea, non comme une chose surhumaine, mais comme une chose toute naturelle.

L'esprit de sacrifice est la loi qui informe tous les actes et l'attitude de toute troupe au combat, qui détermine son unique mode d'action : à fond. Cette loi est la même pour tous, fantassins, artilleurs, cavaliers. Alvensleben n'a pas exigé plus de sacrifices de la brigade Bredow que d'aucune de ses troupes ; l'examen de l'engagement des 5ᵉ et 6ᵉ divisions d'infanterie, de même que la conduite de son artillerie, tous les actes de cette bataille montrent clairement qu'à toutes il a demandé la même chose, le même esprit de sacrifice, l'obéissance à la même loi[1].

VIII — La situation du IIIᵉ corps de la charge Bredow à l'arrivée du Xᵉ corps

La charge Bredow constituait le dernier acte de force exécuté par le IIIᵉ corps. Prévenant par cet acte les audaces de l'adversaire, Alvensleben est resté maître de sa conquête, nous voulons dire de l'ascendant moral.

Ce facteur plane désormais sur le champ de bataille ; il va permettre d'attendre pendant près d'une heure encore l'arrivée du Xᵉ corps.

Le caractère imprimé par Alvensleben aux luttes de la journée est d'ailleurs et dès maintenant assez accentué pour que la conduite de la bataille soit, aux mains de ceux qui arrivent, ce qu'elle fut entre les siennes. C'est ce que nous montrera nettement l'examen des actes du Xᵉ corps, puis des diverses fractions allemandes qui prirent part à la dernière partie de la bataille, et enfin du prince Frédéric-Charles lui-même, accouru dans la soirée sur le terrain de l'action.

---

[1] Il n'y a dans cette idée essentielle : un seul mode d'action : à fond, aucune contradiction avec ce que le règlement sur le service en campagne appelle « combat de préparation ». (Titre XIV.)

L'examen du renvoi de l'article 129 montre clairement l'identité de la doctrine. Elle peut se résumer en deux mots :

Il appartient au commandement de peser, de mesurer les forces jugées nécessaires en vue des efforts à produire dans les engagements préalables destinés à préparer l'effort final ; il est du devoir des exécutants, des troupes affectées à ces missions, de s'y consacrer sans mesure.

L'allure générale du combat de préparation résulte justement de la mesure avec laquelle le commandement a déterminé les effectifs à lui affecter ; si elle ne revêt pas, dans son ensemble, le caractère de violence, de brutalité et de rapidité de l'effort final, de l'attaque décisive, elle n'en réclame pas moins « une vigueur et une somme d'efforts toujours croissants ».

Cet examen nous conduira à des constatations qui seront en contradiction formelle avec les assertions émises par le maréchal de Moltke dans son *Histoire de la guerre de 1870-1871* :

« Grâce au précieux concours du Xe corps, on put, dans le courant de l'après-midi, mener à bonne fin la bataille en restant sur la défensive et en faisant faire simplement de vigoureux retours offensifs à la cavalerie, grâce aussi à la persévérance de l'artillerie que rien ne rebutait. »

Les faits montreront que les dires du maréchal ne peuvent être acceptés. Il nous reste, avant de les étudier, à exposer la situation de la bataille entre la charge Bredow et l'entrée en action du Xe corps ; cette mise au point est indispensable à l'intelligence des actes de ce corps d'armée dans la bataille.

1° Situation à l'aile droite (5ᵉ division d'infanterie). — Devant la 5e division d'infanterie, la situation depuis 1 heure est stationnaire, marquée seulement sur le front bois de Vionville — chemin de Buxières par deux attaques des Prussiens, infructueuses d'ailleurs, exécutées, la première par le détachement Lyncker vers 3^h45 contre l'infanterie française[1] qui garnissait les pentes sud du mamelon 311, vis-à-vis du bois de Vionville, et gênait fort les batteries de la 5e division, la seconde par les $\dfrac{\text{I, II}}{12}$, lancés contre cette même infanterie par le général von Schwerin[2].

Ces deux attaques furent arrêtées net par le feu de l'infanterie française. Celle-ci $\left(\dfrac{\text{I, II}}{2^e\,\text{Gr}}\right)$ tenta alors une vigoureuse contre-attaque, rejeta précipitamment la ligne prussienne en arrière, mais fut elle-même ramenée à son point de départ par le feu de l'AD₅ et de l'infanterie qui garnissait la lisière nord du bois de Vionville.

---

[1] $\dfrac{\text{I, II}}{2^e\,\text{Gr}}, \dfrac{\text{II, III}}{35}$.

[2] L'attaque Lyncker se développa entre l'AD₅ et le bois de Vionville ; celle des $\dfrac{\text{I et II}}{12}$ entre l'AD₅ et le chemin Buxières—Rezonville. Le $\dfrac{\text{I}}{12}$ et le $\dfrac{\text{I}}{8}$, laissés à Dornot et Corny sont arrivés vers 3^h30.

A l'extrême droite, les $\dfrac{\text{II et F}}{8}$, qui tenaient la lisière nord du bois de Saint-Arnould, repoussaient vers 3 heures par un feu rapide, auquel venait coopérer à propos le tir de l'artillerie (AD₅) une attaque exécutée par trois bataillons $\left(\dfrac{\text{I, III}}{84}, \dfrac{\text{III}}{97}\right)$ de la brigade Lapasset[1], sans toutefois pouvoir empêcher la ligne française de gagner plusieurs centaines de mètres vers le sud et de s'appuyer désormais au saillant ouest du bois des Ognons.

Dès lors, on put remarquer dans cette zone une certaine lassitude. Et de fait, l'infanterie prussienne commençait à manquer de cartouches; épuisée par la lutte qu'elle soutenait depuis de longues heures, elle était à peu près incapable de tout nouvel effort.

L'artillerie de la 5ᵉ division, elle aussi, éprouvait une réelle pénurie de munitions[2]. Vers 3 heures, le major Gallus, commandant l'AD₅, rendait compte au général von Stülpnagel de la presque impossibilité où il se trouvait de soutenir le combat. Il recevait de Stülpnagel la réponse suivante, qui montre bien l'inflexible volonté du commandement de maintenir à tout prix ses pièces sur les positions de combat, en même temps qu'elle dépeint exactement la situation d'ensemble de la 5ᵉ division d'infanterie :

L'artillerie est pour le moment notre unique soutien ; c'est à peine si l'on peut encore compter sur l'infanterie. Si l'artillerie se retire, l'infanterie ne pourra tenir et la bataille sera perdue. Si l'artillerie reste, la victoire sera au moins indécise. Il n'est pas indispensable que les batteries fassent un feu continu ; quelques coups de temps à autre suffisent ; c'est seulement au moment d'une nouvelle attaque qu'il y aura lieu de faire un feu rapide et de le continuer jusqu'au dernier obus si c'est nécessaire[3].

---

[1] La brigade Lepasset était au contraire peu soutenue par l'artillerie française.

[2] Quelques caissons seulement avaient pu être amenés jusqu'aux pièces sur un terrain difficile, encombré de blessés et de voitures. Certaines batteries $\left(\dfrac{1}{3}\right)$ n'avaient plus un seul coup dans leurs coffres. Il restait en moyenne cinq coups par pièce ; en outre, les pertes étaient considérables ; un grand nombre de pièces n'avaient plus que deux chevaux d'attelage.

[3] *Revue d'Histoire.*

On peut donc dire que, à ce moment, les deux adversaires qui se font face dans cette zone se sont réciproquement fixés ; ils ne peuvent, par eux-mêmes, y produire une décision [1].

2° *Situation au centre et à l'aile gauche* (6ᵉ *division d'infanterie*). — Comme nous l'avons vu plus haut, Alvensleben avait utilisé l'accalmie consécutive à l'attaque Bredow pour se reconstituer une faible réserve au moyen de deux bataillons du 64ᵉ qu'il fit rassembler au sud-ouest et près de Rezonville.

Conscient de la gravité de la situation et ne doutant pas qu'il pût avoir encore à demander de nouveaux efforts à ces troupes, il s'approcha de ces bataillons, leur exprima sa pleine reconnaissance et, pour terminer, leur dit de son ton bienveillant et persuasif : « Montrez-vous braves une fois encore, et vous aurez brillamment vaincu. »

« Ces paroles, écrit un témoin oculaire, nous rendirent toute notre énergie ; nos efforts n'avaient donc pas été vains ; on pouvait compter sur nous une seconde fois [2]. »

Un adversaire entreprenant n'eût sans doute pas laissé durer longtemps cette accalmie ; Alvensleben s'en rendait bien compte, sentait bien qu'il allait, jusqu'à l'arrivée du Xᵉ corps encore loin, être exposé, sans réserve fraîche, aux efforts d'un ennemi très supérieur en nombre. Heureusement pour lui, cet adversaire demeura passif ; mais on comprend que, dans son anxiété, il n'ait pu s'empêcher à cette heure de s'écrier : « Je suis comme Wellington, je voudrais qu'il fît nuit ou que le Xᵉ corps se décidât à déboucher [3] ! »

Lorsque enfin l'officier envoyé à la découverte revint en toute hâte annoncer la bonne nouvelle, si impatiemment attendue, le général lui tendit les deux mains : « Nous allons, lui dit-il, gagner le trick ; peu importe qu'il soit assuré par mon partner, pourvu que nous le fassions [3]. »

---

[1] Cette sorte de trêve fut utilisée par l'artillerie prussienne pour se ravitailler auprès des colonnes de munitions arrivées sur ces entrefaites et pour remplacer les hommes et chevaux manquants.

L'infanterie elle-même reçut des cartouches, de sorte que vers 4 heures du soir les troupes de la 5ᵉ division se trouvaient à nouveau prêtes à reprendre la lutte.

[2] 18ᵉ monographie.

[3] 18ᵉ monographie.

Aussitôt, on fit connaître aux troupes l'arrivée prochaine des renforts.

L'intervention du X⁰ corps allait assurer le salut du III⁰. Alvensleben a écrit : « Bazaine pouvait me battre, mais il n'eût pas été débarrassé de ma présence avant longtemps... Si aucun secours ne m'était venu, je reculais sur Verdun, tenant toujours la route conquise, en souhaitant que le X⁰ corps voulût bien, à ma droite, couvrir ma retraite. »

Cette affirmation paraîtra singulièrement osée, même dans la bouche de ce grand soldat, qui ne pouvait pourtant pas supputer l'inqualifiable inertie de son adversaire. La retraite sur Verdun était bien difficilement exécutable pour le III⁰ corps, qui ne disposait plus de la moindre réserve d'infanterie, dont la cavalerie était désorganisée, dont l'artillerie était à bout de munitions.

« Lorsque des troupes ont supporté un pareil effort, lutté pendant plus de six heures contre un ennemi supérieur en nombre et perdu leurs meilleurs éléments, tout mouvement rétrograde amène vite, par une réaction naturelle, un profond affaissement moral. Alors, les hommes les plus braves cèdent au découragement et à la peur (¹). »

Quoi qu'il en soit, Alvensleben a eu pour lui les faveurs de la fortune, et il en était digne, car il possédait les qualités essentielles de l'homme de guerre, une tête claire et un cœur chaud, un rare sang-froid et un caractère rudement trempé.

« La bataille, écrit-il dans ses notes, n'est pas une tuerie, c'est une lutte morale : nous étions les plus forts. »

Tout commentaire affaiblirait la valeur de ces paroles, qui synthétisent admirablement le rôle du chef et des troupes du III⁰ corps dans cette journée.

____

(¹) *Revue militaire de l'étranger*, « La journée du 16 août », d'après CARDINAL VON WIDDERN.

CHAPITRE V

LE Xe CORPS A LA BATAILLE

Nous avons montré précédemment (¹) comment la situation avait été envisagée dans la soirée du 15 par l'état-major du Xe corps, et comment ce dernier avait en conséquence organisé ses opérations pour le 16; nous avons en outre assisté avec un élément de ce corps d'armée (²) au prélude de la bataille.

Nous ne reviendrons pas sur ces faits; nous prendrons les états-majors et les troupes sur leurs routes de marche et cheminerons avec elles vers le champ de bataille, pour étudier la façon dont elles s'y sont engagées, l'attitude qu'elles y ont montrée.

I — Le général von Voigts-Rhetz et l'état-major du Xe corps
à la bataille

Le 16 au matin, au départ de Thiaucourt, le général von Voigts-Rhetz avait pris place, avec l'état-major du Xe corps, entre la 19e demi-division et la brigade des dragons de la Garde (³) sur la route de Thiaucourt à Saint-Hilaire.

Malgré les renseignements de la veille, malgré l'incontestable habileté avec laquelle avait été rédigé l'ordre d'opérations pour le 16, le général n'était pas sans inquiétude, en particulier au sujet de son chef d'état-major.

« Le 16 août au matin, en partant de Thiaucourt, dit le major von Gerhardt, de l'état-major du Xe corps, le général avait l'air morose. C'était tout à fait contre son habitude, et je craignis un

---

(¹) Cf. 1re partie.

(²) Lieutenant-colonel von Caprivi et cinq officiers de l'état-major du Xe corps, 5e division de cavalerie rattachée au Xe corps, groupe à cheval Körber de l'ACx, un escadron du 2e dragons de la Garde

(³) Voir plus loin : la 19e demi-division à la bataille.

instant qu'il ne fût indisposé. Je pris donc la liberté de lui demander ce qu'il avait. Le général me répondit qu'il se mordait les pouces d'avoir permis à Caprivi d'amener à la 5e division de cavalerie le groupe de batteries à cheval, ce qui pourrait facilement le mettre, lui Caprivi, dans l'embarras. J'eus beau lui représenter que ses inquiétudes étaient mal fondées, il finit par quitter la route pour s'enquérir de Caprivi, comme il disait. »

Le général, en effet, quitta la route à Woël ([1]), emmenant avec lui deux pelotons de l'escadron de pointe de la 19e demi-division et se dirigea sur Jonville.

« Il n'avait alors nullement l'intention de quitter définitivement la colonne, dit le général von Lessing ([2]), car il se fit accompagner seulement du major Gerhardt et du capitaine Alvensleben qui se trouvaient près de lui, tandis que nous autres ([3]), nous étions restés avec la colonne en route sur Saint-Hilaire. »

« Pour mieux s'orienter et avoir des vues plus étendues, continue le major Gerhardt, le général monta sur une hauteur à côté de Jonville. Il n'y avait pas longtemps que nous y étions qu'on entendit le premier coup de canon. Je hasardai que cela pourrait bien être Caprivi qui se trouvait par là, mais le général, sans me répondre, continua à fouiller l'horizon. Enfin, il me dit : « Ce n'est pas Caprivi mais le IIIe corps qui a rencontré les « Français ([4]). »

Il était alors 10 heures du matin et, la canonnade s'étant ralentie, le général ne poussait pas plus loin pour le moment. Mais, entre 11 heures et 11h30, elle reprenait plus intense, et le commandant du Xe corps recevait du colonel Lehmann un compte rendu ainsi conçu :

Chambley, 10 heures matin.

Le IIIe corps est engagé dans un combat au nord-est de Chambley ; la 5e division de cavalerie se porte sur Sponville. A 10 heures, le détachement Lyncker n'était pas encore à Chambley. Je me porte en avant dans la direction de l'aile gauche du IIIe corps.

([1]) 14 kilomètres nord-ouest de Thiaucourt.
([2]) Alors capitaine à l'état-major du Xe corps.
([3]) Les autres officiers de l'état-major du Xe corps.
([4]) Extrait de la *Revue d'Histoire*.

Le général von Voigts-Rhetz dictait alors au major Gerhardt l'ordre suivant pour le général von Schwartzkoppen, commandant la colonne formée par la 19e demi-division :

Hauteur de Jonville, 11h 30.

Le IIIe corps est engagé au nord-est de Chambley. La 19e demi-division fera immédiatement un crochet par Jonville pour le soutenir autant que possible... (*illisible*).

Puis, le commandant du Xe corps continua sa route du côté où l'on entendait le canon. Il arriva ainsi entre 12h 30 et 1 heure aux environs de Tronville, où il rencontra Alvensleben.

« S'étant rendu compte, dit Cardinal von Widdern, de l'étendue et de la gravité de la lutte, et ignorant les mesures déjà prises par son chef d'état-major, il dépêcha le capitaine Alvensleben au général von Kraatz et le major Gerhardt au général von Schwartzkoppen, avec ordre à ces deux généraux de gagner le plus rapidement possible le champ de bataille. »

Un peu plus tard, vers 2 heures, Voigts-Rhetz rencontrait son chef d'état-major Caprivi, qui le mettait au courant de la situation et lui apprenait que, dès le début de la bataille, il avait prescrit en son nom au général von Kraatz de marcher au canon [1].

II — La 20e division et l'artillerie de corps à la bataille

1° Les premières décisions du général von Kraatz. — La 20e division, venant avec l'ACx de Pont-à-Mousson, était arrivée

---

[1] Peu après le début de la bataille, Caprivi eut une entrevue avec Alvensleben, à qui il assura que, dans les premières heures de l'après-midi, le IIIe corps serait soutenu par toutes les forces du Xe. Il lui dit que, du moins en ce qui le concernait, il avait fait tout le nécessaire à cet effet. Un peu après 10 heures, en effet, il envoya un officier (Willich) à Chambley pour aller chercher le colonel Lehmann. Une demi-heure plus tard, il fut avisé que Lehmann accourait de sa propre initiative. Vers 10h 30, il dépêchait un deuxième officier (Podbielsky) à Thiaucourt (23 kilomètres) à la colonne Kraatz (20e division et artillerie de corps) pour le prier d'accourir sur le champ de bataille. Un troisième officier (Neumeister) fut envoyé auprès du général von Voigts-Rhetz pour lui rendre compte de la situation et des mesures prises par lui, Caprivi. Vers midi, quand la bataille eut pris une tournure critique, Caprivi envoya le dernier de ses officiers (Thauvenay) à Pont-à-Mousson (33 kilomètres) pour rendre compte de la situation à Frédéric-Charles, qui s'y trouvait, et au Roi, qui devait y arriver (D'après CARDINAL VON WIDDERN.)

à Thiaucourt et s'installait au bivouac, lorsqu'elle reçut l'ordre de Caprivi lui prescrivant de continuer la marche vers le nord-est. Elle se mettait immédiatement en route par Charcy et Saint-Julien [1]. Le général von Kraatz, commandant la division, prenait les devants de sa personne en vue de se faire le plus tôt possible une idée de la situation, et le colonel von Goltz, commandant l'AC_X, conduisait ses deux batteries légères $\left(\dfrac{5 \text{ et } 6}{10}\right)$ à bonne allure vers le champ de bataille, à la suite du 16e dragons.

A $2^h 30$, la tête de la 39e brigade atteignait Chambley.

Le général von Kraatz qui, dans sa reconnaissance, avait été frappé par le peu de consistance du centre du IIIe corps, estima qu'il y avait lieu de parer au plus pressé et qu'il était urgent de consolider ce centre. Il ordonna donc à la 39e brigade de diriger vers cette zone trois bataillons $\left(\dfrac{I, II}{56}, \dfrac{F}{79}\right)$ et les fit suivre de quatre batteries $\left(\dfrac{3, III, V, VI}{10}\right)$ qui vinrent renforcer l'artillerie de la 5e division $\left(\dfrac{VI}{10}\right)$, les batteries Dresky $\left(\dfrac{3, III}{10}\right)$ et garnir l'intervalle qui les séparait $\left(\dfrac{V}{10} [2]\right)$.

Les premières décisions du général von Kraatz méritent de retenir un moment notre attention.

---

[1] Ordre de marche de la 20e division : 16e dragons (régiment divisionnaire).

<table>
<tr><td rowspan="3">39e brigade
(Woyna).</td><td>Bataillons $\dfrac{I, II}{79}$;</td></tr>
<tr><td>Batteries $\dfrac{3, III}{10}$;</td></tr>
<tr><td>Bataillons $\dfrac{I, II}{56}, \dfrac{F}{79}$;</td></tr>
<tr><td>AC_X . . . . .</td><td>Batteries $\dfrac{5, 6, V, VI}{10}$;</td></tr>
<tr><td rowspan="3">40e brigade
(Diringshofen).</td><td>Bataillons $\dfrac{I, II, F}{17}$;</td></tr>
<tr><td>Batteries $\dfrac{4, IV}{10}$;</td></tr>
<tr><td>Bataillons $\dfrac{I, F}{92}$, 10e bataillon de chasseurs.</td></tr>
</table>

[2] En vue de ne pas interrompre notre étude des événements dans la zone du Xe corps, nous résumons ci-après l'engagement de ce détachement de la 20e division. Vers $4^h 30$, les trois bataillons ci-dessus désignés, sous les ordres du colonel von

Reconnaissance personnelle de la situation avant l'arrivée des troupes, appréciation rapide des nécessités qui paraissent les plus urgentes, décision prompte quant à l'emploi des troupes immédiatement disponibles, exécution immédiate et rapide de la part de celles-ci : tout cela sans doute n'est pas sans mérite ; les actes du général sont inspirés par la sainte camaraderie de combat ; ses frères sont dans l'angoisse, et il leur apporte au plus vite le secours dont ils paraissent avoir le plus pressant besoin.

Oui, sans doute ; mais si l'on y réfléchit davantage, il semble bien que le général se soit laissé aller trop vite à l'impression produite sur lui par une vue rapide et forcément superficielle.

Kraatz devait se concerter avec les chefs de ces unités engagées et qui lui paraissent fatiguées ; il devait se mettre à la recherche de Caprivi, présent depuis le matin à la bataille, qui l'avait appelé avec sa division et qui, mieux que tout autre au courant des pensées et des besoins d'Alvensleben, l'eût mis immédiatement au fait des réalités.

La décision de Kraatz est, en quelque sorte, un geste impulsif dicté par un noble sentiment ; ce n'est pas un acte de chef, pleinement mûri par une réflexion sérieuse.

Interrogés et consultés par Kraatz, Alvensleben, Caprivi, Voigts-Rhetz eussent sans doute fait éviter dès le début la dispersion des forces de la 20ᵉ division.

Alvensleben savait bien que, à sa droite, Stülpnagel ne lâcherait pas ses points d'appui ; que, en son centre, Dresky pourrait maintenir ses batteries longtemps encore ; que Flavigny et Vionville n'étaient plus menacés par les Français, non encore remis des émotions causées par la charge Bredow. Il savait bien que tout le danger était à sa gauche, où les bataillons de Lehmann cédaient pas à pas le bois de Tronville devant des

---

Block du 56ᵉ, débouchent de la lisière nord-est du bois de Gaumont, $\frac{\text{I, II}}{56}$ à gauche, $\frac{\text{F}}{79}$ à droite, dépassent la ligne d'artillerie de la 5ᵉ division, descendent les pentes du mamelon sur lequel celle-ci est en batterie sous un feu rapide et meurtrier de l'infanterie française $\left(\frac{\text{III}}{2^n\ gr'},\ \frac{\text{III}}{3^e\ volt}\right)$ et vont, impuissants, chercher un abri au fond du ravin situé entre le mamelon précité et la croupe au nord occupée par l'infanterie française.

Tel est le résultat de cette tentative.

forces supérieures ; il eût dit que tous les efforts des nouveaux venus devaient être dirigés de ce côté ; il eût fait entendre, lui, l'homme de l'offensive, qu'il fallait répondre à l'offensive des Français par une attaque d'ensemble exécutée par la 20ᵉ division tout entière.

La décision du général von Kraatz enlevait un quart de sa puissance à l'effort qui pouvait être demandé ultérieurement à sa division, et certes, elle n'était pas trop forte pour tenir tête à l'orage. Les trois bataillons qui sont allés se fondre sans grande utilité sur la ligne de combat de la 5ᵉ division eussent été mieux employés, d'une part, à couvrir avec ceux $\left(\dfrac{\mathrm{I,\ II}}{79}\right)$ qui les précédaient la mise en main du gros de la 20ᵉ division, d'autre part, à en préparer l'engagement, à former la première ligne de l'attaque ultérieure. Les quatre batteries qui sont allées renforcer l'artillerie de Dresky sans doute n'ont pas été inutiles en contribuant à rendre le front sinon inviolable, du moins inviolé, mais elles eussent été bien plus utiles elles aussi, soit en soulageant les batteries du mamelon ouest de Vionville plus accablées, soit en ralentissant les progrès des Français dans les fourrés du bois de Tronville et préparant les voies à l'entrée en scène de la 20ᵉ division lors de son attaque d'ensemble.

Non seulement le général von Kraatz, par sa décision impulsive, diminuait la puissance de l'effort que sa division était à même de fournir, mais il faisait abstraction des intentions du commandant du Xᵉ corps, intentions qu'il ne connaissait pas, mais qu'il aurait dû chercher à connaître. Sans doute, il pouvait supposer que le général von Voigts-Rhetz n'était pas présent sur le champ de bataille, mais il savait que son représentant, Caprivi, s'y trouvait, puisque c'était lui qui l'avait appelé. Il devait donc, au cours de sa reconnaissance, chercher la liaison avec Caprivi ; en établissant cette liaison, il trouvait du même coup le commandant du Xᵉ corps. Or ce dernier ou, à défaut, Caprivi, savait l'approche de la 19ᵉ demi-division, et alors il ne s'agissait même plus d'une action de la 20ᵉ division, mais d'une action combinée de la 20ᵉ division et de la 19ᵉ demi-division, action qu'il appartenait au commandant du Xᵉ corps de préparer et d'exécuter et dont nous pouvons déjà supputer la puissance.

Nous eussions en effet pu voir alors agir ensemble trois brigades d'infanterie, appuyées par une dizaine de batteries [1].

Telles sont les réflexions qui s'imposent dès maintenant à notre esprit, en envisageant ces premières décisions et sans anticiper sur les événements. Nous serons amené, après en avoir étudié le développement, à reprendre la question dans son ensemble, en vue d'en dégager plus complètement la philosophie et les enseignements.

Pour l'instant, revenons à notre analyse des décisions et à l'étude des faits.

2° *Les décisions successives du général von Voigts-Rhetz.* — *a*) Idée de la défensive à Tronville. — Peu de temps après leur rencontre, Voigts-Rhetz et Caprivi apprenaient, par un officier de l'état-major de la 20ᵉ division envoyé vers Tronville par Kraatz, que la tête de colonne de la 20ᵉ division parviendrait vraisemblablement à hauteur de Puxieux avant 3 heures.

A ce moment, la situation qui se présentait devant le commandant du Xᵉ corps était la suivante :

Le détachement Lehmann, violemment attaqué à la lisière nord du bois de Tronville [2], cédait peu à peu en se retirant à travers bois; de longues lignes d'infanterie française franchissaient le ravin du Poirier du bois Dessus et s'avançaient vers le sud [3].

Pour répondre à ces menaces, Voigts-Rhetz ne disposait de rien ou à peu près.

Aussi, s'attendant à ce que, d'un moment à l'autre, les Français poursuivissent leur attaque hors du bois, le général songeait-il aussitôt à défendre Tronville.

Dans ce but, il ramassait tout ce qui se trouvait à sa portée.

Il donnait l'ordre aux deux batteries légères de l'$AC_X \left(\frac{5, 6}{10} \right)$ arrivant à ce moment même (vers 3ʰ 15) de se tenir prêtes à repousser toute attaque débouchant du bois. Il prescrivait de même à la

---

[1] 8 batteries à la colonne Kraatz, 2 batteries à la colonne Schwartzkoppen.

[2] Division Tixier du 6ᵉ corps.

[3] Division Grenier du 4ᵉ corps.

brigade Barby([1]), au 13ᵉ dragons([2]), qui refluaient de la région nord-ouest du bois de Tronville, et au 16ᵉ dragons ([3]), de se masser à toute éventualité à l'ouest de Tronville. A la 19ᵉ demi-division elle-même était envoyé l'ordre de hâter sa marche par Puxieux sur Tronville. Il ordonnait enfin à Lehmann, dont les bataillons commençaient à sortir des taillis sous la pression de l'infanterie française, de rassembler ses débris en arrière de Tronville et d'organiser immédiatement la défense de cet important point d'appui.

La pensée du commandant du Xᵉ corps est donc actuellement dirigée exclusivement, sous la pression des nécessités apparentes du moment, vers la défense de son point d'appui d'aile gauche. La 25ᵉ monographie le fait ainsi ressortir :

« Le général von Voigts-Rhetz pouvait ainsi espérer se maintenir dans sa forte position de Tronville jusqu'à l'arrivée des colonnes qui se hâtaient d'accourir sur le champ de bataille. »

L'une même de ces colonnes, ajouterons-nous, la 19ᵉ demi-division, était destinée à consolider la défense, et, en définitive, la 20ᵉ division devenait la seule force dont le commandant du Xᵉ corps se réservât la libre disposition.

b) **Idée de l'offensive contre le bois de Tronville.** — L'idée de défensive à Tronville, suggérée par les circonstances assurément graves exposées ci-dessus, ne tarda pas à être abandonnée par Voigts-Rhetz.

Comme le dit Alvensleben, la pensée marche vite en pareille occurrence. Essayons donc de saisir le rapide changement d'attitude qui s'est opéré chez le général von Voigts-Rhetz.

Tandis que les mesures de défense, prises à Tronville, étaient en voie d'exécution, la 20ᵉ division, hâtant sa marche, arrivait sur le terrain, apportant un appoint de forces que le général était en droit de trouver excessif pour la seule défense de Tronville, d'autant plus que la 19ᵉ demi-division avait été appelée en ce point pour y former réserve.

D'autre part, en raison de l'échec que venait de subir le déta-

---

([1]) 4ᵉ cuirassiers, 13ᵉ uhlans, 19ᵉ dragons (5ᵉ division de cavalerie).

([2]) De la brigade Bredow.

([3]) Régiment divisionnaire de la 20ᵉ division.

chement Lehmann et par suite de la situation pleine de menaces qui en résultait pour l'aile gauche allemande, le général von Voigts-Rhetz pensa ne plus pouvoir se borner à défendre, comme il se le proposait au début, la position de Tronville. Il se décida donc à assurer la protection du flanc gauche du IIIe corps en se portant en avant pour reconquérir le bois de Tronville.

Enfin, au moment où les premières fractions de la 20e division arrivaient auprès de Tronville, le mouvement offensif des Français à l'ouest du bois était manifestement suspendu. Par suite, si la menace persistait, elle était moins pressante et l'occasion ne se présentait point sans avantages.

En résumé, les troupes dont on va disposer rendent l'offensive possible ; l'offensive seule permet de réparer l'échec subi, de ressaisir l'ascendant ; l'occasion est favorable, puisque l'ennemi a suspendu son mouvement en avant.

c) **L'ordre d'attaque.** — Comme conséquence de cette décision, le commandant du Xe corps :

1° Ordonnait au général von Kraatz d'attaquer immédiatement les bois de Tronville et de les occuper fortement ;

2° Envoyait à la 19e demi-division l'ordre d'attaquer également l'aile droite ennemie (¹).

d) **Examen critique des décisions du général von Voigts-Rhetz.** — L'analyse que nous avons essayé d'esquisser de l'état d'âme du général von Voigts-Rhetz nous a permis de nous rendre compte des angoisses que ce chef a dû connaître dans ces longues heures de l'après-midi du 16 août.

Sa première décision, ramasser tout ce qu'il peut autour de Tronville, fantassins épuisés, cavaliers en retraite, artilleurs à bout de souffle, pour se maintenir coûte que coûte jusqu'à l'arrivée de ses colonnes, est impérieusement dictée par les circonstances ; elle ne pouvait être autre. Et, sans doute, si l'adversaire eût été animé de l'esprit guerrier, nous eussions assisté à des luttes acharnées autour de Tronville, nous eussions revu de nouvelles charges de la cavalerie allemande contre les fantassins de

---

(¹) « Attaquez l'aile droite de l'ennemie, qui presse vivement, pour dégager la nôtre. »

la division Grenier, et alors, il ne se fût plus agi, comme pour la brigade Bredow, de maintenir l'ascendant moral, mais bien de se sacrifier pour parer au désastre.

La deuxième décision de Voigts-Rhetz, passer à l'offensive pour reconquérir le bois de Tronville, au moment où la tête de la 20ᵉ division arrive, procède bien de l'esprit commun qui, pendant toute la guerre, a animé les chefs allemands, esprit vraiment guerrier, dont les batailles de Spicheren, Borny, Rezonville ont été faites, et dont on ne saurait trop reconnaître la valeur.

A ce titre, et en elle-même, la décision du commandant du Xᵉ corps substituant, dès qu'il le peut, l'attitude agressive à la défensive pure nous paraîtra justifiée; elle est conforme aux lois morales qui font gagner les batailles.

Mais, si nous examinons la façon dont cette offensive est non pas exécutée — nous y viendrons plus loin — mais ordonnée, nous pouvons dès à présent en prévoir l'issue. Cet examen et la prévision qui en résultera sont pour nous du plus haut intérêt par l'enseignement que nous en tirons, car tous nos exercices visent l'action, l'action réfléchie, bien entendu, et, au moment où nous prenons une décision, nous devons en prévoir l'effet, en supputer la puissance.

Comment va donc se produire l'offensive du Xᵉ corps? Notons tout d'abord que, tant par suite de ses observations personnelles que par les rapports reçus, Voigts-Rhetz n'ignore pas que son offensive va se heurter à forte partie, car il a été avisé par Caprivi et par le major Heister (¹) que « l'ennemi est très supérieur en nombre ». Malgré ces données, Voigts-Rhetz ordonne aux bataillons de la 20ᵉ division de pousser de l'avant « dès leur arrivée » et d'occuper ensuite fortement les bois (²).

Ainsi, devant un ennemi dont il connaît la supériorité, non seulement le commandant du Xᵉ corps engage ses deux divisions isolément, — car la 19ᵉ demi-division est encore loin, n'ayant pas dépassé Suzemont, — mais encore il jette goutte à goutte dans la mêlée, lance dans un combat de bois dont il peut prévoir la longue indécision les bataillons déjà réduits de la 20ᵉ division,

---

(¹) De l'état-major de la 5ᵉ division de cavalerie.
(²) 25ᵉ monographie.

et s'en remet... au hasard — on peut l'affirmer, puisqu'il ne disposera plus de rien avant une heure — de parer au danger autrement menaçant que constituait, dans la zone à l'ouest du bois de Tronville, la division Grenier, et l'inconnu après celle-ci, pour la gauche et les derrières des IIIe et X^e corps.

Il y a là, à n'en pas douter, une méconnaissance totale du principe qui commande de réunir d'abord ses forces pour les faire agir, puis de les faire agir ensemble, si l'on veut produire un effort puissant ou, tout au moins, si la réunion préalable est impossible ou difficile, de prendre les mesures les plus propres à assurer à tout prix l'ensemble, toujours nécessaire, lui. La méconnaissance de ce principe devait conduire à l'impuissance et exposait au désastre. L'une et l'autre se sont d'ailleurs produits, ainsi que nous le verrons plus loin, en étudiant l'exécution des ordres donnés à la 20e division et à la 19e demi-division.

Mais enfin Voigts-Rhetz, qui était un homme de guerre, devait bien avoir ses raisons pour agir ainsi.

Cette offensive, dont l'idée était juste, dont l'exécution fut si peu judicieuse, devait bien avoir ses motifs d'un ordre différent.

Oui, sans doute, et l'idée préconçue de la veille et des jours précédents avait si bien pénétré les cerveaux des meilleurs que la voix du canon et la situation la plus critique ne parvenaient pas à l'évincer.

Voigts-Rhetz est toujours convaincu que les Français se battent pour assurer la retraite sur Verdun; les efforts de Caprivi n'ont pas encore eu raison de sa conception — qui est celle de Frédéric-Charles, mitigée légèrement peut-être — pas plus que la terrible lutte soutenue par son collègue Alvensleben. « Tout en prenant les mesures nécessaires pour couvrir le flanc gauche du IIIe corps, il eut l'intuition qu'il convenait d'accrocher ce jour-là le plus possible des forces ennemies ; elles seraient attaquées le lendemain avec chance de succès par les renforts qu'on espérait recevoir (¹). »

L'idée préconçue n'était pas le fait de Voigts-Rhetz, mais l'esprit s'étonne que, devant les réalités du champ de bataille, devant

---

(¹) 25e monographie.

les dangers qui s'accumulaient en face de la gauche allemande, il y ait eu place encore, dans les pensées du commandant du Xe corps, pour la stratégie du commandant de la IIe armée. Ce serait vraiment le cas de la qualifier d' « infâme » avec le Cosaque du Kouban. Nous ne prétendons pas faire ici œuvre de critique stratégique, mais nous remarquerons que la condition préalable « couvrir le flanc gauche du IIIe corps » envisagée par Voigts-Rhetz n'était remplie en aucune façon, et que l'attaque de la 20e division contre les bois de Tronville n'empêchait nullement la division Grenier de reprendre le mouvement qu'elle avait suspendu et de venir balayer tout ce qui se trouvait devant elle jusqu'à Tronville et au delà, pendant que les bataillons Kraatz seraient occupés dans les bois de Tronville [1].

Nous dirons encore que, si pour étayer la gauche du IIIe corps, il s'imposait de rentrer en possession des bois de Tronville, on y serait arrivé plus aisément par une attaque montée et conduite en terrain libre que par une attaque forcément conduite à l'aveuglette à travers bois, que la zone où cette attaque devait se dérouler était donc le plateau à l'ouest des bois de Tronville.

Attaquant dans cette zone, on eût été amené à se borner — provisoirement et avec le minimum de forces — à empêcher les Français de déboucher du couvert ; la conquête du terrain à l'ouest des bois eût forcé ces derniers à les évacuer. Mais aussi on se serait rendu compte que, pour mener l'attaque dans ce terrain libre et vaste, il fallait le maximum de moyens et la mise en œuvre de ces moyens dans une action d'ensemble.

On eût été amené par suite et finalement à une attaque exécutée par la 20e division et la 19e demi-division, dès qu'elles auraient été prêtes, les premières troupes arrivées couvrant la mise en main et parant aux nécessités les plus urgentes, interdisant en particulier aux Français le débouché des bois de Tronville.

De cette discussion — préalable à l'exposé des faits — résulte pour nous l'enseignement qui s'est dégagé plus d'une fois déjà de cette étude, à savoir, la nécessité de l'ensemble dans les attaques, ensemble qu'il faut préparer, ensemble qu'il faut réaliser avec toutes les forces pour produire l'effort.

---

[1] « A cueillir la fraise », écrit malicieusement le général Cardot.

Nous ajouterons que l'idée préconçue est toujours nuisible, mais qu'il faut particulièrement y prendre garde dans la bataille que, pour réaliser l'idée stratégique du chef, il importe avant tout de sortir victorieux du champ de bataille, et pour cela obéir aux lois de la tactique de combat.

La stratégie ne vit et ne peut vivre que de combats victorieux et de batailles gagnées.

e) **L'exécution de l'offensive par la 20ᵉ division.** — L'attaque de la 20ᵉ division n'a pas eu le sort qu'elle méritait ; l'orage n'a pas fondu sur elle par suite de la passivité des Français aux alentours du bois de Tronville, mais un peu plus tard sur la 19ᵉ demi-division. Les faits montreront même que cette attaque constitua un succès relatif pour les Allemands ; mais ceci ne va pas à l'encontre de ce que nous avons dit plus haut, car ce succès eut lieu en un point qui n'était pas capital, et le désastre eut lieu précisément au point critique.

En exécution des ordres de Voigts-Rhetz, les deux bataillons de tête de la 20ᵉ division $\left(\dfrac{\mathrm{I,\ II}}{79}\right)$ se déployèrent vers 3^h 3o au sud de Tronville et marchèrent sur les bois.

Le $\dfrac{\mathrm{I}}{79}$, passant à gauche du village, y laissa une compagnie $\left(\dfrac{\mathrm{I}}{79}\right)$, traversa le petit bois dont il occupa la lisière nord-ouest avec deux compagnies $\left(\dfrac{3,\ 4}{79}\right)$, après avoir laissé la dernière $\left(\dfrac{2}{79}\right)$ provisoirement en réserve à la lisière sud, et engagea immédiatement la fusillade à courte distance (4oo à 5oo mètres) avec quelques fractions françaises (¹) déployées en face, un peu au sud du chemin orienté sud-ouest—nord-est, qui aboutit à la corne nord-ouest de la grande parcelle du bois de Tronville.

Le $\dfrac{\mathrm{II}}{79}$, laissant le village à sa gauche, prit comme direction le secteur est du petit bois, commença par occuper avec trois com-

____

(¹) 2 compagnies du $\dfrac{\mathrm{II}}{43}$ et 4ᵉ compagnie du 5ᵉ bataillon de chasseurs.

pagnies $\left(\dfrac{5, 7, 8}{79}\right)$ la lisière nord-est de cette parcelle, et détacha sa dernière compagnie $\left(\dfrac{6}{79}\right)$ vers la corne sud-est du grand bois en vue de protéger le flanc gauche des batteries du mamelon ouest de Vionville. Traversant cette corne de bois, cette compagnie en gagna la lisière nord-est, où elle se trouva face à face et engagea immédiatement la fusillade avec une ligne de tirailleurs français[1] qui, du saillant est du grand bois, fusillaient à une distance de 900 à 1 000 mètres les batteries précitées. Quant aux trois autres compagnies, après un temps d'arrêt à la lisière nord-est de la petite parcelle, elles traversèrent au pas de course la clairière qui sépare les deux parcelles, malgré le feu d'enfilade qui partait de la lisière sud du saillant sud-ouest du grand bois, et pénétrèrent à l'intérieur, refoulant les groupes français qui s'étaient le plus avancés à la poursuite des troupes de Lehmann.

Suivant le mouvement de ces deux bataillons, les deux batteries légères $\left(\dfrac{5, 6}{10}\right)$ du colonel von Goltz se portèrent, sous l'escorte des 4e et 5e escadrons du 4e cuirassiers, des environs de Tronville à la grand'route où elles tombèrent d'ailleurs immédiatement sous le feu des fractions françaises engagées avec le $\dfrac{\text{I}}{79}$, dont il a été question ci-dessus.

Pendant ce début d'engagement, Voigts-Rhetz avait la satisfaction de constater que les Français, dont il avait remarqué précédemment l'arrêt, se repliaient au nord du grand ravin du Poirier du bois Dessus[2]. En conclut-il que c'était un mouvement d'arrière-garde destiné à couvrir la retraite à laquelle il croyait sans doute toujours? Nous ne savons, mais c'était en tout cas pour lui une invite à pousser de l'avant avec le reste de la 20e division : c'est ce qu'il fit.

Sur ces entrefaites en effet, les deux dernières batteries de la

---

[1] Deux compagnies du 12e régiment.

[2] Nous appelons ainsi ce ravin avec la *Revue d'Histoire* ; on le nomme quelquefois le « Fond de la cuve ». Ce dernier est en réalité le ravin Mars-la-Tour—Jarny.

Le mouvement de retraite en question est celui de la division Grenier (brigade Bellecour).

colonne Kraatz $\left(\dfrac{4,\ IV}{10}\ [1]\right)$, devançant leur infanterie, arrivaient près de Tronville ; elles se portaient immédiatement à hauteur des batteries légères $\left(\dfrac{5,\ 6}{10}\right)$ de l'A C$_X$, et prenaient part avec elles à la lutte contre l'artillerie française établie sur la crête du Poirier [2].

« Malgré leur infériorité numérique, les batteries allemandes luttèrent efficacement contre l'artillerie ennemie. Les arbres et le remblai de la route, à 30 pas en avant du front, leur assuraient une excellente protection, car ils diminuaient pour l'ennemi la facilité de réglage de son tir et l'efficacité de son feu [3]. »

La 40e brigade suivait de près ces dernières batteries. Le 17e, qui venait en tête, reçut de Kraatz l'ordre de se jeter immédiatement dans le bois en s'intercalant entre les $\dfrac{\text{I et II}}{79}$. Il ne tarda pas à rejoindre ces bataillons et à parvenir avec eux au bord sud de la grande clairière en forme de cul-de-sac constituée par la lisière est de la grande parcelle.

La ligne de combat allemande fut alors formée en ce point dans l'ordre suivant de la droite à la gauche :

$$\frac{\text{II}}{79},\ \frac{\text{I}}{17},\ \frac{\text{II}}{17},\ \frac{\text{F}}{17},$$

et elle engagea une violente fusillade avec la ligne de combat des Français qui garnissaient la lisière opposée de la même clairière [4]; elle ne put d'ailleurs progresser davantage pour le moment.

Le $\dfrac{\text{I}}{79}$ n'avait point pris part au mouvement en avant et occupait toujours la partie nord-ouest de la petite parcelle.

Les trois derniers bataillons de la 40e brigade $\left(\dfrac{\text{I, F}}{92},\ 10^e\ \text{ba-}\right.$

---

taillon de chasseurs [1]) furent maintenus en réserve au sud du bois.

Ainsi, l'engagement de la 20ᵉ division avait eu pour résultat de rendre aux Allemands les deux tiers du bois de Tronville : succès réel, mais qui coûtait l'immobilisation de cinq sur huit bataillons disponibles, succès incomplet d'ailleurs, puisqu'il n'avait même pas suffi à rendre la sécurité aux batteries de Vionville qui subissaient toujours le feu des fractions d'infanterie française [2] établies sur le bord nord-est de la clairière de la grande parcelle, succès enfin sans portée, car la décision ne pouvait avoir lieu sous bois, mais en terrain libre, ainsi que cela devait se produire peu de temps après dans la zone à l'ouest du bois où la brigade Wedell allait sombrer.

En lui-même toutefois, cet engagement n'est pas sans intérêt ; il nous montre cinq bataillons d'infanterie progressant sous bois, sous le feu de l'artillerie (batteries du 4ᵉ corps) et de l'infanterie, avec assez de méthode pour éviter le mélange des unités et assurer constamment un commandement effectif, choses rares dans ces circonstances, vu les difficultés à surmonter, choses précieuses à tous égards aussi, car si le mélange des unités est un mal nécessaire ou du moins souvent inévitable en terrain libre, et doit être assez familier aux chefs des petites unités pour ne point constituer une gêne notable dans la direction d'une ligne de combat, on conçoit aisément que les mille difficultés d'un combat de bois se suffisent à elles-mêmes [3], et qu'il est infiniment avantageux pour une troupe d'infanterie de conserver ses unités constituées régulièrement.

III — La 19ᵉ demi-division à la bataille

1° *De Thiaucourt à Saint-Hilaire*. — Pendant que le commandant du Xᵉ corps distillait goutte à goutte dans une vaine

---

(1) Et plus tard $\frac{\text{F}}{56}$ venant de Pont-à-Mousson, où il avait été de garde au quartier général de la 2ᵉ armée.

(2) Fractions du 12ᵉ.

(3) « Il faut à une troupe, même bien exercée, qui traverse le bois de front ou en file indienne environ trente minutes pour faire 1000 mètres... La tactique à pratiquer est une tactique de choc de fractions à rangs serrés et de faible effectif...; des essaims de tirailleurs glissent entre les mains des chefs... Le commandement est peu capable d'intervenir par les réserves... Notre régiment n'avait jamais fait de parcours à travers bois » (Historique du 17ᵉ).

lutte sous bois les bataillons Kraatz, la 19ᵉ demi-division approchait du théâtre de la lutte, où elle avait été appelée en toute hâte, comme nous l'avons vu plus haut.

Nous avons laissé cette unité sur la route de Thiaucourt à Saint-Hilaire, lorsque nous avons quitté cette route pour venir à Tronville avec Voigts-Rhetz. Partie de Thiaucourt vers 6 heures du matin, précédée par la brigade des dragons de la Garde Brandenburg([1]), la 19ᵉ demi-division fit une halte d'environ une demi-heure entre Saint-Benoît-en-Woëvre et Woël. Un peu après la reprise de la marche, le général commandant la 19ᵉ division apprenait que Voigts-Rhetz avait quitté la route, se dirigeant sur Jonville, avec la moitié du 3ᵉ escadron du 2ᵉ dragons de la Garde.

Il recevait en même temps communication d'un ordre complémentaire (Zusatz-Befehl) adressé de Pont-à-Mousson, 8 heures du matin, par Frédéric-Charles à Voigts-Rhetz et ainsi conçu :

Nous savons par un renseignement que la retraite de l'ennemi s'effectue principalement par la route de Metz à Verdun par Étain. Votre Excellence est priée de pousser sa cavalerie jusqu'à cette route([2]).

([1]) La colonne Schwartzkoppen comprenait :
  Brigade des dragons de la Garde : 1ᵉʳ dragons de la Garde ; 4ᵉ et 5ᵉ escadrons du 2ᵉ dragons de la Garde ; 1ʳᵉ batterie à cheval de la Garde (Planitz).
  État-major de la 19ᵉ division.
  3ᵉ escadron du 2ᵉ dragons de la garde (Les deux autres escadrons étaient avec Caprivi et Körber).
  38ᵉ brigade (16ᵉ et 57ᵉ).
  Deux batteries divisionnaires $\left(\dfrac{2,\ \mathrm{II}}{10}\right)$ et deux compagnies de pionniers.

L'heure du départ est assez incertaine ; les indications à ce sujet varient de 5ʰ 30 à 7 heures. Cette dernière heure (Historique officiel) est manifestement trop tardive. 6 heures est l'heure donnée par les historiques des corps ; elle s'accorde avec celle donnée par la 25ᵉ monographie, 6ʰ 15, celle-ci s'appliquant à la rupture de l'ensemble, celle des corps s'appliquant à la rupture de leurs bivouacs particuliers. En tout cas, le départ n'eut certainement pas lieu à l'heure fixée par la division, 5 heures.

([2]) Ce Zusatz-Befehl a fait couler quelque peu d'encre. Nous savons (première partie), que l'ordre de la IIᵉ armée (Pont-à-Mousson, 15 août, 7 heures, soir) avait été expédié dans l'ignorance du rapport Rheinbaben daté de 5 heures du soir, et que la directive arrivée de Herny à Pont-à-Mousson à 10 heures du soir n'avait pas déterminé l'état-major de la IIᵉ armée à modifier l'ordre de 7 heures. Nous ne connaissons pas d'autre part le « renseignement » qui a motivé le Zusatz-Befehl du 16, 8 heures, matin, car c'est d'un « renseignement », non d'un « rapport » qu'il s'agit, et que la 25ᵉ monographie aurait sans doute reproduit. Ce renseignement pourrait bien n'avoir jamais existé, et le Zusatz-Befehl pourrait bien être simplement le résultat de l'examen par Frédéric-Charles de la directive de Moltke et de la constatation que l'ordre de 7 heures ne cadrait pas avec elle. Cet examen tardif s'expliquerait par ce fait que, dans la soirée

Pendant le trajet de Woël à Saint-Hilaire, on entendit « vaguement », dit la 25e monographie, le bruit de la canonnade dans la direction de l'est.

Entre Doncourt-aux-Templiers et Saint-Hilaire, Schwartzkoppen reçut le rapport suivant :

Saint-Hilaire, 16 août, 10h 30.

Je marche avec la sur brigade Labeuville, dans la direction de Rezonville, où l'on entend le canon. Un escadron reste à Marchéville.

Schwartzkoppen laissa partir Brandenburg, mais il retint l'état-major et le 4e escadron du 2e dragons de la Garde, en vue de pouvoir se conformer à l'ordre complémentaire cité plus haut (1).

Entre 11 heures et 11h 30, la demi-division se rassembla au sud de Saint-Hilaire, reçut l'ordre de s'installer au bivouac et, d'après la 25e monographie, de « faire aussitôt la soupe de la manière la plus prompte ».

L'état-major de la division s'installait lui-même au cantonnement à Saint-Hilaire, et un officier de l'état-major du Xe corps y préparait celui du quartier général de ce corps d'armée.

Le stationnement était couvert par un bataillon $\left(\frac{\text{II}}{57}\right)$ et la seconde moitié du 3e escadron du 2e dragons de la Garde (2) à Marchéville et Harville.

Sur ces entrefaites, la canonnade augmenta encore d'intensité.

---

du 16, Frédéric-Charles est allé voir le IIIe corps après avoir donné ses instructions pour l'ordre de 7 heures et qu'il n'est rentré que tard dans la nuit. L'examen de la directive de Moltke dut le faire réfléchir et troubler son sommeil et ce serait pour se mettre — autant que possible — d'accord avec ce document qu'il se décida à envoyer le Zusatz-Befehl au Xe corps.

Cet ordre, destiné à Voigts-Rhetz, fut ouvert à Woël par le chef d'état-major de la 19e division (von Scherff), Voigts-Rhetz ayant déjà quitté la colonne.

(1) Brandenburg était arrivé à Saint-Hilaire à 8h 30 du matin, avait poussé son avant-garde sur $\left\{\begin{array}{l}\text{Labeuville}\\\text{Marchéville}\end{array}\right\}$, et des patrouilles sur la route d'Étain à Buzy et Warcq, allant ainsi au-devant des prescriptions du Zusatz-Befehl. Sans doute n'en rendit-il pas compte à Schwartzkoppen, ce qui détermina ce dernier à retenir le 4e escadron du 2e dragons de la Garde.

Brandenburg partit donc avec seulement le 1er dragons et la batterie Planitz.

(2) La première moitié était avec Voigts-Rhetz.

« Le sol semblait trembler sous nos pieds », écrit Schaumann([1]).

Enfin, vers midi, arriva l'ordre de Voigts-Rhetz :

> Hauteur de Jonville, 16 août, 11ʰ 30

Le IIIᵉ corps est engagé au nord-est de Chambley ; la 19ᵉ division appuiera immédiatement à droite sur Jonville et portera secours à ce corps d'armée partout où elle le pourra.

En exécution de cet ordre, Schwartzkoppen fit prendre les armes et remit sa colonne en marche, non pas sur Jonville, mais par Labeuville sur Mars-la-Tour.

On sait à quelles controverses et polémiques parfois peu courtoises a donné lieu ce que l'on a appelé l'« incident Schwartzkoppen » ou, pour parler plus clairement, la « question de savoir si Schwartzkoppen devait de lui-même marcher au canon à 11 heures du matin ».

Le rapide exposé qui précède nous montre bien que le commandant de la 19ᵉ division a été, pour ainsi dire, tiraillé dans divers sens.

Comme tous, d'abord il est hanté — et il n'en est point responsable — par l'idée préconçue, et il voit les Français en retraite vers la Meuse. La canonnade entendue vers 10 heures signifie pour lui la prise de contact avec les arrière-gardes françaises. L'ordre complémentaire n'est pas fait précisément pour l'orienter à l'est, quoi qu'en dise F. Hœnig. D'autre part, la décision de Brandenburg, qui marche au canon, est pour lui le commencement de la perplexité. Malgré tout, il installe ses troupes au bivouac, son état-major au cantonnement, et se couvre par des avant-postes comme pour un stationnement prolongé, tout en pressant son monde de faire la soupe. Tout cela est évidemment étrange. Sa perplexité n'est enfin dissipée que par l'arrivée d'un ordre ferme.

De cet incident se dégage pourtant une morale, et cette morale nous importe au point de vue des doctrines.

Le général von Schwartzkoppen, cela ne peut faire de doute, devait assurer l'exécution de l'ordre du corps d'armée ou, plus exactement, réaliser l'intention de son chef, c'est-à-dire la main-

---

([1]) Commandant l'AD₁₉.

mise sur la route de Metz à Verdun dans la région de Saint-Hilaire. C'était là l'objet de l'ordre, et toute question militaire — ceci est de principe — doit être traitée objectivement.

En cours de route, l'objet est précisé et développé. L'ordre complémentaire prescrit en effet d'aller voir ce qui se passe sur la route d'Étain. En raison de l'obscurité de la situation, cet ordre ne comportait aucun délai et, dès Woël, une ou plusieurs reconnaissances devaient galoper sur Buzy — au plus court — en passant par Saint-Hilaire, où elles avaient des chances de savoir quelque chose par Brandenburg qui, en l'espèce, avait pris l'affaire en main ; ces reconnaissances envoyaient les renseignements négatifs, mais précieux de Brandenburg, et continuaient pour les vérifier. Il n'était d'ailleurs pas nécessaire d'aller jusqu'à la route d'Étain pour voir ce qui s'y passait : des hauteurs de Pareid et de Villers-sous-Pareid on la découvrait parfaitement, ce qui diminuait d'autant le temps nécessaire à l'obtention du renseignement cherché.

D'autre part, Schwartzkoppen savait bien que l'objet de la marche de son corps d'armée était l'armée française, en retraite sans doute, mais enfin l'armée française. Or, cette armée française, on ne la trouvait ni sur la route de Metz à Verdun par Mars-la-Tour, ce qui pouvait être connu à $9^h 30$ au plus tard ([1]), ni sur la route d'Étain, ce que l'on pouvait savoir par Brandenburg à 10 heures, ou par ses propres reconnaissances à 11 heures au plus tard. Et en regard de ce vide, on entendait la canonnade à l'est. Dès lors, il s'imposait d'aller voir ce que c'était que cette canonnade, si elle méritait que l'on se dérangeât pour elle, si elle annonçait la bataille avec cette armée française, véritable fantôme introuvable, car, dans ce dernier cas, c'est bien là que se trouvait l'objet de la marche, là qu'il fallait aller.

Il y avait lieu enfin de prendre des dispositions de nature à permettre de faire instantanément ce que les événements commanderaient.

Cette dernière condition — être prêt à se porter là où il faudrait aller — devait être réalisée en même temps que les autres, non après, bien entendu.

([1]) Brandenburg y était à $8^h 30$

Nous substituant à Schwartzkoppen, quittant Woël à 9ʰ3o, nous serions conduit aux dispositions ci-après :

1° Ordre au demi-3ᵉ escadron du 2ᵉ dragons de la Garde de lancer immédiatement et à toute allure deux patrouilles sur la route d'Étain en passant par Saint-Hilaire pour y recevoir les renseignements de Brandenburg ;

2° Ordre à notre avant-garde — un bataillon d'infanterie — de continuer sur Saint-Hilaire et de s'y installer en garde, avec avant-postes à Marchéville et Harville ;

3° Arrêter le gros de la colonne vers 10 heures ([¹]) dans la situation où il se trouve, c'est-à-dire un bataillon au nord-ouest de Woël, le reste au sud-est de cette localité ;

4° Ordre à un officier d'état-major de pousser à franc étrier sur Jonville avec mission de se mettre en rapport avec Voigts-Rhetz et, si on ne le trouve pas, de continuer jusqu'à portée de la canonnade pour voir ce qui se passe ;

5° Pousser une nouvelle avant-garde sur Jonville, en vue d'amorcer la marche ultérieure éventuelle vers le lieu de la canonnade.

Ces dispositions, contrairement aux apparences, ne constituaient nullement une dispersion, mais une articulation systématique des forces. Elles formaient en somme deux antennes dans les directions où une marche était possible, le gros réservé, prêt à se porter là où il faudrait. S'il fallait marcher à l'est, l'avant-garde de Saint-Hilaire restait en place, affirmant la possession de la route de Verdun jusqu'à ce qu'il fût bien démontré que cette possession était sans intérêt ; la fraction du gros qui avait dépassé Woël rejoignait le gros à Jonville, et l'avant-garde de Jonville était placée pour couvrir la marche au champ de bataille. S'il fallait marcher au nord, d'un bond le gros était à Saint-Hilaire, où rappliquait l'avant-garde de Jonville.

Mais, dira-t-on, Schwartzkoppen pouvait très bien, dans cette situation, ne pas s'ébranler avant d'avoir reçu l'ordre de Voigts-Rhetz. C'est possible, bien que cependant cet ordre lui serait parvenu plus tôt. Mais il pouvait aussi ne pas recevoir cet ordre, et alors ces dispositions lui permettaient d'agir logiquement et à bon escient, sans ordre.

([¹]) Heure où la canonnade augmente d'intensité.

Pour terminer cette question et résumer le point de doctrine qui nous importe, nous dirons avec le général Cardot :

« Avant d'abandonner une direction reçue d'en haut, ce qui était le cas de Schwartzkoppen, il faut savoir ce qui se passe ; il faut s'assurer si le camarade est réellement dans la misère et qu'il n'a pas tiré le canon à l'œil ; on ne peut pas changer de direction au premier coup de canon, d'autant plus que, si le canon tonne en même temps à droite et à gauche, on sera aussi embarrassé que l'âne de Buridan. F. Hœnig réplique que, en pareil cas, on va aux nouvelles, et il a raison aussi. Le lecteur voit le quiproquo : marcher au canon ! *auf den Kanonendonner marschiren !* Vous voulez dire marcher à la bataille ! Hé ! ne criez pas si fort ! C'est entendu, dès qu'il y a bataille [1] ! »

2° *De Saint-Hilaire au champ de bataille.* — *a)* **Brigade Brandenburg.** — Comme nous l'avons vu ci-dessus, le général comte Brandenburg était parti de Saint-Hilaire vers 11 heures du matin avec le 1er dragons de la Garde seulement, laissant le 5e escadron du 2e dragons de la Garde aux avant-postes à Marchéville—Harville et le 4e escadron du même régiment à la disposition de Schwartzkoppen. Il marcha par la grand'route de Metz et arriva à proximité de Mars-la-Tour vers 1 heure de l'après-midi ; il y fut rejoint vers 1h 30 par le 4e escadron du 2e dragons de la Garde [2] et, après avoir laissé sa batterie à cheval [3] se joindre à la 5e division de cavalerie au nord-ouest du bois de Tronville [4], il se porta en observation sur la hauteur de Ville-sur-Yron où venaient d'apparaître des fractions de cavalerie française, et s'y maintint jusque vers 2h 30 ; il quitta alors ces hauteurs devenues intenables par le feu des deux batteries françaises établies au sud-ouest de Bruville, et menacées par des forces de cavalerie très supérieures, qui arrivaient à proximité de

---

[1] *Les Leçons du 16 août.*

[2] Envoyé comme on le verra plus loin par Schwartzkoppen, pour chercher la liaison.

[3] Batterie $\frac{1.\,C}{6}$ (Planitz).

[4] La batterie Planitz accompagna la brigade Barby jusque sur les hauteurs au nord du bois de Tronville où elle eut l'occasion de lancer quelques obus sur les troupes du 3e corps français au sud de Saint-Marcel, puis rétrograda avec cette brigade par l'ouest du bois de Tronville et finit par rejoindre Brandenburg au sud-ouest de Mars-la-Tour.

la ferme de Greyère, et se replia jusque dans le ravin au sud-ouest de Mars-la-Tour où il retrouva sa batterie à cheval.

b) **19ᵉ demi-division.** — Dès la réception — à midi — de l'ordre de Voigts-Rhetz, Schwartzkoppen lança le 4ᵉ escadron du 2ᵉ dragons de la Garde sur la grand'route de Metz pour établir la liaison avec Brandenburg.

A 12ʰ 30, la 19ᵉ demi-division se remettait en marche par la grand'route, et non par le chemin de Jonville indiqué dans l'ordre de Voigts-Rhetz, afin de pouvoir marcher plus vite.

Au moment du départ, arrivait un rapport du colonel Lehmann, disant que « sa demi-brigade s'avançait sur Tronville et le bois de Tronville, formant l'aile gauche de la ligne allemande, et qu'un renfort lui était nécessaire, car il avait devant lui des masses ennemies considérables ».

Le porteur de ce rapport, lieutenant von Hindenburg, était venu par Jonville, y avait rencontré Voigts-Rhetz, qui l'avait chargé de dire à Schwartzkoppen « d'avoir à se porter rapidement au secours de l'aile gauche ». A son arrivée auprès de Schwartzkoppen, Hindenburg signalait le chemin de Jonville comme peu praticable, ce qui confirmait Schwartzkoppen dans sa détermination de prendre la grand'route (¹).

Pendant le trajet de Saint-Hilaire à Mars-la-Tour, Schwartzkoppen marcha de sa personne en tête du gros de sa colonne, ce qui n'était évidemment pas fait pour le renseigner rapidement sur la tournure des événements pourtant pressants qui avaient

---

(¹) Ordre de marche de la 19ᵉ demi-division :

5ᵉ escadron du 2ᵉ dragons de la Garde ;

$\dfrac{F}{16}$ (11ᵉ compagnie en tête) ;

Batterie $\dfrac{2}{10}$;

$\dfrac{II}{16}$ et $\dfrac{I}{16}$;

Batterie $\dfrac{II}{10}$;

$\dfrac{F}{57}$ et $\dfrac{I}{57}$;

2ᵉ et 3ᵉ compagnies de pionniers du Xᵉ corps.

Le $\dfrac{II}{57}$ et le demi-3ᵉ escadron du 2ᵉ dragons de la Garde furent rappelés des avant-postes et maintenus à Saint-Hilaire pour garder les bagages.

eu pour effet de l'appeler à la bataille. F. Hœnig le lui reproche durement, mais non sans raison.

« Schwartzkoppen, dit-il, aurait agi sagement en se joignant au 4ᵉ escadron du 2ᵉ dragons de la Garde qui avait été poussé en avant et en prenant le plus vite possible le contact direct avec son supérieur hiérarchique. Il n'aurait pas dû se tenir en tête de la 19ᵉ demi-division ; c'était du reste la place du général von Wedell. Qu'avaient à faire ensemble le brigadier et le divisionnaire en tête de la troupe (¹) ? »

Cette faute de Schwartzkoppen eut de multiples conséquences funestes.

c) **Projet d'attaque sur Ville-sur-Yron.** — En arrivant à hauteur de Latour-en-Woëvre, à mi-chemin entre Labeuville et Suzemont, Schwartzkoppen aperçut distinctement les emplacements de l'artillerie ennemie (²) sur les hauteurs nord-est de Mars-la-Tour, non loin d'une corne de bois — apparemment le bois de Tronville — et l'artillerie allemande au nord de la route de Verdun.

A l'œil, il était visible que l'aile gauche allemande marchait victorieusement vers le nord (³).

En conséquence de cette constatation, Schwartzkoppen concevait alors le projet de se diriger de Hannonville sur Ville-sur-Yron en vue de prendre par Bruville le contact avec cette aile dont les progrès ultérieurs étaient à prévoir. Il rendait compte de cette décision vers 2ʰ 30 au général von Voigts-Rhetz qui en reçut communication à 3ʰ 15.

Il se produit des illusions d'optique à pareille distance — environ 9 kilomètres de Latour-en-Woëvre au bois de Tronville —

(¹) F. Hœnig, *Die Wahrheit...*

(²) Artillerie du 4ᵉ corps français.

(³) A ce moment, il pouvait être un peu plus de 2 heures. A quel mouvement en avant de l'aile gauche allemande peut bien se rapporter ce que l'état-major de la 19ᵉ division aurait vu ? Ce ne peut être au mouvement de Lehmann. Ce dernier, en effet, était à 1ʰ 30 en possession de la lisière nord du bois de Tronville et à 2 heures il l'avait perdue et se repliait en combattant par l'intérieur du bois. Il ne peut s'agir non plus de la tête de la 20ᵉ division, qui n'était pas encore arrivée. Le seul mouvement en avant que l'état-major de la 19ᵉ division peut avoir vu nous paraît être celui de la brigade Barby, qui s'est effectivement portée à ce moment des environs de Tronville vers le nord du bois de Tronville « pour pouvoir, selon l'expression de Rheinbaben, de ce point d'où la vue embrassait mieux le terrain, couvrir le flanc gauche ».

et, si Schwartzkoppen, au lieu de rester collé à sa colonne, s'était porté plus en avant, jusque sur les hauteurs au nord de Mars-la-Tour par exemple, ou mis en rapport avec Voigts-Rhetz, il se fût aisément rendu compte de la situation plutôt critique à cette heure de l'aile gauche allemande et de l'impossibilité pour lui de songer à agir par Ville-sur-Yron et Bruville en liaison avec cette aile gauche.

En fait, ce projet ne reçut pas même un commencement d'exécution. Schwartzkoppen, en effet, recevait en arrivant à Suzemont — où l'on devait bifurquer pour gagner Hannonville et Ville-sur-Yron — des éclaircissements lui montrant la situation sous un jour tout différent de celui sous lequel il avait cru la voir. C'était un officier d'ordonnance de Voigts-Rhetz qui venait presser la marche, et donnait les premières nouvelles de la mauvaise tournure des affaires à l'aile gauche ; c'étaient des blessés rencontrés aux abords de Suzemont, disant que Lehmann ne se maintenait qu'avec peine dans le bois de Tronville ; c'étaient des dragons de la Garde signalant un fort nuage de poussière dans la région de Ville-sur-Yron ; c'était enfin un nouvel ordre de Voigts-Rhetz apporté par le lieutenant von Hirschfeld du 10e hussards, et reçu à l'entrée même de Suzemont, prescrivant à la 19e demi-division de se joindre à la gauche des emplacements allemands en passant par Puxieux(¹).

d) **Le rassemblement de la 19ᵉ demi-division.** — En conséquence de ces faits nouveaux, Schwartzkoppen renonçait à s'engager sur le chemin de Hannonville à Ville-sur-Yron, envoyait le 5ᵉ escadron du 2ᵉ dragons de la Garde pour s'éclairer dans cette direction et, après avoir dépassé Suzemont d'environ 1 kilomètre, il faisait tourner sa colonne à droite à travers champs, et lui fai-

---

(¹) Il est regrettable que la 25ᵉ monographie, dont la relation est d'ailleurs très vraisemblable, n'ait pas mis au jour les documents sur lesquels elle s'appuie. F. Hœnig, témoin précieux, sinon d'une impartialité parfaite, tire de cette absence de documents des conclusions qui nous paraissent peu fondées, mais enfin qui n'en laissent pas moins le doute dans notre esprit (Cf. *Die Wahrheit...*). Au fond, il est bien probable que l'ordre Hirschfeld, comme le précédent, était verbal et qu'il n'en est pas resté trace, ce qui expliquerait la version de l'Historique officiel, d'après laquelle Schwartzkoppen aurait agi de lui-même après examen du terrain, cet examen « ayant mis hors de doute qu'il fallait établir la liaison avec l'aile gauche dans la direction de Tronville ».

Le récit de la 25ᵉ monographie serait dû à des témoignages postérieurs fournis par les intéressés (Hirschfeld), car Schwartzkoppen n'en parle pas dans son rapport sur la bataille écrit le 17 août, ce qui est après tout admissible, ce fait constituant un détail

sait prendre une formation de rassemblement à 1 kilomètre à l'est du ruisseau qui, venant de Xonville, va se jeter dans l'Yron à Suzemont et près du chemin Hannonville—Chambley, c'est-à-dire un peu au nord-ouest de la cote 233 de la carte de l'état-major français au 1/80 000ᵉ, sur le versant ouest de la croupe dont cette cote est le point culminant.

Le rassemblement paraît avoir commencé vers 3 heures, pour se terminer vers 3ʰ 30.

En ce qui concerne la formation prise, qui servit de point de départ au déploiement en vue de l'attaque et que, à cet égard, il nous importerait de connaître exactement, il n'y a pas accord entre les ouvrages allemands. Elle se fit sur deux lignes et, pendant qu'elle s'opérait, le $\frac{F}{16}$, qui avait marché en tête, fut détaché à la ferme Mariaville, en vue d'assurer la liaison avec les troupes de Tronville (¹).

____

que pouvait très bien omettre le rapport d'ensemble d'un général de division. Mais même dans ce cas, la 25ᵉ monographie aurait bien dû donner les sources authentiques, écrites ou orales, contemporaines ou postérieures auxquelles elle a puisé. On voit par là que l'histoire de la 19ᵉ demi-division est encore loin d'être définitive, et combien il est difficile de se retourner dans le dédale des hypothèses faites par les Allemands pour expliquer les faits.

Quoi qu'il en soit, les doutes de F. Hœnig nous paraissent fort exagérés, et nous pensons qu'il se moque un peu du pauvre peuple lorsqu'il va jusqu'à révoquer en doute le projet de marche sur Ville-sur-Yron; mais il a soulevé des questions qui nous laissent perplexe et que l'on ne pourrait sans doute élucider qu'avec les *Kriegsarchiv*. Il serait bien désirable que le grand État-major allemand se décidât à les livrer complètement au public, car il est un peu décevant de chercher des enseignements dans des faits qui en sont remplis, mais qui ne sont qu'imparfaitement connus.

(¹) Nous donnons ci-dessous l'indication de la formation de rassemblement d'après le trois versions allemandes les plus sérieuses :

Historique officiel :

$$\left\{ \begin{array}{cc} \dfrac{F}{57} & \dfrac{I}{57} \\[2mm] \blacksquare\,|\,\blacksquare\left(\dfrac{II}{10}\right) & \blacksquare\,|\,\blacksquare\left(\dfrac{2}{10}\right) \\[2mm] \dfrac{I}{16} & \dfrac{II}{16} \end{array} \right.$$

25ᵉ monographie :

$$\left\{ \begin{array}{cc} \dfrac{II}{16} & \dfrac{I}{16} \\[2mm] \dfrac{I}{57} & \dfrac{F}{57} \\[2mm] \text{2ᵉ et 3ᵉ c. } \dfrac{P}{X} & \end{array} \right.$$

$\dfrac{2}{10} \qquad \dfrac{II}{10} \qquad \dfrac{I}{G}$

F. Hœnig :

$$\left\{ \begin{array}{ccc} \dfrac{I}{57} & \dfrac{F}{57} & \dfrac{P}{X} \\[2mm] \blacksquare\,|\,\blacksquare\left(\dfrac{II}{10}\right) & \blacksquare\,|\,\blacksquare\left(\dfrac{2}{10}\right) & \dfrac{F}{16}\text{ à Mariaville} \\[2mm] \dfrac{II}{16} & \dfrac{I}{16} & \end{array} \right.$$

De ces trois formations, quelle est la vraie ? Celle de la 25ᵉ monographie est la plus vraisemblable; il est logique en effet que le 16ᵉ, qui était en tête pendant la marche, se

Le rassemblement de la 19ᵉ demi-division appelle quelques observations.

Nous discuterons plus loin l'opportunité de ce rassemblement et le choix de son emplacement. Mais, le considérant en lui-même, nous constatons qu'aucune mesure de sûreté n'a été prise pour le couvrir ni pour préparer l'offensive qui devait en être la suite. En un mot, pas de sûreté tactique, pas même de sûreté matérielle.

« Le passage du ruisseau d'Yron, dit la 25ᵉ monographie, marque l'entrée de la 19ᵉ demi-division sur le champ de bataille. »

A partir de ce moment donc, la sûreté était plus que jamais nécessaire. A cet égard, l'envoi du $\frac{F}{16}$ à la ferme Mariaville ne peut être considéré comme une mesure de sûreté, car c'est dans un but de liaison avec les forces de Tronville, que Schwartzkoppen fit ce détachement [1]. Dans la direction dangereuse, connue comme dangereuse, si peu orienté que l'on fût, c'est-à-dire vers Mars-la-Tour, rien ne fut envoyé. Le danger n'a d'ailleurs pas échappé aux intéressés.

« Je ne pouvais, dit F. Hœnig [2], me débarrasser de cette pensée : Qu'arriverait-il si, tout à coup, l'artillerie française occupait Mars-la-Tour et nous canonnait ici, dans cette malheureuse position de rassemblement ? J'éprouvai un vrai soulagement

---

soit rassemblé en première ligne. Elle est d'accord avec l'Historique du 57ᵉ qui dit : « Les bataillons du régiment étaient masqués dans un ravin profond, tandis que le 16ᵉ était en vue de Mars-la-Tour. Les deux batteries étaient à environ deux cents pas en avant et à droite du $\frac{1}{16}$. »

D'autre part F. Hœnig écrit : « Mon croquis est du 17 août et résulte de mon observation personnelle. Je n'avais dans la formation aucune troupe devant moi... Comme adjudant, ma place était derrière le bataillon $\left(\frac{1}{57}\right)$ et, tout près derrière moi, j'avais la tête des chevaux d'une batterie. »

La *Revue d'Histoire* a adopté la formation donnée par la 25ᵉ monographie. Nous partageons cette opinion, mais sans la tenir pour une certitude.

[1] Il est évident qu'il n'était pas nécessaire de faire occuper la ferme Mariaville par un bataillon pour réaliser cette liaison. La meilleure liaison eût consisté à se mettre en rapport direct, par soi-même ou par un officier d'état-major, avec le commandant du Xᵉ corps.

[2] Adjudant au $\frac{1}{57}$.

quand on quitta cette place si dangereuse. D'ailleurs, mon chef de bataillon[1] éprouva les mêmes inquiétudes. »

L'occupation de Mars-la-Tour s'imposait donc pour garantir le rassemblement contre la surprise ; elle s'imposait d'ailleurs, dès avant le rassemblement, à partir du moment où l'on quittait la grand'route, pour couvrir le mouvement à travers champs qui conduisait au point de rassemblement. La nécessité de cette mesure n'a pas échappé non plus aux exécutants.

« Ceci montre bien, dit F. Hœnig, que Schwartzkoppen aurait dû se porter lui-même très en avant et, dès qu'il aurait vu Mars-la-Tour inoccupé, y jeter le premier bataillon dont il pouvait disposer[2]. Les autres fractions auraient, sous cette protection, continué leur marche au sud du village, dont la grande face est précisément tournée de ce côté[3]. »

Si l'occupation de Mars-la-Tour s'imposait pour garantir le rassemblement contre la surprise (sûreté matérielle), *a fortiori* était-elle indispensable en vue de l'offensive ultérieure, qui devait, à n'en pas douter, s'effectuer dans la région comprise entre cette localité, d'une part, et Tronville, de l'autre (sûreté tactique)[4].

Mars-la-Tour était un point d'appui dont il importait d'être maître avant de se lancer dans le terrain au nord-est ; à le négliger, on risquait de laisser l'ennemi, sur lequel on était peu renseigné, s'y installer et, par suite, on pouvait être obligé, avant d'entamer l'offensive vers le nord, de le reconquérir.

Ici encore, F. Hœnig a vu parfaitement juste, et nous le citons d'autant plus volontiers qu'il a ressenti davantage les impressions de la troupe.

« Il. était inadmissible, écrit-il, de laisser inoccupé un village dont les chemins d'accès par le nord étaient masqués à la partie sud, c'est-à-dire à nous, et de perdre son temps dans le voisi-

---

[1] Lieutenant-colonel von Rœll, commandant le $\frac{1}{57}$.

[2] $\frac{F}{16}$ était tout indiqué pour cela ; il y eût été bien plus utile qu'à la ferme Maria-ville.

[3] Cf. *Die Wahrheit...*

[4] Cette occupation était un élément de la sûreté tactique ; il y avait d'autres conditions nécessaires pour y satisfaire, qui n'étaient pas mieux remplies.

nage en rassemblements, en préparatifs, pour l'attaquer finalement par les deux côtés à la fois[1]... Avant tout, Schwartzkoppen aurait dû s'emparer bien plus tôt qu'il ne fit d'un point d'appui tactique, et il aurait, par là même, constitué le soutien le plus solide du reste du Xe corps, dont il aurait protégé le flanc... Avoir devant soi un village de l'importance stratégique et tactique qu'avait alors Mars-la-Tour et le laisser inoccupé pendant une heure, voilà certes une grosse faute tactique, puisqu'on avait la possibilité de s'en rendre maître une heure plus tôt sans résistance. Les Français pouvaient encore, pendant le rassemblement de la 38ᵉ brigade et le repos qui suivit, se couvrir sur Greyère et se jeter dans Mars-la-Tour. Alors, il n'y aurait pas eu d'attaque des hauteurs de Bruville, et Schwartzkoppen aurait été obligé de reprendre Mars-la-Tour et d'y épuiser ses forces[2]. »

On ne saurait mieux dire. Mais, pour en finir avec cette question, nous sommes amené à nous demander si ce rassemblement était bien conforme aux intentions de Voigts-Rhetz, intentions communiquées à Schwartzkoppen.

Tout d'abord, Schwartzkoppen n'a rien fait pour s'assurer s'il agissait dans le sens de ces intentions. Le plus simple pour le savoir était de galoper de sa personne à Tronville, et nous savons qu'il est resté constamment collé à sa troupe où il y avait cependant un brigadier, le général von Wedell, pour le suppléer.

Malgré tout, Voigts-Rhetz lui ayant prescrit[3] de se joindre par Puxieux aux emplacements allemands de Tronville, on ne voit pas bien la raison de son rassemblement à 2 000 mètres sud-ouest de Mars-la-Tour. Sans doute, il était sage de se rassembler avant d'agir, mais il eût été plus adroit de prendre progressivement une formation d'évolutions ouverte et articulée, et de gagner ainsi le terrain à l'ouest de Tronville, où l'on était appelé, formation que l'on aurait pu à tout instant transformer en formation de combat dans une direction quelconque, si les nécessités ou les ordres du commandement l'imposaient.

On eût utilisé, bien entendu, pour transporter ainsi la demi-

---

[1] Voir plus loin l'attaque de la 38ᵉ brigade.
[2] Cf. *Die Wahrheit*...
[3] Ordre Hirschfeld.

division, les couloirs du terrain, qui ne manquaient certes pas (¹),
et l'on serait parvenu bien en main et en liaison avec l'aile gauche
du Xᵉ corps dans la région au nord-ouest de Tronville, d'où l'on
serait parti pour l'attaque là où le commandement l'aurait indiqué.

Le chef (Schwartzkoppen) aurait, bien entendu aussi, confié à
son brigadier (Wedell) l'exécution de cette évolution, serait allé
de sa personne recevoir les instructions du commandant du corps
d'armée, et aurait retrouvé sa troupe juste à point pour l'orienter
vers son terrain d'attaque et lui donner, en vue de l'attaque, des
ordres judicieux et appropriés.

Au lieu de tout cela, nous avons constaté l'incurie la plus complète. L'expiation ne se fit point attendre : ce fut le désastre.

3° *L'attaque de la 38ᵉ brigade* (²). — *a*) **L'ordre d'attaque.** —
Après avoir donné un quart d'heure de repos aux troupes,
Schwartzkoppen venait de faire prendre les armes pour continuer
à marcher en formation massée vers Tronville, lorsqu'il reçut, à
3ʰ 45, l'ordre suivant de Voigts-Rhetz :

Hauteur de Tronville, 3ʰ 23.

Rapport reçu à 3ʰ 15 (³). Le général von Kraatz est à proximité du
champ de bataille ; il a rejoint la division de cavalerie à l'aile gauche.
L'aile droite ennemie est très menaçante ; portez-vous contre elle à
l'attaque pour nous dégager. Je fais appuyer le mouvement par toute
la cavalerie. Lehmann est engagé.

Cet ordre d'attaque nous paraîtra bien insuffisant si nous réflé-
chissons un instant à la situation de Schwartzkoppen. Il s'expliquerait à la rigueur, s'il s'adressait à un commandant de troupes
au courant déjà de la situation et venu auprès de son chef pour
recevoir ses instructions. Mais tel n'est pas le cas, nous le savons,
de Schwartzkoppen, qui arrive seulement sur le champ de
bataille, qui aurait pu d'ailleurs être depuis longtemps aux côtés
de Voigts-Rhetz, qui n'a — en fait — sur la situation générale,
sur la situation de cette aile droite ennemie en particulier qu'il

---

(¹) Vallonnement au nord de Mariaville, vallonnement entre Mars-la-Tour et Puxieux.
(²) Croquis perspectifs nᵒˢ 10, 11, 12.
(³) Rapport de 2ʰ 30 annonçant le projet de marche sur Ville-sur-Yron.

doit attaquer, que des renseignements sans valeur ou manifestement erronés, qui, enfin, ne fait rien pour se renseigner.

Cette ignorance de la situation de la part de son subordonné, Voigts-Rhetz aurait dû la prévoir incontestablement — c'est toujours un devoir pour le chef — et l'orienter d'autant plus exactement par son ordre écrit, qu'il ne pouvait le faire de vive voix, lui faire connaître au moins l'emplacement — au moment où il expédiait cet ordre — de cette aile droite qu'il prescrivait d'attaquer.

Quoi qu'il en soit, l'attaque de la 19e demi-division devait être et fut, dans toute la force du terme, le saut dans l'inconnu, ce qui est évidemment contraire à toute raison.

b) **Les préliminaires de l'attaque.** — Au reçu de l'ordre ci-dessus, Schwartzkoppen envoya aussitôt son chef d'état-major, von Scherff, à la recherche de son cavalier, Brandenburg, avec cette préoccupation d'utiliser ses dragons, non pas, comme on pourrait le penser, en vue de chercher à voir clair dans cette situation obscure, mais plutôt pour couvrir son flanc gauche; préoccupation assurément justifiée, mais non pas essentielle en vue de l'attaque à mener à bien.

Scherff trouva effectivement Brandenburg dans le vallon entre la ferme Mariaville et Mars-la-Tour avec le 4e escadron du 2e dragons de la Garde, le 1er régiment des dragons de la Garde et la batterie à cheval Planitz, lui fit connaître que la 38e brigade allait s'avancer par Mars-la-Tour et lui communiqua l'ordre de se porter avec ses escadrons à l'ouest de cette localité, de façon à soutenir à gauche l'attaque qui allait être faite contre l'aile droite ennemie.

En exécution de cet ordre, Brandenburg dirigeait immédiatement le 4e escadron du 2e dragons de la Garde et la batterie à cheval Planitz par l'ouest de Mars-la-Tour, le long de la route de Jarny, et suivait avec le 1er dragons; mais il ne tardait pas à être rappelé par Voigts-Rhetz à l'est de Mars-la-Tour, pour servir de soutien aux batteries du Xe corps établies au sud de la chaussée. Il laissait au 4e escadron du 2e dragons de la Garde et à la batterie Planitz le soin de couvrir la gauche et faisait demi-tour avec le 1er dragons pour se conformer aux ordres du commandant du Xe corps.

En même temps que Brandenburg recevait ces instructions, le $\frac{F}{16}$, détaché sur la ferme Mariaville et Puxieux, recevait l'ordre de rejoindre son régiment à Mars-la-Tour([1]).

c) **La rupture du rassemblement. L'état des troupes.** — Pendant ces préparatifs, les troupes prenaient les armes. Les deux aumôniers de la division firent une allocution aux troupes et donnèrent la bénédiction([2]). Puis, les chefs de corps adressèrent aux troupes quelques paroles énergiques, pleines d'enthousiasme. Les drapeaux furent déployés, les armes chargées, et il était 4 heures du soir lorsque la 38ᵉ brigade d'infanterie se remit en mouvement dans la direction de l'est.

La fatigue d'une longue marche exécutée par une chaleur torride, la sensation de la faim, de la soif, tout avait disparu complètement et c'est avec un moral excellent et une confiance entière que les troupes marchaient vers le lieu du combat([3]).

Une heure plus tard, ces troupes étaient en fuite sur Thiaucourt, touchées au front par la peur, en proie à la démoralisation.

d) **L'occupation de Mars-la-Tour.** — La 38ᵉ brigade venait de quitter son point de rassemblement et progressait en formation massée dans le terrain au sud de Mars-la-Tour, lorsqu'un rensei-

---

([1]) Ce bataillon reçut l'ordre vers 4 heures aux environs de Puxieux, conversa aussitôt à gauche et se dirigea sur le saillant est de Mars-la-Tour.

([2]) « Pendant que le pasteur Oebert parlait, écrit F. Hœnig, on pouvait apercevoir un homme à cheval qui arrivait à toute bride de la direction de Tronville. Son étole flottait au vent et, à son approche, je reconnus l'aumônier catholique Stückmann. En cavalier consommé, il arrêta court son cheval devant le colonel von Cranach (57ᵉ) et dit d'une voix perçante avec son accent westphalien : « Camarades, le IIIᵉ corps est engagé « dans un combat opiniâtre ; votre tâche est de le dégager. Dans ce but attaquez coura- « geusement l'ennemi jusqu'à la mort. Que Dieu soit avec vous. Amen ! » Ces paroles, dites sur le ton qu'il faut, firent un effet magique. »

Quelques lignes plus loin, rappelant l'ignorance où tous s'étaient trouvés de la situation, F. Hœnig ajoute : Le lieutenant-colonel von Rœll, tombé depuis, me dit ironiquement : « Si Stückmann n'avait pas été là, je ne saurais absolument rien. Le « peu que je sais de la situation, c'est à sa harangue que je le dois. Stückmann est bien « le héros de la journée. »

Il est bien probable en effet que Stückmann est le seul qui soit allé aux sources d'information, à Tronville. Il a fait en somme ce que Schwartzkoppen aurait dû faire. Tout est étrange, dans cette aventure de la 38ᵉ brigade.

([3]) 25ᵉ monographie.

gnement des dragons de la Garde venait provoquer un premier incident. Ces cavaliers disaient qu'ils avaient reçu des coups de fusil à Mars-la-Tour ([1]), et ce renseignement amenait une première dislocation de la brigade, en provoquant le déploiement du 16e régiment contre Mars-la-Tour.

Nous avons déjà fait ressortir que l'occupation de Mars-la-Tour pendant le rassemblement — occupation qui s'imposait *a priori* par simple application du principe de la sûreté — eût permis d'éviter cette dislocation.

En tactique comme en stratégie ([2]), l'absence de sûreté produit impitoyablement les mêmes effets : on est à la merci de la surprise, voire des moindres incidents, auxquels il faut parer pourtant, faute de les avoir prévus ; et alors, au lieu de se présenter avec un système de forces organisé, les attaques se produisent comme elles peuvent, vaille que vaille, après avoir semé en cours de route, au fur et à mesure des besoins, les détachements dont l'impérieuse nécessité s'est fait sentir, au grand préjudice de l'action essentielle qu'il s'agit de mener à bien.

Ainsi donc, à la réception de ce renseignement, Schwartz-koppen dirigeait les $\dfrac{\text{I et II}}{16}$ sur Mars-la-Tour pour nettoyer ce village.

Détacher un régiment sur deux (exactement deux bataillons sur cinq) pour parer au premier incident qui surgit, est évidemment exagéré. Mais il faut payer la méconnaissance des notions les plus élémentaires.

Déjà, semble-t-il, à l'examen de leur état d'âme, les chefs ne sont plus en possession de tous leurs moyens et, dans la chaude atmosphère de la bataille qui gronde, ils sont incapables de résoudre les problèmes les plus simples de la tactique.

En somme, le renseignement des dragons méritait d'attirer l'attention ; vérifié, ainsi qu'il aurait dû l'être, il eût été reconnu

---

([1]) Ce fait s'était passé depuis un certain temps déjà avec des fractions de la division de cavalerie du Barail. A 4 heures, Mars-la-Tour était libre.

([2]) Voir (première partie) la stratégie de Moltke qui, faute de sûreté, vole de surprise en surprise, dont les combinaisons s'écroulent les unes sur les autres, et qui n'est finalement remise sur pied que par l'énergie des subordonnés qu'elle a fourrés dans la nasse, mais qui s'y débattent si bien en « tapant dans le tas », qu'ils battent l'ennemi en l'absence du stratège.

inexact à 4 heures ; en tout état de cause, un bataillon eût largement suffi pour nettoyer Mars-la-Tour et couvrir le flanc gauche de la brigade.

Quoi qu'il en soit, le colonel von Brixen (16ᵉ), arrivé à ce moment dans le vallon au sud de Mars-la-Tour, dirigea les $\dfrac{\text{I et II}}{16}$ sur le saillant ouest du village, qui fut d'ailleurs trouvé inoccupé et, après l'avoir traversé ou contourné (¹), les réunit à la sortie est, où le $\dfrac{\text{F}}{16}$ arrivait au même moment de Puxieux.

L'exécution, on le voit, ne diffère pas de la conception ; chez les sous-ordres comme chez les chefs, nous ne trouvons aucune idée de la sûreté ; ils déploient leur monde et s'en vont tranquillement, sans souci de la surprise.

En fait, l'affaire réussit à souhait, puisque l'on ne trouva rien devant soi. Mais il est clair que ce déploiement de deux bataillons ne s'imposait nullement. Il était, au contraire, tout indiqué de reconnaître Mars-la-Tour avec une petite avant-garde (une ou deux compagnies) et de tenir le reste groupé, prêt à prendre à son compte, s'il le fallait, la conquête de Mars-la-Tour ou, dans le cas contraire, continuant à se porter groupé à la sortie est de cette localité.

Pendant cette opération du 16ᵉ, les $\dfrac{\text{I et F}}{57}$ et les deux compagnies de pionniers continuaient leur marche vers l'est par le vallon qui s'allonge à 500 mètres environ au sud de Mars-la-Tour.

Les deux batteries $\left(\dfrac{2,\ \text{II}}{10}\right)$ de la demi-division, appelées par Voigts-Rhetz du côté de Vionville, se portaient dans cette direction ; elles étaient d'ailleurs bientôt rappelées par Schwartzkoppen, justement soucieux d'avoir l'appui de son artillerie dans

---

(¹) Nous donnons ci-dessous le détail de cette petite opération :

Sur huit compagnies, trois $\left(\dfrac{3,\ 5,\ 6}{16}\right)$ traversèrent le village dans sa longueur par la rue principale, deux contournèrent la lisière nord $\left(\dfrac{7,\ 8}{16}\right)$; les trois autres passèrent par le sud $\left(\dfrac{1,\ 2,\ 4}{16}\right)$. Les deux bataillons se trouvèrent reformés à la sortie est de Mars-la-Tour.

l'inconnu où il allait se lancer, et leur chef, lieutenant-colonel Schaumann, les établissait au nord et près de la sortie est de Mars-la-Tour, au moment où les unités du 16e y arrivaient([1]). Elles ouvraient immédiatement le feu à 2 000 mètres environ sur les batteries françaises visibles à l'est du Poirier du bois Dessus. Il était 4h45; la 38e brigade allait se lancer dans la fournaise.

e) **L'ordre d'attaque de Schwartzkoppen.** — En l'absence de toute reconnaissance de l'adversaire, que nous avons constatée, comment le commandant de la 19e division envisage-t-il à ce moment la situation?

Lui-même et son chef d'état-major vont nous le dire :

« A ce moment critique, dit le général, le soussigné partait de cette idée que — d'après ce qu'on savait de ce combat de plusieurs heures et d'après ce qu'on avait pu en voir de loin — c'était en lançant dans l'action, sans arrière-pensée, la dernière réserve que l'on devait forcément fixer de notre côté le succès encore incertain; il fallait donc, selon lui, prendre immédiate-ment ce parti, qui était aussi nécessaire que justifié. On ne se doutait pas que l'ennemi avait encore, en arrière de ce qu'on avait reconnu(?) de son aile droite, des forces aussi importantes et immédiatement disponibles([2]). »

Von Scherff, le chef d'état-major, dit de son côté :

« D'après tout ce qu'on avait appris jusqu'alors, et d'après tout ce qu'on avait pu voir, la situation, telle qu'elle se présentait à ce moment à l'état-major de la 19e division d'infanterie, à la corne sud de Mars-la-Tour, était la suivante : Le IIIe corps soutient le combat face à l'est au prix des plus grands efforts ; son aile gauche est menacée d'une attaque enveloppante venant du nord,

----

attaque contre laquelle le petit bois de Tronville forme point d'appui. Ce dernier est encore tenu par des fractions de la brigade Lehmann, au secours de laquelle sont également accourues des fractions de la 20ᵉ division.

« Des hauteurs situées immédiatement au nord-ouest du bois de Tronville, l'ennemi a prononcé pour la seconde fois un mouvement tournant à grande envergure et le combat est en train de tourner à son avantage.

« A cette attaque tournante qui menace la lisière ouest du petit bois font face d'abord les batteries du Xᵉ corps, en position contre la route(¹); à moins de 1 500 pas derrière elles, on voit très distinctement le gros de la 20ᵉ division, en formation de rassemblement et en marche du sud vers la route. Si à ce moment la (38ᵉ) brigade s'avance en prenant bien carrément sa direction vers le nord-est, si en même temps la (40ᵉ) brigade de la 20ᵉ division se déploie en progressant droit vers le nord, alors l'aile droite ennemie, d'enveloppante qu'elle est, sera à son tour enveloppée, et sa déroute assurera le succès de la journée en notre faveur.

« Quant à la sécurité de notre aile gauche que, selon les renseignements actuels, la cavalerie ennemie est seule à menacer, elle doit rester confiée à ce que nous avons de cavalerie sur cette aile(²). »

Il ressort en somme de ces considérations que l'état-major de la 19ᵉ division a été complètement surpris plus tard, ainsi que nous le verrons, de l'apparition de nombreuses troupes françaises sur l'aile extérieure de la 38ᵉ brigade qui, au lieu d'être enveloppante, elle aussi, fut enveloppée.

Le général comme le chef d'état-major ont beau nous représenter la certitude qu'ils pensaient tenir de la situation ennemie, en avouant d'ailleurs qu'ils se sont trompés; nous sommes bien obligé de répéter qu'ils n'ont rien fait d'abord pour reconnaître cet ennemi qui les surprit par sa brusque apparition là où il n'était pas soupçonné, ensuite pour se garder contre une possibilité de cette apparition pendant qu'ils lançaient leurs troupes à

(¹) Batteries : $\dfrac{5,\ 6,\ 4,\ \text{IV}}{10}$.

(²) 25ᵉ monographie.

l'attaque, enfin pour fixer cet ennemi en l'attaquant tout d'abord avec une avant-garde, ce qui était le seul moyen de l'empêcher de modifier sa situation.

Les renseignements auxquels Scherff fait allusion dans la dernière phrase de la citation ci-dessus provenaient en effet de partout, sauf de la zone comprise entre les routes de Mars-la-Tour à Jarny et à Bruville, d'où précisément devait fondre l'orage et dans laquelle aucune patrouille n'avait pénétré ; et lorsque le même Scherff affirme que la cavalerie de l'aile gauche était suffisante pour couvrir cette aile si elle n'était effectivement menacée que par de la cavalerie, nous acceptons ses dires, à la condition toutefois que cette cavalerie de couverture soit placée au bon endroit, c'est-à-dire non pas en dehors du champ de bataille, sur le plateau d'Yron, mais bien sur les plateaux au nord de Mars-la-Tour d'abord, puis vers la ferme Greyère ; nous ajouterons d'ailleurs que c'était bien s'illusionner que de compter sur la cavalerie seule pour assurer la protection, et que, pour garder l'attaque à fond de la 38ᵉ brigade, il fallait autre chose, de l'infanterie, orientée précisément vers les points d'où une attaque était possible, vers le bois de la Veltérène et les hauteurs au nord-est.

En résumé, au moment de donner l'ordre d'attaque, l'état-major de la 19ᵉ division n'a rien reconnu et n'a rien prévu en vue de la protection. Reconnaissance et protection constituent cependant toute la sûreté.

L'absence de sûreté devait fatalement aboutir et aboutit réellement à la surprise avec toutes ses conséquences.

A 4ʰ 45, Schwartzkoppen donnait donc au général von Wedell, commandant la 38ᵉ brigade, l'ordre de :

« ... déployer ses cinq bataillons sur une seule ligne, l'aile gauche en avant et de marcher à l'attaque des batteries établies à gauche de la corne du bois de Tronville. »

f) La direction de l'attaque. — Dès l'arrivée des batteries Schaumann au nord-est de Mars-la-Tour, le colonel von Brixen, commandant le 16ᵉ, jugeant inutile d'occuper plus longtemps le village, d'ailleurs battu par les coups longs des batteries françaises qui luttaient contre celles de Schaumann, avait amené ses bataillons plus ou moins difficilement, en contournant ou en traversant les batteries, dans le bas-fond de prairies, parsemé de haies et de clôtures en fil de fer, situé à 500 ou 600 mètres au nord-est de Mars-la-Tour ; c'est là qu'il reçut l'ordre d'attaquer.

Le 57e paraît avoir reçu ce même ordre au moment où, après avoir contourné Mars-la-Tour par le sud, il atteignait le chemin Mars-la-Tour—Tronville, à environ 600 mètres de la première de ces localités.

Il serait intéressant de connaître les ordres textuels donnés par le général von Wedell en exécution de l'ordre de Schwartzkoppen, mais ils n'ont sans doute pas été conservés, car aucun des ouvrages allemands sur la question ne les cite. Nous en sommes donc réduit, dans l'exposé de la mise en marche pour l'attaque de la 38e brigade, à patauger dans l'à peu près.

Sans entrer dans l'examen critique des différentes versions émises au sujet de la direction donnée à l'attaque, nous pensons, après les avoir étudiées d'une manière très approfondie, tenir une approximation suffisante et qui, en tout cas, s'accorde avec la marche ultérieure des événements, en admettant que le centre de la brigade $\left(\dfrac{F}{16} \text{ et } \dfrac{I}{57}\right)$ reçût comme point de direction l'arbre isolé situé au sud du ravin, ce qui devait l'amener vers la hauteur 274-277 où étaient effectivement les batteries françaises, sa droite $\left(\dfrac{F}{57}\right)$, la corne nord-ouest du bois de Tronville, sa gauche $\left(\text{demi-}\dfrac{II}{16}\right)$, l'extrémité visible de la ligne d'artillerie française, à quelques centaines de mètres à l'ouest de la cote 274.

En tout état de cause, les deux arbres situés au nord du ravin (¹) ne nous paraissent avoir servi de point de direction à aucune fraction de la 38e brigade ; sans cela, les événements ultérieurs ne s'expliqueraient pas, en particulier, la conversion à gauche du 16e à proximité du ravin, ou bien il faudrait que le demi-$\dfrac{II}{16}\left(\dfrac{7, 8}{16}\right)$ eût fortement dévié de la direction reçue, par suite de la préoccupation constante de serrer du côté de la direction centrale.

____

(¹) Ces deux arbres n'existent plus actuellement.

g) **Engagement de deux compagnies** $\left(\dfrac{5,\ 6}{16}\right)$ **à l'extrême gauche.** — Dès la réception de l'ordre d'attaque, le colonel von Brixen détacha deux compagnies $\left(\dfrac{5,\ 6}{16}\right)$ sur sa gauche, avec mission « de s'avancer en gagnant du terrain à gauche de manière à tourner l'aile droite ennemie ».

Nous ne savons si Brixen comptait sur ces deux compagnies pour fixer la fortune hésitante, mais nous pensons qu'il y avait moins grand peut-être, mais mieux sûrement, à faire pour le moment que de tourner l'aile droite ennemie, et qu'il eût été préférable de charger ces deux compagnies, ou même tout le $\dfrac{II}{16}$, de la sûreté du flanc gauche en lui donnant comme objectif non seulement le bois de Veltérène [1] et le bois de pins à l'est, mais aussi la hauteur du Poirier qui, à l'œil, et pour un observateur non au courant des faits ultérieurs, paraît très menaçante pour la gauche d'une attaque orientée comme nous l'avons indiqué ci-dessus.

En exécution de l'ordre de Brixen, les $\dfrac{5\ \text{et}\ 6}{16}$ se séparant au coude de la route de Bruville (400 mètres nord de Mars-la-Tour), gravissent les pentes du plateau nord de Mars-la-Tour, et se dirigent, la $\dfrac{5}{16}$ sur le bois de Veltérène, la $\dfrac{6}{16}$, sur le bois de pins. En arrivant sur la crête elles tombent immédiatement sous le feu des batteries françaises établies entre le Poirier et la route de Bruville [2] et d'une ligne d'infanterie [3] établie à l'ouest de cette route [4]. De part et d'autre alors, mues par le même sentiment instinctif, les deux infanteries courent aux points d'appui. L'infanterie française arrive la première au petit bois de pins et, par

---

[1] Bois situé dans l'angle aigu formé par le ravin du Poirier et le ravin de Jarny. Le bois de pins est à environ 600 mètres à l'est du bois de Veltérène, mais au nord du ravin du Poirier.

[2] Batteries de la division Cissey : $\dfrac{5,\ 9,\ 12}{15}$. La batterie de droite $\left(\dfrac{5}{15}\right)$ était en action seule contre la batterie Planitz.

[3] $\dfrac{II\ \text{et}\ III}{64}$ (brigade Pradier de la division Grenier).

[4] Distance : 900 mètres.

une fusillade meurtrière à une courte distance, d'autant plus effi-cace que sa supériorité numérique est écrasante, rejette la $\frac{6}{16}$ en désordre vers le sud.

La $\frac{5}{16}$, au contraire, occupe la première le saillant nord-est du bois de la Veltérène et cherche bien à s'y cramponner; mais elle ne peut tenir devant l'irruption d'une infanterie très supérieure en nombre qui dévale devant son front $\left(\frac{II}{64}\right)$, soutenue par une deuxième ligne qui menace son flanc gauche $\left(\text{demi-}\frac{II}{98}\,[1]\right)$; elle se replie par échelons et en bon ordre en utilisant les pentes est du ravin de Jarny (fond de la Cuve), poursuivie seulement par un feu assez mal ajusté d'ailleurs [2].

Ainsi, à l'extrême gauche de la 38e brigade, l'échec est complet, mais grâce à l'énergie des uns et à l'inertie des autres, il est limité [3].

Il en allait tout autrement pendant ce temps à moins de 2 000 mètres plus à l'est.

h) **Engagement du gros de la 38e brigade**. — Après avoir donné ses ordres à ses deux compagnies d'aile gauche, le colonel von Brixen revient auprès du gros de son régiment, le forme par bataillons accolés, chaque bataillon sur deux lignes, dans l'ordre suivant, de la droite à la gauche :

$$\frac{F}{16}\left\{\begin{array}{l}\text{Première ligne, compagnies du centre } \frac{10,\ 11}{16}\,; \\[2mm] \text{Deuxième ligne, compagnies des ailes, } \frac{9,\ 12}{16}\,;\end{array}\right.$$

---

[1] 2e régiment de la brigade Pradier.

[2] Notons en passant le détail de cette retraite. Pour ne pas être acculé à l'enve-loppement, le major Klitzing, qui était avec la $\frac{5}{16}$, retire d'abord du bois la gauche de cette compagnie non encore menacée par la deuxième ligne française, que l'on voit se diriger vers la lisière ouest, et l'installe sur le dos de terrain à 200 mètres sud du bois ; puis il retire la droite, juste à temps pour éviter l'abordage et, sous la protection de la première fraction, qui tient sous son feu la lisière sud du bois abandonné, la deuxième fraction gagne l'abri formé par le revers ouest du plateau.

[3] Le général Pradier, fasciné par sa soi-disant mission défensive, a perdu l'occasion de tomber dans le flanc de la 38e brigade.

$\dfrac{I}{16}\left\{\begin{array}{l}\text{Première ligne, compagnies du centre } \dfrac{2,\ 3}{16}; \\[2mm] \text{Deuxième ligne, compagnies des ailes } \dfrac{1,\ 4}{16};\end{array}\right.$

$\text{Demi-}\dfrac{II}{16}\left\{\begin{array}{l}\text{Première ligne, } \dfrac{7}{16}; \\[2mm] \text{Deuxième ligne, en échelon à gauche, } \dfrac{8}{16}.\end{array}\right.$

Il désigne la $\dfrac{2}{16}$ comme compagnie de direction et, un peu avant que le 57e arrive à sa hauteur, il donne le signal du mouvement en avant.

De son côté, le colonel von Cranach avait formé son régiment dans un ordre analogue, mais le bataillon de gauche $\left(\dfrac{I}{57}\right)$, ayant accéléré sa marche en franchissant la grand'route, battue par les obus de l'artillerie française, celui de droite $\dfrac{F}{57}$ est resté en arrière, et le 57e se trouve finalement dans la formation suivante, de la gauche à la droite :

$\dfrac{I}{57}\left\{\begin{array}{l}\text{En première ligne, } \dfrac{2,\ I}{57}; \\[2mm] \text{En deuxième ligne, } \dfrac{3,\ 4}{57};\end{array}\right.$

$\dfrac{F}{57}\left\{\begin{array}{l}\text{En première ligne, } \dfrac{9,\ 11}{57}, \text{ derrière la droite du } \dfrac{I}{57}; \\[2mm] \text{En deuxième ligne, } \dfrac{10,\ 12}{57}, \text{ en échelon en arrière à droite;}\end{array}\right.$

2e et 3e compagnies de pionniers à droite et à hauteur des $\dfrac{10,\ 12}{57}$.

« C'est ainsi, dit la 25e monographie, que dix compagnies du 16e et le 57e[1] marchèrent à l'assaut des batteries ennemies, mais les dix compagnies du 16e avaient environ 200 pas d'avance sur le 57e[2]. »

L'attaque est maintenant lancée, à l'aventure nous l'avons vu,

---

[1] Dix compagnies en y comprenant les deux compagnies de pionniers. Le $\dfrac{II}{57}$ est resté à Saint-Hilaire.

[2] Croquis perspectif n° 10.

dans une formation linéaire, ne comportant aucune profondeur, incapable de faire durer l'effort, sans aucune réserve qui permette au commandement d'exercer son action sur la lutte.

Couvert par le dos de terrain qui court parallèlement au ravin du Poirier, dont on ne soupçonne d'ailleurs pas l'existence, au moins dans la troupe, ainsi qu'en font foi les déclarations de plusieurs combattants, le 16ᵉ régiment aborde obliquement la crête de ce dos de terrain ; en y arrivant, les $\frac{7,8}{16}$ tombent sous un feu qui les prend d'écharpe et se jettent instinctivement à terre pour en atténuer les effets et y répondre.

Le $\frac{1}{16}$, profitant plus longtemps de l'abri de la crête, qui se rapproche du ravin, marchant en outre à vive allure, dépasse les $\frac{7,8}{16}$ et, en arrivant au sommet de la croupe, est assailli à son tour par un feu violent d'infanterie et d'artillerie (¹); sans s'arrêter, et conversant d'à peu près un quart de cercle à gauche, il dévale à toute vitesse la pente rapide qui le conduit au fond du ravin, où il se trouve à l'abri du feu : il n'a pas tiré un coup de fusil.

Plus à droite, le $\frac{F}{16}$ arrive à son tour à la crête ; ses compagnies de tête descendent de même le versant sud du ravin ; son chef (²) fait un louable effort pour ne point laisser sa deuxième ligne bourrer inconsidérément sur la première, et tente de renforcer celle-ci par les ailes, en portant la $\frac{12}{16}$ à droite, la $\frac{9}{16}$ à gauche ; un peloton de la $\frac{12}{16}$ parvient bien à prolonger la droite de la $\frac{11}{16}$, mais celui de la $\frac{9}{16}$ qui s'est porté en avant vient se fondre dans la $\frac{10}{16}$.

Le 16ᵉ régiment est alors tout entier au fond du ravin, à

(¹) Dans son rapport, le $\frac{1}{16}$ compare le bruit de la fusillade à celui d'une chaîne d'ancre qu'on relève.

(²) Lieutenant-colonel Sannow.

l'exception des $\frac{7, 8}{16}$ qui ne vont d'ailleurs pas tarder à suivre, et de la majeure partie (quatre pelotons sur six) des $\frac{9 \text{ et } 12}{16}$.

La surprise n'avait pas toutefois brisé l'élan du 16ᵉ. Prenant à peine le temps de se remettre en ordre, le $\frac{1}{16}$, arrivé le premier au fond du ravin, se reporte en avant ; son chef, major Kalinowski, enlève la première ligne $\left(\frac{2, 3}{16}\right)$, qui gravit la pente nord, se jette à terre dès qu'elle arrive en vue de la ligne ennemie (¹) et ouvre le feu ; elle est aussitôt renforcée par prolongement par les compagnies de la deuxième ligne, $\frac{4}{16}$ à gauche, $\frac{1}{16}$ à droite.

De même le $\frac{F}{16}$, dont la première ligne a été renforcée comme nous l'avons dit ci-dessus, escalade le talus nord du ravin à droite du $\frac{1}{16}$, ne laissant en arrière que quatre pelotons $\left(\frac{9, 12}{16}\right)$ arrêtés derrière une haie le long du chemin de Saint-Marcel, et qui vont constituer la seule réserve de toute la brigade.

A l'aile gauche enfin, les $\frac{7, 8}{16}$, parvenues les dernières dans le ravin, grimpent les pentes, complètement mélangées, et, après une vaine tentative contre une batterie française encore en position $\left(\frac{6}{17}\right)$, viennent s'aplatir à la gauche de la $\frac{4}{16}$.

A la suite de ce vigoureux effort, le 16ᵉ régiment est épuisé. « Serrée en ligne compacte, homme contre homme, la chaîne du régiment nº 16 est couchée sur le bord de la crête au nord du

---

(¹) L'apparition du 16ᵉ sur la crête au sud du ravin avait produit un effet de surprise presque égal sur l'artillerie et l'infanterie françaises. L'artillerie avait bien vu le 57ᵉ au moment où il traversait la grand'route, et ouvert le feu sur lui, mais la marche du 16ᵉ lui avait été masquée par le terrain. Aussi, après un feu de courte durée, la plupart des batteries se retirèrent plus au nord. L'infanterie $\left(\frac{1, 11}{43}\right)$ avait été aussi surprise par l'apparition du 16ᵉ sur la crête au sud du ravin ; elle avait de suite pris les armes et était venue garnir le bord nord du ravin ; elle y arrivait au moment où le $\frac{1}{16}$ gravissait le versant nord.

ravin ; derrière elle, à genou et debout, se tiennent les soldats qui n'ont pu trouver place au premier rang ; en maints endroits, ils sont sur six rangs de profondeur, et font feu par-dessus les tirailleurs couchés. Ainsi le gros du régiment n° 16 est déployé sur une ligne très dense ; seuls, quatre pelotons des 9ᵉ et 12ᵉ compagnies constituent derrière la haie du chemin de Saint-Marcel une très faible réserve ([1]). »

Le 57ᵉ, pendant ce temps, a progressé sans arrêt, bien que soumis par intermittence au feu de l'artillerie française. Son échelon de gauche $\left(\dfrac{I}{57}\right)$, qui se trouve un peu en arrière de la droite du 16ᵉ, est assailli par le feu dès qu'il arrive sur la crête entre l'arbre au sud du ravin et le bois de Tronville, et obéit au même sentiment que les bataillons du 16ᵉ. Les $\dfrac{2 \text{ et } I}{57}$ ([2]), qui formaient sa première ligne, changeant de direction à gauche, courent se blottir contre le chemin de Saint-Marcel ; elles s'y trouvent alors mélangées avec les $\dfrac{9 \text{ et } 12}{16}$, au moment où ces deux compagnies, ainsi qu'on l'a vu plus haut, cherchaient, en exécution d'un ordre du lieutenant-colonel Sannow, à renforcer la première ligne $\left(\dfrac{10,\ 11}{16}\right)$ du $\dfrac{F}{16}$; puis, sous un feu violent, elles essaient de gagner le ravin à la course ; obligées de s'arrêter à plusieurs reprises, elles finissent cependant par y parvenir et s'y blottissent, épuisées ([3]) ; les $\dfrac{3,\ 4}{57}$, qui suivaient en deuxième ligne, ne semblent pas avoir atteint le ravin ou, tout au moins, ne pas en avoir dépassé le bord sud ([4]).

([1]) 25ᵉ monographie. Voir croquis perspectif n° 10.

([2]) La moitié de droite de la $\dfrac{1}{57}$ se dirigea, attirée sans doute par le couvert, sur la corne du bois de Tronville, où elle fut rejointe par les deux compagnies de pionniers.

([3]) La 2ᵉ compagnie seule (capitaine Hohenhausen) eut assez d'énergie pour se porter à hauteur de la première ligne du $\dfrac{F}{16}$. L'instruction de cette compagnie avait été faite par F. Hœnig, qui y avait servi jusqu'en avril 1870.

([4]) Il y a à ce sujet deux versions contradictoires des lieutenants von der Mülhbe, commandant la $\dfrac{57}{3}$, et Schimmelmann, commandant la $\dfrac{4}{57}$. La 25ᵉ monographie a suivi la

Le $\frac{\text{F}}{57}$, nous l'avons vu, avait, pendant la marche d'approche, son demi-bataillon de gauche $\left(\frac{9,\ 11}{57}\right)$ derrière la droite du $\frac{\text{I}}{57}$, et son demi-bataillon de droite $\left(\frac{10,\ 12}{57}\right)$ en échelon, en arrière et à droite.

Au moment où le $\frac{\text{I}}{57}$ conversait à gauche, les $\frac{9,\ 11}{57}$ suivaient le mouvement en accentuant encore cette conversion à gauche, gagnaient l'intervalle entre la deuxième ligne du $\frac{\text{F}}{16}$ $\left(\frac{12,\ 9}{16}\right)$ et le $\frac{\text{I}}{57}$, et dévalaient jusque dans le fond du ravin ([1]). Le demi-bataillon de droite $\left(\frac{10,\ 12}{57}\right)$, conservant sa position par rapport aux $\frac{3,\ 4}{57}$, fut saisi par le feu en émergeant sur le sommet de la croupe entre l'arbre au sud du ravin et la corne du bois de Tronville, subit immédiatement de grosses pertes en essayant de se déployer, dut se coucher à plusieurs reprises, et finalement une partie de la $\frac{9}{57}$ se jeta dans le fond du ravin, derrière la fraction de la $\frac{\text{I}}{57}$ qui s'y trouvait.

---

seconde. En fait, les deux versions sont sans doute exactes et la $\frac{4}{57}$ s'est probablement avancée un peu plus loin que la $\frac{3}{57}$.

Quant à l'histoire du drapeau du $\frac{\text{I}}{57}$ brandi par le sergent Dræger, s'élançant en avant au cri de hurrah ! elle paraît fantaisiste. Au dire de von der Mühlbe, Dræger n'était pas un sous-officier modèle, loin de là. (Cf. F. Hœnig, *Die Wahrheit...*)

([1]) Ici encore, deux versions contradictoires au sujet de la place que vinrent prendre les $\frac{9,\ 11}{57}$. D'après le lieutenant Hilken $\left(\frac{9}{57}\right)$, il aurait vu le lieutenant-colonel Sannow $\left(\frac{\text{I}}{16}\right)$ à sa droite ; par suite, les $\frac{9,\ 11}{57}$, ou tout au moins la $\frac{9}{57}$ aurait été mélangée avec le $\frac{\text{F}}{16}$. Sannow dit au contraire — et sa version est plus vraisemblable — que les fractions du 57e qu'il vit entrer en ligne à droite de son demi-bataillon de réserve $\left(\frac{9,\ 12}{16}\right)$ appartenaient aux $\frac{9\ \text{et}\ 11}{57}$.

C'est ainsi que la 38e brigade vint se heurter contre l'infanterie française déployée au nord du ravin, s'engouffrer dans cette profonde dépression, que sa gauche (huit ou neuf compagnies du 16e) était bien parvenue à dépasser dans un effort suprême, mais où sa droite (57e) était venue s'effondrer, épuisée de fatigue, fortement éprouvée déjà par le feu(1).

Les épreuves ne faisaient d'ailleurs que commencer pour elle. Elle a, jusqu'ici, par sa pointe audacieuse, étonné les Français, mais d'autres bataillons frais arrivent du nord en toute hâte, et maintenant elle va connaître à son tour les affres du massacre et de la déroute.

i) **Le combat dans le ravin et la retraite**(2). — Dès son apparition sur le bord nord du ravin, la ligne de combat du 16e régiment s'était trouvée face à face avec une ligne d'infanterie française(3) qui, à moins de 100 mètres, ouvre sur elle un feu terrible.

« La masse opposée, dit un témoin oculaire (4), s'effondre devant nous comme coupée par le ventre... Le sol est couvert de cadavres et bientôt nous voyons remonter toute cette masse vers le bois (de Tronville) en déroute complète, emportée comme dans un tourbillon. »

---

(1) Voulant donner une idée de la marche des unités, l'Historique officiel dit : « Les compagnies descendaient rapidement dans le ravin, tantôt courant l'espace de 100 à 150 pas, tantôt se couchant. » Cette marche par bonds est affirmée par les uns, niée par les autres. Elle ne saurait en tout cas s'appliquer au 16e régiment, dont la majeure partie ne s'arrêta pas une seule fois.

En ce qui concerne le 57e, la 25e monographie dit : « D'eux-mêmes, les tirailleurs de la 2e compagnie, et toutes les fractions du régiment n° 57 qui suivent, arrivent au pas de course et, dès qu'ils trouvent un enfoncement suffisant du sol, se jettent à terre épuisés, pour refaire leurs forces en vue d'un nouveau bond ; l'instinct de la conservation leur enseigne ce qu'ils n'ont jamais fait à la manœuvre. »

D'après le lieutenant Hilken $\left(\dfrac{9}{57}\right)$, les $\dfrac{9,\ 11}{57}$ ont fait cinq bonds réguliers pour s'avancer jusqu'au versant sud.

D'après les témoignages recueillis par la 25e monographie, il en fut ainsi dans beaucoup d'unités du 57e.

Il est cependant incontestable que cette prétendue marche par bonds n'a présenté nullement un caractère systématique et voulu. Elle résulta de la nécessité de faire de temps en temps reprendre haleine aux troupes épuisées.

(2) Voir croquis perspectifs nos 11 et 12 (terrain d'attaque et ravin vus de la position française).

(3) Deux bataillons du 43e.

(4) De Courson de la Villeneuve, *La brigade Bellecour à l'armée du Rhin.*

En réalité, l'infanterie française dont il s'agit (43ᵉ) arrête bien le mouvement en avant du 16ᵉ, mais l'entrée en ligne successive des fractions du 57ᵉ ne lui laisse pas la supériorité du feu ; elle recule un moment, lorsque l'irruption soudaine d'une nouvelle masse française vient changer du tout au tout la face des choses. C'est alors que les compagnies allemandes les plus avancées, refoulées de front et de flanc par une poussée irrésistible, sont, en un clin d'œil, précipitées au fond du ravin. Elles y laissent un grand nombre de prisonniers — 400 au moins — et un drapeau $\left(\dfrac{\text{II}}{16}\right)$.

Les débris de la brigade remontent péniblement le versant sud du ravin sous un feu qui redouble d'intensité.

« Ce qui, par miracle, échappe à la mort, se traîne sous une pluie de balles par-dessus la hauteur : l'épuisement est tel qu'on devient indifférent au danger ([1]). »

En vain quelques fractions qui n'ont pu arriver jusqu'au ravin essaient de riposter encore ; elles ne peuvent résister à la poussée formidable des Français. Partout il faut activer la retraite pour sauver le peu d'hommes qui restent encore debout. Et voici que, tout à coup, les soldats français, surgissant à l'improviste de la fumée à 3o pas à peine, viennent achever la déroute. Celle-ci est complète, et la plus désastreuse qui se puisse imaginer ([2]).

« Je ne crains pas de reconnaître, écrit F. Hœnig, alors adjudant-major au $\dfrac{\text{I}}{57}$, que, même plusieurs mois après, le feu de Mars-la-Tour m'énervait encore. Des troupes qui ont subi un pareil feu sont démoralisées pour longtemps, et je parle non seulement des hommes, mais même des officiers. Je ne suis d'ailleurs pas seul à en juger ainsi. »

En raison de l'attaque qu'elle a subie sur ses deux ailes, la 38ᵉ brigade recule sur deux lignes faisant un angle aigu. Les débris du 16ᵉ se jettent vers le sud, ceux du 57ᵉ vers le sud-ouest. Il en résulte un croisement qui augmente encore le désordre et la confusion. Bientôt, il ne resta plus sur le plateau au sud du ravin que des cadavres ou des agonisants.

([1]) 25ᵉ monographie.

([2]) Lieutenant-colonel ROUSSET, *Le 4ᵉ corps de l'armée de Metz.*

A l'extrême droite, les deux compagnies de pionniers et la demi-$\frac{1}{57}$ ont bien essayé, du saillant nord-ouest du bois de Tronville, d'arrêter par un feu de flanc l'élan des Français, mais en vain ; elles doivent suivre le mouvement rétrograde et disparaître à leur tour.

La 38ᵉ brigade était anéantie ([1]).

« Sa retraite, écrit F. Hœnig, constitue assurément le drame le plus épouvantable de la grande guerre. Cette brigade avait perdu 53 °/₀ de son effectif et, sur ce chiffre, la proportion des tués aux blessés était de 3 à 4. On voyait des hommes vigoureux s'affaisser inertes ; une chaleur suffocante, une marche forcée suivie d'une attaque particulièrement pénible, avaient épuisé les forces. Quant à l'attitude de ces soldats si durement désillusionnés, elle variait avec leur sensibilité. J'en vis qui pleuraient comme des enfants, d'autres qui s'affalaient sans mot dire. Cependant, chez la plupart, la soif avait fait taire toute autre sensation, la nature reprenait ses droits : De l'eau ! de l'eau ! tel est à peu près le seul mot que j'entendis proférer par ces fantômes. Et bien que la fusillade ennemie crépitât encore drue comme grêle à travers nos débris misérables, on ne se retirait que lentement, les têtes penchées sous la fatigue... Ainsi les hommes traversèrent en sens inverse ces vastes champs qui, si peu de temps avant, avaient retenti de leurs chansons de marche !... Si quelques escadrons étaient survenus brusquement, personne n'eût échappé ! »

Heureusement pour les Allemands, l'adversaire qui, cependant, ne manquait pas de cavalerie dans cette zone du champ de bataille, ne sut pas jeter un seul escadron sur la 38ᵉ brigade en fuite.

C'est alors que le général von Voigts-Rhetz, qui avait suivi l'attaque de la 38ᵉ brigade d'un emplacement situé entre Mars-la-Tour et Tronville, constatant le désastre, poussa le cri désespéré : « *Jetzt muss die Kavallerie coûte que coûte attackiren* » et eut sans doute la douleur de ne pas trouver à portée de sa main un seul escadron prêt à obéir à son cri d'alarme.

La division Rheinbaben était en route vers le plateau d'Yron, en route pour le « carrousel », comme le dit très justement le

---

([1]) Lieutenant-colonel Rousset, *loc. cit.*

général Cardot ; Brandenburg avec le 1er dragons de la Garde ne bougeait pas de sa place auprès de Mars-la-Tour.

En toute hâte, un aide de camp de la 19e division, capitaine Eggeling, est dépêché à Rheinbaben, mais il ne le rejoint qu'à Ville-sur-Yron — après le carrousel — et, lorsqu'il lui remet l'ordre de charger à fond, « *den Befehl zum rücksichtslosen Draufgehen* », Rheinbaben lui répond que c'est fait, que sa division vient de donner, comme s'il ne comprenait pas, ce cavalier, que cette attaque à fond qu'on réclame, c'est sur l'infanterie ennemie victorieuse qu'il faut la fournir [1]. Un autre officier d'état-major est envoyé à Brandenburg qui, lui, comprend immédiatement la pensée de son chef ; dépossédé de l'un de ses régiments, qui est dispersé aux quatre coins de l'horizon, il vient trouver le colonel von Auerswald qui commande l'autre, lui transmet l'ordre et ajoute qu'il chargera avec lui — « *Ich komme mit* » — sur cette infanterie française si menaçante.

j) **La charge du 1er dragons de la Garde et la tentative de deux escadrons de cuirassiers.** — Le 1er dragons de la Garde était réuni au sud-est et près de Mars-la-Tour lorsque Brandenburg lui transmit l'ordre de charger.

Sans illusion sur le succès de l'attaque qu'on lui demandait, mais conscient du sacrifice à consentir pour sauver ses frères [2], le colonel von Auerswald se mit de suite en mesure de répondre à la demande du commandant du Xe corps.

Laissant l'escadron du prince de Hohenzollern (4e) à la garde des étendards de la brigade [3], il porta ses trois escadrons [4] non sans difficulté par le vallon du Lavoir, tout parsemé de clôtures en fil de fer, au nord du chemin de Mars-la-Tour à Saint-Marcel ; là il les reforma face au nord-est, déploya les 3e et 5e escadrons et s'élança à leur tête, en longeant au nord le chemin précité, sur les masses françaises victorieuses, mais arrêtées en désordre sur

---

[1] Général Cardot, *Les leçons du 16 août.*

[2] « Le régiment n'a pas à obtenir un succès, mais, s'il arrête l'ennemi seulement dix minutes, dût-il succomber jusqu'au dernier homme, il aura rempli sa mission. » (Paroles de Voigts-Rhetz à Brandenburg.)

[3] Sans commentaires ! qu'il y ait eu tirage au sort ou non.

[4] 1, 3, 5.

le sommet de la croupe au sud du ravin ; Brandenburg suivit avec le 1ᵉʳ escadron en échelon en arrière à droite au sud du chemin.

Favorisés par le terrain, qui forme une légère dépression le long de ce chemin, les 3ᵉ et 5ᵉ escadrons tombèrent à l'improviste sur la gauche de la ligne française (1), qui eut à peine le temps d'ouvrir le feu et dont quelques hommes furent renversés par les chevaux. Rejetés au nord par cette fusillade, ces deux escadrons s'élancèrent sur les masses qui se reformaient en arrière sur le bord du ravin ; fusillés à bout portant par l'infanterie française (2), ils ne purent que faire demi-tour et s'enfuir à toute allure en venant défiler devant la droite française (3) qui acheva leur dispersion.

Le 1ᵉʳ escadron, profitant du trouble jeté dans la première ligne des Français par les escadrons précités, la traversa et vint buter contre la gauche de la deuxième ligne (4), qui le reçut par un feu exécuté avec calme, et l'abattit presque en entier ; le reste s'enfuit vers la gauche derrière les 3ᵉ et 5ᵉ escadrons.

Les débris du régiment d'Auerswald vinrent se rallier dans le vallon du Lavoir ; il avait laissé 16 officiers, 125 hommes et 246 chevaux sur le terrain ; le colonel était parmi les morts.

Les escadrons de cuirassiers $\left(\dfrac{4,\ 5}{4^{e}\ \text{cuir.}} \right)$ affectés comme soutien aux batteries Goltz avaient suivi le mouvement lorsque les dragons étaient passés à leur hauteur et gagné la gauche de ceux-ci. Mais ils ne purent ainsi utiliser le cheminement qui avait été si favorable aux dragons. En émergeant sur la croupe au nord du Lavoir, les cuirassiers furent en effet immédiatement salués par le feu de la droite française (5) et, avant d'avoir pu se former en bataille, durent faire demi-tour au prix de pertes sérieuses et sans avoir produit un effet quelconque.

Il faut dire aussi que ces deux escadrons ne mirent pas dans leur tentative la sauvage énergie des dragons.

---

(1) 5ᵉ bataillon de chasseurs.

(2) 57ᵉ, 73ᵉ de ligne.

(3) $\dfrac{11}{13}$.

(4) 1ᵉʳ de ligne.

(5) $\dfrac{11}{13}$.

« Tandis que la charge des dragons se faisait avec la rapidité
de l'éclair, et que tout le monde y paraissait animé du souffle qui
brise tous les obstacles et cherche le choc, la charge des cuirassiers a été lourde et peu énergique [1]. »

Le sacrifice du 1er dragons de la Garde n'avait pas été inutile.
Conduite avec adresse et vigueur, cette charge de trois faibles
escadrons contre plus de trois régiments d'infanterie française en
désordre sans doute, mais victorieux, suffit à leur imposer le
respect à la pointe de ses sabres, à arrêter leur mouvement en
avant, et permit aux débris de la 38e brigade de continuer vers
le sud leur triste exode ; elle ne fut sans doute pas sans influence
sur les résolutions ultérieures du commandant du 4e corps français, sans contribuer à déterminer peu de temps après le mouvement de retraite des divisions Grenier et de Cissey au nord du
ravin.

Malgré tout, envisagée en elle-même, comme tous les actes de
la cavalerie allemande dans cette journée, elle ne dérive pas de
cette notion — capitale à nos yeux — de la liaison des armes,
elle n'est pas inspirée par le sentiment nécessaire de la camaraderie de combat, elle ne réunit pas enfin les conditions que nous
avons déjà reconnues indispensables dans toute action de cavalerie. Ni Brandenburg, ni Auerswald ne sont suffisamment atten-
tifs aux luttes de leur infanterie ; ils sont postés là où on les a
mis, la bride au bras, inactifs ; ils ne sont pas aux aguets, à
l'affût, « *quærentes quem devorent* » ; leur action est encore
moins spontanée et, partant, elle est trop tardive. Il faut la crise
à son plus haut degré, il faut le cri d'angoisse de Voigts-Rhetz :
« *Kavallerie! Kavallerie!* » pour les ébranler, et ils songent à
tout, ces cavaliers, avant de se lancer dans la fournaise où sombrent leurs frères fantassins : ils songent à désigner ou à tirer au
sort un escadron pour garder les étendards !

k) **L'artillerie allemande pendant l'attaque et la retraite.** —
L'attaque de la 38e brigade avait été appuyée par les batteries
Schaumann $\left(\dfrac{2,\ II}{10}\ \text{de l'AD}_{19}\right)$, les deux batteries légères $\left(\dfrac{5,\ 6}{10}\right)$

____

[1] F. Hœnig, *Die Wahrheit...*

de l'AC$_X$ et deux batteries $\left(\dfrac{4,\ IV}{10}\right)$ de l'AD$_{20}$, qui s'étaient toutes portées au nord de la grand'route.

Formant trois groupes sĕparés par des intervalles de 5oo à 6oo mètres, ces six batteries ne semblent pas avoir été réunies sous le commandement effectif du colonel von Goltz, commandant l'AC$_X$, qui ne paraît s'être occupé que des deux batteries légères $\left(\dfrac{5,\ 6}{10}\right)$ de l'AC$_X$, amenées par lui à la bataille. Cette réunion était cependant la condition première qui permît de réaliser une préparation systématique de l'attaque, une répartition rationnelle de la besogne, répondant aux besoins à satisfaire, qu'il s'agît de contrebattre l'artillerie adverse tant qu'elle était seule à craindre, de battre les objectifs assignés à l'infanterie ou de parer aux contre-attaques.

A cet égard, l'artillerie de la IIIe armée allemande avait fait preuve à la bataille de Wœrth d'une compréhension beaucoup plus juste de son rôle ([1]).

En fait, ces trois groupes ont, chacun pour leur compte, pris à partie les batteries françaises établies à peu près droit devant elles, sans produire d'ailleurs de bien grands résultats.

Cette artillerie fit preuve, pendant la retraite, d'une ténacité remarquable.

Les deux batteries $\left(\dfrac{4,\ IV}{10}\right)$ de l'AD$_{20}$ se maintinrent près de la lisière ouest de la petite parcelle du bois de Tronville, tapant dans le tas sur l'infanterie française en reconstitution aux environs du peuplier (cote 261) jusqu'à ce qu'elles fussent dépassées par les derniers fuyards.

Les deux batteries légères $\left(\dfrac{5,\ 6}{10}\right)$ de l'AC$_X$ se dévouèrent de même pour le salut de leur infanterie, subirent de grosses pertes tant dans leurs servants que dans leurs attelages par le feu de l'infanterie française.

Lorsque le colonel von Goltz ordonna la retraite par échelons,

---

([1]) Dans une étude antérieure, non publiée, et intitulée : « Essai sur la liaison des armes dans la bataille de Wœrth », nous avons trouvé à ce point de vue des enseignements très intéressants.

la batterie qui se retira la première dut, pour emmener ses pièces, employer quelques montures d'officiers tués du 16ᵉ; la batterie restée la dernière ne dut son salut qu'à la charge des dragons de la Garde.

La 25ᵉ monographie décrit ainsi cet épisode :

« Voilà la batterie Berendt toute seule ; à quelques centaines de pas devant son front s'étend la haie qui borde le chemin de Saint-Marcel : c'est là qu'apparaissent les tirailleurs ennemis dont le feu ne tarde pas à agir si efficacement sur les servants et sur les attelages que c'est à peine si l'on peut servir les pièces. Le lieutenant Hartmann paie de sa personne pour permettre aux pièces de sa section de faire feu. Il est trop tard pour se retirer : déjà le vaillant chef de la batterie s'est résolu à périr glorieusement quand le salut approche.

« Le feu destructeur de l'ennemi s'arrête soudain. Le sol retentit sous les pieds des chevaux. En avant et à gauche de la batterie passe rapidement un nuage de poussière où le soleil couchant fait briller des sabres et des casques : ce sont les dragons de la Garde qui vont charger. Vite, la batterie met à profit l'instant de répit qui en résulte ; ce qui semblait impossible se réalise ; les avant-trains sont amenés et attelés à deux, à quatre chevaux au plus, les pièces se retirent pas à pas. »

Les batteries Schaumann $\left(\dfrac{2,\ \mathrm{II}}{10}\right)$ se sont de leur côté également repliées au sud-est de Mars-la-Tour.

Vers 5ʰ 45, les six batteries sont de nouveau en position au sud de la route de Mars-la-Tour. Elles ont perdu 3 officiers, 83 hommes et 82 chevaux.

l) **Suite de la retraite de la 38ᵉ brigade.** — Revenons à la 38ᵉ brigade. Nous avons vu dans quel désarroi les débris des 16ᵉ et 57ᵉ régiments avaient commencé à refluer vers le sud. Ils venaient d'évacuer la hauteur au sud du ravin lorsque retentit au milieu d'eux le cri : « Retraite sur (jusqu'à : *nach*) Thiaucourt ! » Ce fait est affirmé par les témoins les plus dignes de foi [1] et les

----

[1] Hilken, Schaumann, Cranach, Lessing.

habiles circonlocutions de la 25ᵉ monographie ne sont pas un démenti. L'ordre de retraite sur Thiaucourt a été apporté par un officier de l'état-major de la 19ᵉ division (capitaine Eggeling ou lieutenant Bernuth, probablement le premier [1]) au général von Wedell, qui chargea son officier d'ordonnance (lieutenant Kahlbacher) de le transmettre aux troupes d'infanterie, et un dragon estafette à Schaumann. Kahlbacher, qui se trouvait alors avec son général à proximité de la corne nord-ouest de la petite parcelle du bois de Tronville, parcourut le front de la droite à la gauche au galop de son cheval pour le communiquer. Schaumann reçut ledit ordre au moment où il se disposait à ramener ses batteries au sud de la grand'route. Au sud de cette route, il reçut de Schwartzkoppen, par l'intermédiaire de Scherff, l'ordre de couvrir la retraite. Enfin le lieutenant von Lessing, de l'état-major du Xᵉ corps, fut également prié par Schwartzkoppen de transmettre l'indication que la retraite se faisait sur Thiaucourt.

C'est alors qu'intervinrent fort heureusement Voigts-Rhetz et Caprivi. Rencontrant Schaumann entre Mars-la-Tour et Tronville, le premier lui prescrivit de rester avec ses batteries sur les hauteurs situées à environ 400 mètres au sud de Mars-la-Tour et d'envoyer tous les hommes montés dont il disposait pour ramener les fuyards auprès des batteries.

Le second, apprenant de la bouche de Lessing, avant que celui-ci ait déféré à l'invitation de Schwartzkoppen, l'ordre donné par ce dernier, chargea cet officier de s'efforcer de réunir autour de Tronville les fantassins de la malheureuse brigade.

C'est alors — et ceci est d'accord avec la 25ᵉ monographie — mais alors seulement, que Schwartzkoppen, chargé par Voigts-Rhetz de rassembler la brigade près de Tronville, se porta avec son chef d'état-major, Scherff, au-devant des soldats isolés de la 38ᵉ brigade, qui affluaient au sud de la grand'route, « affaissés, indifférents », et prenaient la direction du sud-ouest, et que Scherff, formant un barrage au sud de Mars-la-Tour avec un escadron de uhlans, parvint peu à peu à leur faire prendre la direction de Tronville.

---

(1) Bernuth le nie en ce qui le concerne. Il n'est pas possible d'être affirmatif pour Eggeling, car c'est bien juste s'il était rentré de sa mission auprès de Rheinbaben.

Vers 6ʰ 3o du soir, les débris de la brigade se trouvaient en partie entre la ferme du Sauley et Tronville ; un certain nombre d'isolés gagnaient Thiaucourt ; le $\dfrac{II}{57}$ lui-même, qui était resté à Saint-Hilaire, revenait à Thiaucourt dans la nuit du 16 au 17, avec le 3ᵉ escadron du 2ᵉ dragons de la Garde et les équipages du quartier général du Xᵉ corps [1].

4° Observations critiques sur l'attaque de la 19ᵉ demi-division. — Les réflexions que nous avons faites en cours de route nous dispensent de revenir sur les causes du désastre de la 38ᵉ brigade. Rappelons seulement ce que l'examen des dispositions initiales de cette unité nous permettait déjà de dire avant l'exposé des faits :

« L'attaque est maintenant lancée à l'aventure, nous l'avons vu, dans une formation linéaire, ne comportant aucune profondeur, incapable de faire durer l'effort, sans aucune réserve qui permette au commandement d'exercer son action sur la lutte [2]. »

Si maintenant nous reprenions la question pour notre compte, mettant à profit les observations que nous a suggérées l'examen

---

[1] Pertes de la brigade (d'après les Historiques des corps) :

16ᵉ.	Officiers	tués. .	27	(dont le colonel von Brixen)	48
		blessés.	21		
	Hommes de troupes.	tués. .	526		1 313
		blessés.	787		
57ᵉ.	Officiers	tués. .	6		24
		blessés.	18		
	Hommes de troupes.	tués. .	23o		654
		blessés.	424		

Disparus { 16ᵉ . . . . 1 officier, 423 hommes.
{ 57ᵉ . . . 1 — 26 —

[2] Nous attachons une grande importance à cette méthode de critique, appliquée déjà à plusieurs des situations de cette journée ; mettant en présence d'une part des décisions, des ordres, des dispositions, d'autre part une doctrine, elle permet de prévoir les résultats. L'exposé des faits, qui vient ensuite, se charge de sanctionner les prévisions et illustre, pour ainsi dire, la doctrine en lui donnant de la vie. Cette méthode développe la faculté de prévision, si essentielle chez le chef de tout grade ; elle conduit bien au but fixé par le règlement sur les manœuvres de l'infanterie : « C'est surtout la réflexion et l'étude des faits de guerre les plus récents qui les préparent (les chefs) à remplir la tâche qui leur incombe sur le champ de bataille. » (Article 24o.)

de la conduite de Schwartzkoppen, nous serions amené, au lieu de nous coller à la colonne de Saint-Hilaire au champ de bataille, à courir nous entendre le plus tôt possible avec Voigts-Rhetz, à demander à notre cavalerie des renseignements sur la situation dans la zone où nous aurons à agir, à pourvoir à la sûreté du rassemblement par l'occupation du point d'appui que constituait Mars-la-Tour, à chercher à déterminer l'étendue du front ennemi à attaquer, au lieu de nous lancer au hasard dans une direction quelconque, en fait oblique au front ennemi et prise d'écharpe. Enfin, au lieu de jeter dès le début toutes nos forces en ligne dans une situation aussi peu déterminée, nous préparerions notre action avec précaution et, pour en assurer la puissance et la durée, nous l'organiserions en profondeur.

Dans cet ordre d'idées, il s'imposait tout d'abord de s'assurer la possession de la croupe marquée par l'arbre au sud du ravin et de la corne nord-ouest du bois de Tronville, tout en se couvrant dans la direction de la hauteur du Poirier et du bois de Pins, ainsi que du bois de la Veltérène.

Des cinq bataillons dont on disposait, un bataillon du 16e formant avant-garde eût reçu comme premier objectif, en vue de couvrir la marche d'approche et de préparer l'engagement du gros, l'occupation de la croupe marquée par l'arbre au sud du ravin et de la corne nord-ouest du bois de Tronville; un second bataillon du 16e, assisté d'un escadron des dragons de la Garde, eût été chargé de la sûreté du flanc gauche, du bois de la Veltérène à la route de Bruville; le gros de la brigade (un bataillon du 16e, deux bataillons du 57e) eût été amené à couvert, en utilisant sensiblement le cheminement suivi par le 1er dragons de la Garde, au sud de la croupe marquée par l'arbre au sud du ravin. Les batteries Schaumann, tenues primitivement à proximité de Mars-la-Tour, auraient reçu l'ordre d'appuyer le mouvement et l'installation de notre bataillon d'avant-garde sur la croupe de l'arbre au sud du ravin où son arrivée n'eût pas manqué d'amener l'ennemi à dévoiler ses moyens d'action, et par suite de contribuer à éclaircir la situation.

Les objectifs à assigner au gros des troupes se seraient ainsi précisés et, au lieu d'une course folle à l'abîme — au ravin —, on eût été sans doute amené à consolider avec le gros de la bri-

gade l'installation sur le plateau du Peuplier, ce qui, après tout,
satisfaisait bien aux vues du commandement.

Si enfin il fallait attaquer les hauteurs au nord du ravin, puisque
la position de feu donnée par la croupe 261 ne se prêtait pas à
l'utilisation des armes d'alors — la distance des feux efficaces du
fusil à aiguille n'étant guère supérieure à 500 mètres — on aurait
bien vu qu'il fallait des forces en artillerie très supérieures aux
deux pauvres batteries de Schaumann ; on eût ramassé tout ce
qu'il y avait aux alentours, c'est-à-dire les batteries légères $\dfrac{5,\,6}{10}$,
les batteries de la 20e division $\left(\dfrac{4,\,\mathrm{IV}}{10}\right)$, voire même la batterie
Planitz $\left(\dfrac{\mathrm{I\ C}}{\mathrm{G}}\right)$; ces batteries eussent été amenées dès le début là
où elles sont venues dans la suite, réunies sous un commandement
unique et, sous leur protection, on eût tenté la descente du ravin
en conservant toujours sur la partie nord des réserves suffisantes
pour parer à un retour offensif de l'ennemi ; on serait alors arrivé
à loger une ligne de tirailleurs à cette position de feu que les
compagnies du 16e ont bien pu gagner et à mener ensuite le
combat dans des conditions autrement avantageuses que celles
que nous avons constatées, disposant toujours d'une artillerie
peut-être numériquement inférieure, mais techniquement et tactiquement très supérieure à celle d'en face, qui eût bien tenu en
respect l'infanterie française abandonnée par ses batteries [1]. On
eût peut-être fini par être submergé par là supériorité numérique
de l'adversaire, mais on se fût trouvé en situation d'imposer le
respect et de faire une retraite digne de ce nom, au lieu de subir
un désastre.

Telles sont les leçons que nous tirons une fois de plus de ces
faits historiques. Sans doute, ils n'ajoutent rien à la doctrine,
mais ils contribuent à l'illustrer pour ainsi dire, ils la vivifient
singulièrement en nous faisant partager dans la mesure du possible les impressions des combattants ; ils nous apprennent à
prévoir, et partant à commander.

Quelles que soient d'ailleurs les critiques que mérite l'attaque

------

[1] On sait qu'il en fut ainsi du côté français.

de la 38ᵉ brigade, nous devons reconnaître — en revenant à l'idée
générale qui a guidé notre étude — qu'elle n'en constituait pas
moins une manifestation nouvelle de l'attitude agressive adoptée
par les chefs allemands aussi bien au Xᵉ corps qu'au IIIᵉ. Les
uns ne sont pas à la hauteur des autres, c'est entendu ; Voigts-
Rhetz n'arrive pas à la cheville d'Alvensleben, Kraatz et Schwartzkoppen ne sont pas à comparer à Stülpnagel et Buddenbrock, et
les réelles qualités des exécutants — Brixen et Cranach étaient
d'excellents colonels — ne sont pas utilisées comme elles le mé-
riteraient. Mais enfin tous agissent avec une mâle énergie, veulent
imposer leur volonté à l'adversaire, conquérir ou conserver l'ascendant moral, tapent dans le tas enfin.

Le résultat obtenu par la 38ᵉ brigade et la charge des dragons
n'a d'ailleurs pas été nul. Certes on ne saurait trop s'inscrire en
faux contre cette assertion de plusieurs écrivains allemands « que
l'attaque de la 38ᵉ brigade ait à elle seule complètement paralysé
la puissance offensive de l'ennemi ».

Comme le dit fort justement F. Hœnig, « quand le général de
Ladmirault a vu à ses pieds la 38ᵉ brigade en déroute, elle ne
pouvait plus lui faire aucun mal ; un ennemi battu n'est plus un
ennemi. A ce moment, Ladmirault aurait dû avoir conscience de
sa victoire. Si malgré cela il se tint sur la défensive, c'est que le
général français pensait avoir à craindre l'entrée en ligne de nouvelles forces allemandes venant de la même direction (Suzemont)
que la 38ᵉ brigade. Il ne pouvait pas admettre qu'il eût affaire à
une brigade isolée, et il se prépara, d'après la doctrine de la
défensive passive alors en honneur en France, à attendre cet
ennemi imaginaire sur une position qu'il jugeait excellente…

« L'attaque de la 38ᵉ brigade n'a donc pas été sans résultat au
point de vue matériel et moral, mais n'a pas, à elle seule, complètement paralysé la puissance offensive de l'ennemi.

« C'est bien plutôt l'offensive générale prise du côté allemand
qui, par son audace, a fait croire à Ladmirault que nos troupes
avaient derrière elles des masses imposantes. C'est cette erreur
de Ladmirault qui a fait perdre la bataille aux Français.

« Pas de doute : Vionville—Mars-la-Tour est la plus haute
expression de l'esprit offensif. Mais rien n'affranchit le commandement de faire tout pour assurer le mieux possible le succès de

l'offensive. C'est ce que le général von Schwartzkoppen n'a pas fait.

« Je ne puis pas rayer un mot de ce jugement. »
On ne saurait mieux dire (¹).

IV — Le combat de Ville-sur-Yron

Pendant que ces tragiques événements se déroulaient aux abords du célèbre ravin, les cavaleries française et allemande se livraient aux environs de Ville-sur-Yron à leurs ébats particuliers, ébats grandioses d'ailleurs, mais sans résultat décisif pour l'une ou pour l'autre d'une part, et sans aucune influence sur l'issue de la bataille d'autre part.

Le cavalier qui cherche des enseignements pour l'emploi de son arme dans le combat de cavalerie, combat qui peut s'imposer et qui alors n'est pas irrationnel, trouvera sans doute dans ces luttes d'utiles leçons.

Pour nous, ce combat ne saurait retenir longtemps notre attention. Si en effet, chez l'Allemand, il présente encore jusqu'à un certain point le caractère d'un acte agressif en harmonie avec les autres actes de cette journée, constatés chez nos ennemis, il constitue presque une gageure contre le principe impérieux de la liaison des armes, car c'est en vérité un spectacle étrange que celui de ces cavaliers qui vont « se flanquer des gnons (²) » pour leur propre compte dans les régions excentriques de la bataille

____

(¹) N'étudiant pas les opérations du côté français, nous ne discuterons pas en détail l'attitude du général de Ladmirault dans la circonstance. Mais il est clair que les circonstances atténuantes invoquées en sa faveur par certains écrivains militaires, notamment l'ignorance de la situation où il est laissé par le commandant en chef de l'armée française, pas plus que l'absence de la division Lorencez ne sauraient l'excuser d'avoir laissé échapper l'occasion de nous donner la victoire, et quelle victoire !

Devant un adversaire qui gauchement peut-être, mais enfin audacieusement, tapait dans le tas, nous avons tendu le dos ; les meilleurs d'entre les nôtres qui, cédant au caractère et au tempérament de la race, ont par hasard essayé de taper dans le tas eux aussi, ont été bien vite arrêtés dans leur élan, et on les a non moins vite reconduits occuper des positions.

Pour la discussion détaillée des actes du général de Ladmirault, voir _Revue d'Histoire_ (mars 1904), général CARDOT, _Les Leçons du 16 août_, et lieutenant-colonel ROUSSET, _Le 4ᵉ corps de l'armée de Metz_.

Les croquis perspectifs nᵒˢ 11 et 12 donnent une idée du terrain d'attaque du 4ᵉ corps français.

(²) Expressions du général Cardot.

pendant que leurs frères sombrent dans une épouvantable débâcle ou que, dans le camp opposé, ils s'arrêtent dans leur
course victorieuse, « esbrouffés (¹) » par trois pauvres escadrons.

On dirait d'ailleurs qu'ils sont honteux de leurs propres actes,
car, après le « carrousel (¹) », les uns, qui dans l'histoire se prétendent victorieux, emportent leurs soi-disant lauriers à Puxieux,
les autres, qui ne sauraient s'avouer vaincus, se replient au nord
pour chercher un repos qu'ils estiment bien gagné.

Sans doute, on a prétendu (²) que « cette mémorable rencontre de cavalerie fut provoquée du côté des Allemands par les
efforts parfaitement logiques que faisait le général von Voigts-
Rhetz pour protéger autant que possible l'aile gauche allemande
dans la situation critique où elle se trouvait, et, du côté des Français, par les craintes non fondées qu'inspiraient au commandant
du corps de l'aile droite des masses ennemies qui menaçaient son
flanc droit ».

Cette assertion du général russe de Woyde nous paraît très
discutable. Nous estimons au contraire que, du côté allemand
comme du côté français, la sûreté de l'aile en question eût été
beaucoup mieux assurée par une combinaison de forces, par un
détachement mixte, par une flanc-garde de gauche de la 19ᵉ division, disposant du 2ᵉ dragons de la Garde pour s'éclairer et annoncer le danger, par un ou plusieurs bataillons de la brigade
Pradier, qui eussent sans doute mille fois mieux fait nos affaires
en s'occupant contre l'ennemi ou en s'occupant activement de
sûreté qu'en occupant passivement une position.

Nous ne saurions oublier — ces pensées vous étreignent lorsque vous errez aux alentours de la ferme de Greyère — qu'il ne
s'est pas trouvé un seul escadron français pour achever la 38ᵉ brigade et montrer aux bataillons de Cissey le chemin de Tronville,
alors qu'il y avait aux environs de la cavalerie... à revendre.

Les Allemands non plus ne sauraient oublier — demandez plutôt à Voigts-Rhetz — qu'il ne s'est trouvé chez eux que trois escadrons pour parer au désastre, et que Rheinbaben, invité à fournir

---

une charge à fond, *zum rücksichtslosen Draufgehen,* s'en est allé faire boire ses chevaux. Et alors, nous sommes bien obligé de nous associer à la critique amère d'Alvensleben reprochant à la cavalerie son peu d'entrain à s'associer aux luttes des autres armes, *die Bereitwilligkeit der höheren Führer ihre Truppeneinzu-setzen im Verhältnis mit den anderen Waffen.*

Nous ajouterons d'ailleurs que c'était bien s'illusionner que de demander à la cavalerie seule, si nombreuse qu'elle fût, la protection du flanc menacé. Certes, elle pouvait et devait renseigner sur l'apparition du danger, et ses organes de renseignement auraient dû depuis longtemps explorer toute cette région de Ville-sur-Yron, de Bruville, de Doncourt ; mais la protection exige toujours une force capable de résistance, que la cavalerie ne saurait offrir avec des garanties suffisantes. Un détachement de toutes armes était seul capable de procurer la protection efficace. Mais il fallait bien se garder de se démunir de toute cavalerie là où se passaient des luttes décisives. Voigts-Rhetz l'a cruellement ressenti ce jour-là, et il n'eût sans doute été que médiocrement consolé à la nouvelle envoyée dans la soirée par Rheinbaben sur l'heureuse issue du combat de Ville-sur-Yron, si son fidèle Caprivi n'avait pris soin, pour ne pas aggraver son amertume, de la garder pour lui ([1]).

V — La fin de la bataille à l'aile gauche

Pendant que l'état-major du Xe corps s'efforçait de remettre un peu d'ordre dans les débris débandés de la 38e brigade, les fractions de la 20e division engagées dans le bois de Tronville entamaient sur le village de Tronville un mouvement de retraite, dont la cause encore mal expliquée devrait, d'après la 18e monographie, être attribuée à un malentendu ([2]).

Heureusement pour les Allemands, Alvensleben veillait. Inquiet

---

([1]) Voigts-Rhetz dormait à son bivouac de Tronville lorsque arriva le rapport de Rheinbaben ; Caprivi ne jugea pas utile de le réveiller.

([2]) D'après cette monographie, l'aide de camp du général von Kraatz envoyé à l'état-major du Xe corps pour avoir des nouvelles de l'aile gauche et en donner de la 20e division aurait pris pour sa propre division l'ordre de retraite sur Tronville destiné à la 19e division. Telle serait la cause de l'erreur, le malentendu.

de constater ce mouvement, qui allait de nouveau découvrir le flanc gauche de sa 6ᵉ division, il parvenait bientôt à l'enrayer en dépêchant dans ce but son chef d'état-major, le colonel von Voigts-Rhetz, au commandant du Xᵉ corps et en intervenant personnellement auprès du général von Kraatz.

Les Français, d'ailleurs, n'entreprenaient plus rien de ce côté jusqu'à la nuit, et la 20ᵉ division pouvait installer tranquillement ses bivouacs près Tronville, couverte par deux bataillons (10ᵉ bataillon de chasseurs et $\dfrac{F}{56}$) à la lisière nord du bois de Tronville et un bataillon $\left(\dfrac{F}{92}\right)$ entre Mars-la-Tour et la parcelle sud du bois de Tronville.

VI — Coup d'œil rétrospectif sur le combat livré par le Xᵉ corps
Engagement hypothétique de ce corps d'armée

L'analyse des opérations du Xᵉ corps nous a conduit à constater, non pas une action une et harmonique, résultat de l'activité ordonnée d'un chef qui commande, mais bien une série d'engagements successifs, aussi peu reliés dans l'espace que dans le temps, amenés par la pression des événements plutôt que voulus par un commandement éclairé et fort. Nous n'y retrouvons à aucun degré la maîtrise d'Alvensleben.

Cela dit, nous reprendrons pour notre compte l'engagement général du Xᵉ corps et rechercherons les voies et moyens de réaliser une action d'ensemble en vue d'obtenir un résultat puissant, au lieu de l'usure successive constatée qui, devant un adversaire actif, eût produit partout la défaite subie en un point par la 38ᵉ brigade.

Peu de temps après son arrivée sur le champ de bataille, en tout cas avant 2 heures de l'après-midi, Voigts-Rhetz se rencontre avec Caprivi, qui l'oriente sur la situation de la bataille et lui rend compte des mesures qu'il a prises en vue de hâter l'arrivée de la 20ᵉ division. Lui-même a dépêché plusieurs officiers à la 19ᵉ demi-division, et le plus simple calcul de temps lui permet d'estimer l'heure à laquelle il disposera de ces éléments dans la région de Tronville—Mars-la-Tour, soit 3ʰ3o environ en ce qui concerne les têtes des colonnes.

Renseigné par l'examen personnel qu'il peut faire de la situation dans la région du bois de Tronville, où Lehmann se bat toujours en retraitant lentement, et dans la région à l'ouest, où une utilisation tant soit peu rationnelle de la 5ᵉ division de cavalerie n'a pas été tentée, il était amené tout d'abord à s'assurer la possession de deux points d'appui pour ses ailes : d'une part, le petit bois de Tronville (parcelle sud) qu'il pouvait estimer nécessaire à la sûreté du IIIᵉ corps, et d'où l'on interdisait aux Français le débouché de la grande parcelle, soit tout au moins Tronville — ce qui eût exigé un repli de la gauche de la 6ᵉ division d'infanterie, repli regrettable assurément, mais enfin à consentir au bénéfice de l'action ultérieure, — d'autre part, Mars-la-Tour.

Raisonnant ainsi, Voigts-Rhetz demande donc à l'avant-garde de la 20ᵉ division $\left(\dfrac{\text{I, II}}{79}\right)$ l'occupation de son point d'appui d'aile droite, à celle de la 19ᵉ demi-division $\left(\dfrac{\text{F}}{16}\right)$ l'occupation de Mars-la-Tour, et à l'artillerie des deux colonnes appelée en toute hâte et aux grandes allures la prise de possession du terrain intermédiaire au sud de la grand'route.

En arrière de ce front ainsi étayé, il rassemble, met en main les gros, la 20ᵉ division à l'ouest de Tronville, la 19ᵉ demi-division au sud-est de Mars-la-Tour. Ce rassemblement pouvait être terminé à 4ʰ3o environ. A 4ʰ3o, Voigts-Rhetz eût disposé d'une masse de treize bataillons en vue de la manœuvre, de l'attaque dont il aurait certes eu le temps de déterminer le but et la direction.

Si d'aventure, sous la pression des circonstances, il était reconnu nécessaire de puiser dans ce réservoir des forces pour parer à des incidents possibles, il n'y avait pas à hésiter à le faire, tout en le regrettant, car tout prélèvement diminuait évidemment la puissance de l'effort que l'on se proposait de demander à l'attaque d'ensemble entrevue; mais il est des sacrifices qu'il faut faire et, si l'usure successive est toujours un mal, elle est parfois un mal nécessaire que l'on s'efforce d'ailleurs d'atténuer dans la mesure du possible. Mais, en tout cas, on eût évité ainsi de perdre toute la 20⁰ division dans les fourrés du bois de Tronville et, si quelques bataillons étaient obligatoirement sacrifiés à la nécessité de parer aux incidents possibles; on s'assurait en tout cas la certitude de produire un effort d'ensemble avec une dizaine de bataillons tout au moins, c'est-à-dire le double de ce qui a été mis en ligne par la seule unité qui ait agi avec ensemble, la 38ᵉ brigade.

Quant à la mise en œuvre de cette force, c'est de toute évidence dans le terrain libre à l'ouest du bois de Tronville qu'elle était à envisager, parce que c'est dans ce terrain que s'avançait l'ennemi et que seul ce terrain permettait le développement des moyens dont on disposait.

L'engagement de cette force exigeait enfin l'usage d'une avant-garde susceptible de croiser le fer avec l'ennemi visé, de le reconnaître et de le fixer en vue de la manœuvre entrevue avec le gros. La 39ᵉ brigade, par exemple, pouvait être chargée au début de cette mission; le combat qu'elle avait à livrer pour la remplir était soutenu, s'il le fallait, par la 40ᵉ, et la 19ᵉ demi-division était tout indiquée pour constituer l'élément de manœuvre destiné à une attaque décisive contre la droite française, maintenue de front par la 20ᵉ division.

Dans cet ordre d'idées, on peut envisager la 20ᵉ division développant son action entre le bois de Tronville et le chemin Mars-la-Tour—Bruville, la 19ᵉ demi-division cheminant par les pentes est du ravin de Jarny (fond de la Cuve) pour venir déboucher finalement entre la ferme de Greyère et le bois de Pins, à l'est du bois de la Veltérène.

Tout ce mouvement eût été éclairé et couvert par la 5ᵉ division de cavalerie, qui eût été utilement aidée par un bataillon d'infanterie emprunté à la 20ᵉ division, et la brigade Brandenburg eût trouvé sa place entre les deux éléments de la manœuvre, de manière à être prête à agir en liaison avec ses frères de l'infanterie au bon moment, au bon endroit, et... spontanément.

L'artillerie eût pris part à la fête en occupant les positions successives qui s'échelonnent du sud au nord, de part et d'autre, de la grand'route.

Un pareille manœuvre, ainsi montée, eût-elle procuré le succès aux armes allemandes? C'est le secret du Dieu des combats et, en l'espèce, il est bien probable que la 19ᵉ demi-division, au lieu d'une attaque décisive sur le plateau du Poirier, dans le flanc du 4ᵉ corps français, aurait eu à s'engager tout simplement contre la brigade Pradier; mais ce que l'on peut affirmer, c'est que cette manœuvre aurait au moins arrêté les Français, produit l'indécision peut-être, évité sûrement le désastre auquel nous avons assisté, désastre irrémédiable si l'adversaire avait su lâcher un seul escadron aux trousses des fuyards, et renoncer à la manie des positions.

Dans cette manœuvre hypothétique, il pouvait se produire une rencontre entre les deux cavaleries d'aile, mais alors elle était à sa place, elle visait la victoire commune, non la victoire particulariste; ce n'était plus un duel d'arme à arme, mais un épisode particulier d'une attaque combinée. On évitait d'ailleurs de démunir l'infanterie de la cavalerie indispensable, on faisait dans la combinaison des armes un dosage rationnel, convenant au rendement que l'on demandait à la manœuvre. La combinaison était viable, la manœuvre harmonique et l'ensemble réalisable.

Tout système de forces doit être agencé dans cet ordre d'idées; en dehors de là il n'y a qu'imprévoyance, anarchie, abdication du commandement et finalement l'impuissance, ou bien... la défaite.

CHAPITRE VI

LES DERNIÈRES LUTTES

I — Frédéric-Charles à la bataille

Les premiers engagements de la matinée avaient été portés à la connaissance du commandant de la IIe armée sous la forme d'un compte rendu du général von Alvensleben, daté de 10^h3o, dans lequel le commandant du Xe corps annonçait que « l'ennemi se retirait sur Thionville et que le IIIe corps se portait sur Jarny ».

Ce rapport n'était pas de nature à modifier les hypothèses sur lesquelles Frédéric-Charles manœuvrait, ni son ordre du 15 au soir — plus ou moins complété par l'ordre complémentaire adressé le 16 au matin, au Xe corps — synthèse de ces hypothèses.

A midi, en effet, l'état-major de la IIe armée expédiait l'ordre pour le 17, prescrivant la continuation de la marche à la Meuse.

Il convenait toutefois de parler d'autre chose à Alvensleben, que l'on croyait engagé dans la « poursuite énergique » dont nous avons parlé plus haut. On lui envoyait donc l'ordre de continuer cette poursuite, l'aile gauche en avant, et de concert avec le Xe corps; on lui annonçait que le IXe corps serait, le 17 au matin, près de Mars-la-Tour, en vue de protéger contre Metz le flanc droit des IIIe et X^e corps, et de les soutenir au besoin. « Le but de l'opération, ajoutait-on, est de refouler l'ennemi au delà de la frontière belge ou de l'enfermer dans Thionville. »

Le capitaine von Lignitz, de l'état-major du IXe corps, alors présent au quartier général de la IIe armée, recevait pour le commandant du IXe corps les instructions relatives à la mission nouvelle assignée à son corps d'armée.

On faisait part en même temps au grand quartier général des renseignements reçus du IIIe corps et des dispositions que l'on prenait. On ne se préoccupait en aucune façon des conséquences de ces dispositions, qui accentuaient contre toute raison la séparation en deux tronçons de la IIe armée.

Vers 2^h3o cependant, un rapport du général von Kraatz venait tirer le prince de sa quiétude en annonçant que « le IIIe corps se trouvait engagé au nord de Gorze contre des forces ennemies très supérieures, que le général von Rheinbaben s'y trouvait avec neuf régiments et quatre batteries, et que la 19e division était informée de la marche de la 20e vers le champ de bataille ».

L'annonce d'une bataille décidait enfin Frédéric-Charles à quitter son quartier général. Vers 3 heures, il montait à cheval et courait à franc étrier sur Gorze ; à 4h 3o, il avait rejoint Stülpnagel sur le mamelon à l'ouest du bois de Vionville. Il ordonnait tout d'abord à ce dernier de se maintenir là où il était, et où il allait être bientôt soutenu par diverses fractions des VIIIe et IXe corps. Puis il se dirigeait vers la hauteur de la Vierge et envoyait à 5h 3o au général von Kraatz l'ordre « de marcher tambour battant au nord de la grand'route contre la droite ennemie ».

Cet ordre procédait évidemment d'une idée identique à celle qui, tout le jour, avait été appliquée sur le champ de bataille, opposer constamment l'attitude agressive à la supériorité numérique, mais aussi d'une ignorance complète de la situation du Xe corps, dont aucun élément, pas plus à la 20e division qu'à la 19e, n'était capable de la moindre attaque et qui parvenait péniblement, à la fin de la journée, à se rassembler autour de Tronville, comme nous l'avons vu. Frédéric-Charles ne tardait pas d'ailleurs à s'en convaincre. Dans sa ténacité, il se refusait à renoncer à son idée et, ne trouvant plus comme force disponible que la 6e division de cavalerie, c'est à elle qu'il allait demander le dernier effort de la journée, le dernier geste du lutteur qui veut affirmer envers et contre tous la volonté de vaincre.

Nous exposerons plus loin cette attaque. Avant de le faire, nous retracerons succinctement les efforts tentés à l'aile droite allemande par diverses fractions accourues à la bataille.

II — Fractions des VIIIe et IXe corps à la bataille

Un léger retour en arrière est nécessaire pour se rendre un compte exact des conditions dans lesquelles les VIIIe et IXe corps prirent part à la bataille dans les dernières heures de l'après-midi.

1° *Mouvements des VIIIe et IXe corps le 16 août*. — Ainsi qu'on l'a vu dans la première partie de ces études, le IXe corps devait, dans la journée du 16, se porter en deux colonnes des environs de Verny sur Corny (25e division) et Arry (18e division et AC_x). Le VIIIe corps avait l'ordre de former également deux colonnes, la 16e division marchant de Chesny sur Arry, la 15e de Buchy sur Lorry. Un coup d'œil jeté sur la carte montre que ces deux corps d'armée devaient nécessairement se croiser.

La Ire armée ne manqua pas d'aviser le grand quartier général des difficultés auxquelles on allait se heurter.

En vue d'y parer, Moltke donna au IXe corps l'ordre de passer devant le VIIIe corps et de franchir la Moselle, ou tout au moins de serrer sur cette rivière dans la journée du 16.

Cette rectification ne parvint pas en temps utile aux intéressés ; elle n'empêchait d'ailleurs pas les croisements. Il en résultait pour les troupes des deux corps une marche atrocement pénible. En fin de compte, le IXe corps était devancé par la 16e division, tandis que la 15e marquait le pas pour laisser passer le IXe corps.

A 12^h30 donc, la 16e division (Barnekow), réduite à la 32e brigade (Rex) [1] et trois batteries $\left(\dfrac{5,\ V,\ VI}{8}\right)$, arrivait sur la hauteur à l'est d'Arry. La canonnade retentissait avec violence dans la direction de Gorze. « Tout le monde, dit l'Historique du 72e, eut cette impression qu'il était urgent de porter secours aux troupes engagées. » Un officier d'état-major, major Bumke [2], lui apportait alors l'autorisation du général von Gœben, commandant le VIIIe corps, de marcher par Corny vers le théâtre de l'action. Immédiatement Barnekow se portait avec ses troupes vers Gorze et les plateaux au nord.

Nous étudierons plus loin son engagement.

---

[1] 72e et 40e régiments. Le reste de la 16e division avait été détaché sur Thionville.

[2] Bumke avait, dans la matinée, déployé une grande activité. Détaché pour reconnaître le pont de Novéant, il trouvait ce point de passage intact, mais percevait vers le nord-ouest le bruit d'un violent combat. Il revenait alors à toute bride à Lorry, où Gœben et son état-major s'étaient installés pour déjeuner, et rendait compte de ses impressions. « Cette canonnade ne signifie rien, déclarait le général, Moltke m'a dit hier qu'il ne s'attendait à rien de sérieux sur la rive gauche avant demain. Je ne m'oppose pas à la continuation du mouvement du général von Barnekow sur Corny. Plus il marchera aujourd'hui, moins il aura à faire demain. » Bumke revint donc à Arry pour transmettre à Barnekow l'autorisation de marcher sur Corny. Sa mission terminée, il se dirigea sur le champ de bataille, où il fut rejoint par le chef d'état-major du VIIIe corps. Tous deux suivirent de près la fin de la lutte et en rendirent compte à Gœben dans la nuit.

Dès que Gœben eut connaissance du combat engagé au delà
de Gorze, il avisa de la situation l'état-major de la 18ᵉ division
(IXᵉ corps), qui, précisément, venait de s'installer à Lorry. Le général von Wrangel, commandant la 18ᵉ division, n'avait, à midi,
qu'un seul régiment disponible, le 11ᵉ grenadiers, déjà arrivé
près d'Arry[1]; il lui donna l'ordre de suivre sur Corny la division
Barnekow, pour garder le pont suspendu de Novéant.

Cette mission secondaire ne convenait guère au colonel von
Schöning, homme intelligent et résolu, comprenant qu'il avait
mieux à faire. A peine le pont franchi, il rejoignait Barnekow et
sollicitait l'autorisation de le suivre avec tout son régiment. Le
général hésita quelque temps, ne se souciant pas de risquer un
conflit en disposant d'une fraction qui n'appartenait même pas à
son armée[2]; enfin, estimant sans doute que ce régiment constituerait un sérieux appoint à ses propres forces, il accorda l'autorisation demandée. Schöning réunit aussitôt ses officiers : « Un
combat violent, leur dit-il, vient d'éclater près de Gorze... j'ai la
mission de garder le pont de Corny; je me joins à la brigade Rex
et vais au combat. » Après le débouché de cette brigade sur le
terrain de l'action, le 11ᵉ grenadiers ne tardait pas à recevoir
l'ordre de l'appuyer, ainsi que nous le verrons plus loin[3].

Si le commandant du IXᵉ corps avait jugé exactement la situation, il n'eût certainement pas soumis le colonel von Schöning à
pareille épreuve. Mais, comme tous les autres, il ne croyait pas à
une lutte sérieuse pour le 16. A ceux qui lui rendirent compte
de la violente canonnade entendue vers Gorze, il déclara, lui
aussi, que cela ne signifiait rien, qu'il s'agissait tout au plus d'un
engagement un peu vif entre l'artillerie d'Alvensleben et les
canons des ouvrages de la place. Lorsque, un peu plus tard, vers
4 heures, il reçut de Frédéric-Charles l'invitation de faire fran-

---

[1] Le reste de la colonne, très retardé, avançait péniblement, fort en arrière.

[2] Comme on le sait, le VIIIᵉ corps appartenait à la Iʳᵉ armée, le IXᵉ corps à la IIᵉ.

[3] A ce moment, Schöning fut avisé que le commandant du IXᵉ corps n'approuvait
nullement sa conduite et lui enjoignait de rallier au plus tôt le bivouac de la 18ᵉ division. Dans cette pénible situation, ses hésitations ne furent pas longues. « En avant,
s'écria-t-il, Dieu soit avec nous ! » et il lança ses bataillons dans la mêlée. Blessé à
mort dans ce combat, où le 11ᵉ grenadiers perdit le tiers de son effectif, il eut le
courage de dicter avant de mourir un mémoire détaillé pour expliquer et justifier sa
conduite.

chir la Moselle à tout le IXe corps ([1]) et de porter son quartier général à Corny le jour même, il fixa le départ de son état-major après le dîner ([2]), estimant inutile de se hâter mal à propos.

Cette disposition présentait le sérieux inconvénient de tenir pendant la plus grande partie de l'après-midi son quartier général très éloigné de la zone d'action du IIIe corps et, par suite, de la source même des renseignements. Finalement, Manstein n'était tiré de sa quiétude que grâce à l'activité d'un officier de son état-major, le capitaine von Lignitz.

Ainsi que nous l'avons vu plus haut, le capitaine von Lignitz ([3]) avait reçu à 12[h] 3o, à la suite de la réception par Frédéric-Charles du premier rapport d'Alvensleben, mission de faire parvenir d'urgence au IXe corps l'ordre de prolonger sa marche au delà de la Moselle pour continuer le 17 sur Mars-la-Tour, et couvrir face à Metz les troupes chargées de la poursuite.

En quittant Pont-à-Mousson, Lignitz se porte sur Corny, où il espère joindre le quartier général du IXe corps ([4]); en cours de route, il reconnaît les points de passage de la Moselle et remarque qu'il serait possible de jeter facilement un pont sur cette rivière à hauteur d'Arry. Arrivé à Corny, il constate que le pont Corny—Novéant est intact; près de ce pont stationne au repos la compagnie de pontonniers du IIIe corps; il prend sur lui de l'inviter à construire un pont à Arry.

Cela fait, Lignitz se met à la recherche de l'état-major de son corps d'armée et, apprenant qu'il est encore loin de Corny, il envoie un courrier à son chef Manstein pour l'aviser des ordres donnés par le prince et lui faire connaître le résultat de sa reconnaissance des points de passage.

A la réception de ce courrier, vers 3[h] 3o, Manstein donnait l'ordre à son corps d'armée de poursuivre le mouvement, la

---

([1]) Voir plus haut. Cet ordre répondait aux dispositions indiquées par Moltke le 16 au matin pour éviter les croisements de colonnes.

([2]) Fixé à 3 heures.

([3]) Lignitz avait été envoyé le 16 au matin à Pont-à-Mousson pour remettre à l'état-major de la IIe armée la copie de l'ordre de mouvement du IXe corps et réclamer la spécialisation des routes de marche et la désignation de points de passage sur la Moselle pour les 18e et 25e divisions.

([4]) D'après l'ordre donné par Frédéric-Charles dans la matinée.

18e division passant la Moselle à Arry, la 25e à Corny—Novéant, et se mettait en route avec son état-major sur Corny.

Quant à Lignitz, resté au pont de Corny—Novéant, il faisait preuve d'une initiative sans bornes. A ceux qu'il croise près du pont, au colonel von Schöning, au prince de Hesse, commandant la 25e division, il développe la pensée du commandant de la IIe armée et affirme que le IXe corps doit prolonger sa marche au delà de la rivière. Après leur avoir fait remarquer la violence de la canonnade dans la direction de Gorze, il les invite à porter leurs troupes en avant, sans ordre préalable.

Ainsi que nous l'avons vu, Schöning n'hésitait pas. Le prince de Hesse, qui connaissait le caractère autoritaire de Manstein, prenait le temps de la réflexion, mais à son tour il se décidait, sur les instances du jeune officier d'état-major.

Manstein arrivait enfin à Corny et y rencontrait Lignitz; mis au courant par celui-ci des directions prises par le 11e grenadiers et la 25e division, il entrait dans une violente colère et faisait comprendre sans ménagements au malheureux officier qu'il désapprouvait absolument sa conduite. Néanmoins il se portait de sa personne en avant et, en arrivant à hauteur de l'avant-garde de la 25e division, il se rendait compte de la situation; il était trop tard pour amener à la bataille le gros de ses forces, et il devait se borner à presser la marche de ses colonnes; le 17 au matin la 25e division était réunie près de Gorze et la 18e à Arnaville [1].

2° *Engagement des fractions des VIIIe et IXe corps.* — Comme nous l'avons vu plus haut, la 16e division, réduite à la brigade Rex et trois batteries, avait rompu d'Arry dès qu'elle avait reçu du général von Gœben l'autorisation de continuer sa marche. A 3^h 15, la tête de la brigade Rex atteignait la ferme Sainte-Catherine et s'y rassemblait [2]. Cette brigade était suivie par le 11e grenadiers.

Pendant le rassemblement de ces troupes, le chef d'état-major

---

[1] Il faut reconnaître, à l'honneur de Manstein, que, le premier moment d'humeur passé, il sut apprécier l'importance des services rendus par Lignitz, et répara son injustice involontaire en faisant accorder au jeune capitaine la première Croix de fer dont il put disposer.

[2] Rassemblement terminé vers 4 heures.

du VIII⁰ corps, arrivé dès $3^h\,45$ auprès du général von Stülpnagel pour lui annoncer l'approche de la 16⁰ division, rejoignit le général von Barnekow et lui transmit la demande du général commandant la 5⁰ division de faire avancer le plus vite possible l'artillerie disponible à l'ouest du bois de Vionville et de porter son infanterie, par le chemin de Gorze à Vionville, dans le bois de Saint-Arnould.

Les trois batteries de la 16⁰ division $\left(\dfrac{5,\ V,\ VI}{8}\right)$ vinrent donc s'établir à la gauche de l'AD₅, reliant ainsi cette artillerie à celle du colonel von Dresky.

Une fois la brigade Rex rassemblée, le général von Barnekow dirigeait cinq de ses bataillons [1] par la côte Mousa et la route de Rezonville dans le bois de Saint-Arnould, le sixième [2] par le bois des Chevaux sur le bois des Ognons.

Vers 5 heures, les $\dfrac{I\ et\ F}{72}$ rejoignaient sur la lisière nord du bois de Saint-Arnould les $\dfrac{II\ et\ F}{8}$, se déployaient côte à côte, se portaient à l'attaque de la hauteur en face sous une fusillade intense et, la dépassant, chassaient l'infanterie française [3] de la Maison Blanche [4] ; à bout de forces, ils ne pouvaient s'accrocher au terrain conquis, et un retour offensif des Français les ramenait en désordre sur la lisière des bois, où ils étaient recueillis par le 40⁰ $(5^h\,30)$ [5].

Ce dernier régiment, à peine arrivé à la lisière nord du bois de Saint-Arnould, en débouchait à son tour, arrêtait et refoulait les Français lancés à la poursuite du 72⁰, réoccupait la Maison Blanche et le saillant du bois à l'est.

Après une lutte violente, marquée par des progrès et des reculs

----

[1] $\dfrac{I,\ F}{72},\ \dfrac{I,\ II,\ F}{40}$.

[2] $\dfrac{F}{72}$.

[3] 84⁰ (brigade Lapasset).

[4] La Maison Blanche est située sur le chemin de Rezonville à Gorze, à 1 500 mètres de Rezonville.

[5] Le $\dfrac{II}{72}$, progressant à travers bois, parvenait vers 7 heures du soir à la lisière ouest du bois des Ognons, face à la Maison Blanche, mais trop tard pour avoir une influence quelconque sur le combat livré dans cette région.

alternatifs, toute la brigade Rex était finalement refoulée sur la lisière du bois de Saint-Arnould ; son chef ne renonçait pourtant pas à la lutte, et il appelait à son aide le 11e grenadiers, qui, nous le savons, avait suivi la division Barnekow ([1]).

A 6 heures du soir, le colonel von Schöning s'engageait avec son régiment sur le chemin de Rezonville et atteignait à 6h 45 la lisière nord du bois de Saint-Arnould où s'entassaient alors dix bataillons allemands appartenant à deux armées et à trois corps d'armée différents.

Schöning se porta immédiatement à l'attaque, un bataillon en première ligne, suivi d'un deuxième bataillon qui ne tarda pas à se fondre dans le premier, tandis que le troisième bataillon se jetait à gauche dans le cheminement constitué par le ravin de Gorze.

Le 11e grenadiers fut aussitôt appuyé à sa droite par un groupe de tirailleurs appartenant à trois régiments (8e, 40e, 72e), entraînés par un officier.

Cette ligne de combat s'avança ainsi, sous un feu très violent qui lui causa immédiatement « des pertes gigantesques ([2]) ».

A l'aile gauche, les fusiliers du 11e parvenaient jusque près de la Maison Blanche et s'abordaient à la baïonnette avec l'infanterie française ; le colonel von Schöning était mortellement blessé dans la mêlée, et le $\dfrac{F}{11}$ était finalement rejeté en plein désordre dans le ravin de Gorze. La droite continuait cependant à progresser péniblement en subissant de très grandes pertes, et parvenait à refouler encore une fois vers le nord les troupes de la brigade Lapasset alors à court de munitions ; mais la déroute du $\dfrac{F}{11}$ découvrant son flanc gauche, elle était assaillie par des troupes fraîches ([3]) et ramenée à son tour en arrière vers la lisière du bois de Saint-Arnould, en plein désordre ([4]).

([1]) Au même moment, Schöning recevait du commandant du IXe corps l'ordre d'avoir à regagner de suite Corny. Nous avons vu plus haut comment, mis en présence de cet ordre et du devoir imposé par la camaraderie de combat, il prenait son parti.

([2]) Major Kunz.

([3]) $\dfrac{\text{I}}{62}$, $\dfrac{\text{III}}{51}$ (1re brigade de la division Montaudon) et un bataillon de zouaves.

([4]) Pertes du 11e : 41 officiers, 1 119 hommes, sur un effectif de 2 250 fusils (d'après le major Kunz).

Après cette dernière et infructueuse tentative, le combat cessa sur cette partie du champ de bataille, où les Allemands, malgré les efforts de ces dernières heures, n'avaient pas en somme gagné un pouce de terrain, mais maintenu la position conquise à $12^h 3o$, ainsi que le général von Stülpnagel en avait donné l'assurance au prince Frédéric-Charles.

Nous avons vu plus haut que le prince Louis de Hesse, commandant la 25e division (IXe corps), avait, dès son arrivée à Corny, sur les instances du capitaine von Lignitz et sans attendre les ordres de Manstein, pris ses dispositions pour poursuivre sa marche au delà de la Moselle.

La 49e brigade (Wittich) quittait les abords de la Moselle vers $4^h 3o$ et marchait sur Gorze, où sa tête n'arrivait guère avant 6 heures. Deux batteries allaient immédiatement renforcer l'artillerie de la 5e division et, averti par le chef d'état-major du VIIIe corps que la droite allemande avait un pressant besoin d'être appuyée, le général von Wittich dirigeait les quatre bataillons[1] dont il disposait à travers le bois des Chevaux en vue de gagner la lisière nord du bois des Ognons. Vers $7^h 15$, il débouchait dans la plaine de Geai et fractionnait ses forces dans trois directions : vers la lisière nord-ouest, vers la lisière nord du bois des Ognons, vers le débouché nord du ravin d'Ars. Partout cette infanterie se heurtait au milieu des bois à des fractions françaises et, après un combat confus de courte durée, se repliait sur la plaine de Geai. Toute la 25e division se trouvait réunie en cet endroit dans le courant de la nuit.

3° *Examen critique des engagements ci-dessus*. — « Si l'on jette un coup d'œil d'ensemble, écrit la *Revue d'Histoire*, sur les diverses péripéties de la lutte qu'on vient de décrire, on ne peut qu'être frappé de la stérilité des efforts successifs tentés par les Allemands au fur et à mesure de l'arrivée des renforts, stérilité qui n'a pas seulement pour cause l'énergique résistance des troupes françaises, mais qu'on doit attribuer en partie au manque presque absolu d'entente entre les chefs prussiens. »

---

[1] $\dfrac{\text{I, II}}{\text{1}^{er}\text{ Hess}}$, $\dfrac{\text{I, II}}{\text{2}^e\text{ Hess}}$.

Ce jugement parfaitement motivé n'est pas sans nous apporter un enseignement.

Si, par exemple, nous reprenions pour notre compte les engagements ci-dessus étudiés, nous serions conduit, comme toujours, à envisager les moyens de produire une action d'ensemble, au lieu des actions décousues et successives que nous avons constatées. Nous pensons que cette action d'ensemble eût été d'autant plus réalisable que, d'après les instructions de Frédéric-Charles, il s'agissait uniquement dans cette zone de consolider la situation de la 5ᵉ division, qu'il suffisait par suite, dans la région boisée comprise entre le saillant nord-ouest du bois de Vionville et le bois des Ognons, de fournir quelques troupes fraîches aux bataillons du 48ᵉ, du 78ᵉ, du 3ᵉ chasseurs, du 8ᵉ entièrement déployés et qui, étayés par ces renforts, étaient capables de se maintenir jusqu'à la chute du jour sur les lisières. Cette tâche pouvait être assignée au premier régiment disponible, le 72ᵉ.

Il eût été possible alors de réunir en terrain libre, pour cette action d'ensemble envisagée, le 40ᵉ régiment et le 11ᵉ grenadiers. On eût ainsi disposé d'une brigade, avec la perspective de la voir bientôt renforcée par la brigade de tête (49ᵉ brigade) de la division hessoise (25ᵉ division).

Quant au terrain où il était indiqué d'employer ces troupes, c'était, sans doute possible, celui qui s'étend entre Flavigny et l'artillerie de la 5ᵉ division ; et si l'on cherche enfin à supputer le rendement d'une attaque hypothétique exécutée vers 6ʰ 3o du soir avec une brigade formée des 40ᵉ et 11ᵉ régiments, et vers 7ʰ 3o avec une division formée de cette brigade et de la 39ᵉ, on est en droit de penser que ce rendement eût été bien différent de celui qui fut produit à la tombée de la nuit par la 6ᵉ division de cavalerie.

Que fallait-il pour cela ?

C'est évidemment la présence du chef suprême, de Frédéric-Charles, qui pouvait le mieux réaliser cette unité d'action et, puisqu'il estimait nécessaire de se déplacer de sa personne en vue de se renseigner sur l'ensemble de la bataille, il pouvait confier ce soin à son chef d'état-major, général-major von Stiehle, — homme de confiance de Moltke, on ne l'ignorait pas dans l'armée,

— capable de coordonner en tout cas, au nom de son maître, les efforts de troupes appartenant à des corps d'armée, voire à des armées différentes.

A défaut du haut commandement, la direction de la lutte pouvait être improvisée, — il le faudra souvent, — par Barnekow après entente avec Stülpnagel.

Mis au fait de la situation par son collègue, Barnekow lui abandonnait le 72ᵉ, constituait un groupe tactique de la force d'une brigade avec le 40ᵉ et le 11ᵉ grenadiers et faisait connaître au prince de Hesse la région où son concours était utile. Barnekow avait d'ailleurs un brigadier avec lui, le général von Rex, pour prendre le commandement de cette brigade improvisée, et il pouvait de sa personne galoper au-devant de la 49ᵉ brigade pour l'amener sur le terrain choisi et se constituer une division. Le prince de Hesse ne s'en serait sans doute pas formalisé, — ou il aurait eu tort ; — il n'eût d'ailleurs probablement pas été fâché, sachant sa brigade de tête dans la bonne voie, de pouvoir se rendre à sa 50ᵉ brigade pour l'orienter à son tour après son passage de la Moselle (¹).

Nous concluons donc en disant que le commandement doit prévoir les situations telles que celles-ci, où des unités appartenant à des corps d'armée différents auront à s'engager d'urgence dans la même zone, et qu'il doit, par ses organes propres, régler leur intervention rationnelle en s'efforçant de leur faire produire une action d'ensemble.

Nous ajouterons aussitôt que, à défaut du commandement supérieur, il doit s'improviser un commandement de fortune, pris en main par les subordonnés locaux, et agissant en vertu de l'entente réciproque, de la solidarité, de la camaraderie de combat, qui n'excluent pas l'intelligence, la réflexion et le sens tactique.

Et si enfin l'on admet ou objecte que cette improvisation est délicate et difficile, alors il s'impose, — car elle est nécessaire, — pour ne pas être pris au dépourvu, de l'étudier et de la pratiquer dans les exercices du temps de paix, dans les camps d'instruction et les manœuvres.

____

(¹) Il va sans dire que Gœben, s'il avait montré un peu plus d'activité, était très qualifié pour prendre en main cette direction.

Ceci nous montre une fois de plus combien est féconde l'étude des faits de guerre, qui nous indique à l'évidence ce que nous devons étudier et pratiquer pendant la paix, et illumine en quelque sorte d'une façon singulière la voie où il convient d'engager notre activité intellectuelle.

A côté de ces critiques d'engagements d'où toute combinaison est absente, il importe de louer sans réserve l'esprit de solidarité et d'initiative qui anime les chefs allemands. Barnekow et Rex sont impatients de conduire leurs troupes à la bataille, et c'est à peine s'ils attendent l'autorisation de Gœben pour marcher. Le prince de Hesse n'hésite pas longtemps entre la crainte que lui inspire le redouté Manstein et les exhortations d'un capitaine d'état-major auquel le bruit du canon doit sans nul doute donner une éloquence particulière. Schöning enfin fait carrément litière de l'obéissance à des ordres formels et réitérés et se sacrifie littéralement, — car il n'en est pas revenu, — à la noble camaraderie de combat. Il ne saurait se trouver un homme au cœur chaud, un militaire à l'intelligence claire, pour blâmer ce colonel, qui a préféré conduire son régiment au champ d'honneur et mourir à sa tête, que de garder un pont, non menacé d'ailleurs. Nous connaissons le plaidoyer[1] que Schöning a dicté, pour justifier sa conduite, le soir du 16 août sur la botte de paille où il a rendu l'âme[2], mais il nous semble qu'il aurait pu tenir dans cette

---

[1] « C'est ainsi que j'arrivai sur le champ de bataille de Gorze. Je venais de prendre ma formation préparatoire de combat, — c'est-à-dire une formation de rassemblement devant le bois de Saint-Arnould, — quand je reçus du commandant de ma division (18e, von Wrangel) l'ordre de revenir et de rejoindre immédiatement son bivouac de l'autre côté de la Moselle à Lorry et Arry, attendu que S. Exc. le général commandant le IXe corps (von Manstein) n'avait pas approuvé la mesure prise par le commandant de la division, c'est-à-dire l'adjonction du 11e régiment à la 16e division. Au même moment, le colonel von Witzendorf, chef d'état-major du VIIIe corps, vint de la part du général von Barnekow (16e division) me prier d'engager sur-le-champ mon régiment, en m'avisant en outre que S. A. R. le prince Frédéric-Charles avait ordonné à tout le IXe corps de se porter en avant. Dès lors, plus de doute pour moi, d'autant plus que trois bataillons de la brigade Rex, qui avaient été au feu, se ralliaient au même moment au drapeau de ce côté-ci du bois. Dès que mon régiment fut formé, je marchai à l'attaque ; l'ennemi fut rejeté sur tous les points. » (Cardinal von Widdern, *La crise de Vionville*.)

[2] Le 16, vers 10h 30 du soir, le lieutenant von Reissevitz, du 11e grenadiers, trouva le colonel von Schöning sur un lit de paille, au milieu d'autres blessés. « Sommes-nous victorieux ? » lui demanda le colonel. Il lui dit ensuite qu'il s'attendait à être traduit devant un conseil de guerre, mais avec le ferme espoir d'être acquitté. (Cardinal von Widdern, *Loc. cit.*)

seule formule de Souwarov, qui s'y connaissait : « J'ai commandé à droite ! Tu es sur place et tu vois qu'il faut aller à gauche, va à gauche et désobéis ! »

Ces leçons sont grandes, celle de Schöning par-dessus toutes, et nous n'hésitons pas à saluer avec respect la grande figure de ce soldat, notre ennemi, qui, en mourant pour son pays, nous prêche si éloquemment, avec Souwarov, l'initiative même contre les ordres, ce qui n'est d'ailleurs nullement en désaccord avec la discipline intellectuelle.

III — La dernière attaque

Pendant que ces événements se passaient à l'aile droite, le prince Frédéric-Charles avait pu se rendre compte de l'impossibilité où se trouvait le Xe corps de passer à l'offensive qu'il avait ordonnée.

D'autre part, la fin du jour approchait et, si l'on voulait arracher définitivement la victoire, il fallait agir une dernière fois sans hésiter et sans tarder.

Enfin, les constants retours offensifs de l'adversaire montraient qu'il disposait encore de troupes fraîches, que lui aussi pouvait tenter une attaque.

« La nécessité s'imposait donc d'agir avant lui, de le devancer dans son attaque[1]. »

L'ordre était immédiatement envoyé aux maigres bataillons de la 6e division rassemblés près de Vionville de s'engager par les fossés de la route de Rezonville contre les batteries françaises de la voie romaine.

Le centre de la ligne allemande à l'ouest et au sud de Vionville était constitué par une grande batterie fortement éprouvée par les luttes de la journée ; il y manquait de nombreux chevaux ; les munitions y étaient presque épuisées ; à changer de position, on allait perdre les avantages d'un tir réglé. Ces considérations étaient ici sans valeur.

L'artillerie recevait l'ordre de se porter en avant pour produire, non des effets matériels, — tout lui manquait pour cela, —

____

(1) Général Foch. *La conduite de la guerre.* (Paris, Berger-Levrault et Cie).

mais un résultat purement moral, affirmer la volonté de vaincre, le pouvoir d'avancer, établir par là une victoire que l'on cherchait encore [1].

Il était 7h 30. Le mouvement en avant était partout repris ; l'ennemi attaquait en même temps sur certains points ; les feux, la fumée, la nuit, arrêtaient bientôt tout progrès, lorsque brusquement, dans les ténèbres, la 6e division de cavalerie chargeait sur Rezonville.

Dernière de toutes les réserves, elle avait été conservée par Frédéric-Charles, malgré les heures critiques de la journée, pour le « rôle prépondérant » qu'il lui a réservé dans l'attaque dernière. Lui-même donne des instructions au grand-duc de Mecklembourg qui la commande.

La 14e brigade (Grüter), débouchant à droite de la grande batterie, marche sur Rezonville en suivant le chemin qui vient de Buxières, et se lance dans l'obscurité sur l'infanterie française. Fusillés d'un peu partout, les escadrons de Grüter font demi-tour, laissant leur chef blessé sur le terrain.

La 15e brigade (Schmidt), passant au nord de Flavigny en flammes, débouche à gauche de l'artillerie, suit la direction de la grand'route, dépasse les lignes d'infanterie de la 6e division et se lance, elle aussi, dans l'obscurité au nord de Rezonville. Souffrant relativement peu du feu de l'infanterie française, les escadrons prussiens désunis traversent la première ligne de cette infanterie et sont alors entourés de tous côtés par les bataillons français ; ils ne s'attardent pas dans la mêlée, et regagnent précipitamment Vionville.

Tel fut le dernier geste du commandement dans la bataille du 16 août ; consacrant jusqu'au dernier moment la volonté de vaincre en s'assurant le bénéfice de la dernière attaque, il synthétise bien la conduite du général von Alvensleben d'abord, du prince Frédéric-Charles ensuite, « faite d'une superbe logique, accompagnée de viriles décisions et d'un don de commandement qui anime encore les troupes les plus épuisées [2] ».

---

[1] Général Foch. *Loc. cit.*
[2] Général Foch. *Loc. cit.*

CHAPITRE VII

CONSIDÉRATIONS FINALES

Par les sacrifices consentis dans cette journée[1], le commandement subordonné « réparait les erreurs et les aveuglements systématiques » de la direction supérieure, rendant possible la reprise de la « pensée directrice » de cette dernière, le refoulement de l'armée française vers le nord et son écrasement final.

Mais la faillite de la stratégie était vraiment complète. Partie en guerre avec quinze corps d'armée en poursuivant l'idée maîtresse de chercher la principale armée ennemie et de la battre, elle n'avait su présenter aux cinq corps d'armée français en bon état, pleins de confiance, remontés même par la journée du 14, que deux corps d'armée. Disposant de forces très supérieures à celles de l'adversaire, c'est avec une infériorité notable qu'elle l'abordait. L'art de faire le nombre au point voulu, magistralement exposé[2] et pratiqué par Napoléon, devenait ici l'art de se présenter en situation moindre qu'un adversaire faible[3].

Nous avons analysé les procédés de cette stratégie et n'y reviendrons pas. Notons seulement que l'étude des dispositions prises dans la nuit du 16 au 17 nous montrerait que les réalités du champ de bataille n'ont pas même réussi à dessiller les yeux du commandement ; nous constaterions que Frédéric-Charles, tout en sentant sa faiblesse au cas où la bataille recommencerait, ne renonce pas encore à sa manœuvre de la Meuse, qu'il vise même un troisième objectif, la place de Toul, assignée comme but éventuel d'opérations au IVᵉ corps ; nous constaterions de même que Moltke ne se préoccupe aucunement de réunir toutes ses armées en vue de la nouvelle bataille à entrevoir contre cette armée française que les subordonnés ont bien retenue devant eux le 16, mais qui n'est pas sérieusement entamée.

Tel est, aux mains de cette stratégie allemande, l'aboutisse-

---

[1] Pertes des Allemands : 15 000 hommes, 700 officiers.
Pertes des Français : 16 000 hommes, 800 officiers.
[2] Conversation avec Moreau après la campagne de 1796-1797.
[3] Général Foch.

ment de la théorie : « marcher avec toutes ses forces contre la principale armée ennemie pour la battre », théorie enseignée cependant par les éducateurs de Moltke, par Clausewitz et Willisen, qui l'ont eux-mêmes empruntée à l'étude de la guerre napoléonienne.

Si, de cette stratégie allemande de 1870, nous passions à l'étude de la conduite de la guerre de demain, telle que l'envisagent dans leurs écrits les organes autorisés du grand État-major allemand, nous verrions que leur conception actuelle semble bien dériver encore de celle de Moltke. Sans doute, elle est revue et corrigée, elle exploite les progrès réalisés depuis trente-huit ans dans toutes les branches de l'activité humaine applicables à la guerre, mais elle comporte toujours la manœuvre sur hypothèse, hypothèse que l'on croit juste, que l'on estime ne pouvoir être différente de ce qu'on l'imagine ; on est convaincu par suite que la manœuvre elle-même sera juste, que l'on frappera au bon endroit et non dans le vide.

C'est bien là en effet la théorie du général von Bernhardi lorsqu'il écrit :

« La concentration terminée, l'offensive manœuvrière doit éclater comme l'éclair jaillit du nuage. Pour être possible, cette offensive doit être préparée et étudiée avec le plus grand soin, les tableaux de marche établis dans tous leurs détails.

« Le plan général ne doit plus se borner à préparer une concentration en tenant compte des diverses manœuvres possibles de l'adversaire, et en réservant sa décision pour agir réellement jusqu'au moment où, la concentration terminée, on possède autant de renseignements que possible sur l'ennemi. Ce procédé était encore admissible en 1870. Aujourd'hui, c'est plutôt *la résolution d'agir dans un sens déterminé* qui doit servir de base à la concentration, et cette volonté d'agir d'après un *plan préconçu* doit être poussée à une limite telle que *l'adversaire, malgré tous les projets qu'il aura pu former, soit soumis sans réserve à la loi de cette initiative.* »

Mais comment cette manœuvre préconçue, faite de l'avance escomptée dans la concentration, de préparation minutieuse, de volonté, d'activité, de vigueur, frappera-t-elle juste ? Bernhardi nous répond :

« Les mesures de préparation à la guerre *ne sauraient dans leur ensemble être tenues secrètes ;* elles sont prises au vu et au su de tout le monde. Chacun peut se rendre compte des forces qui doivent coopérer à l'action, et le secret gardé sur certains points particuliers ne peut rien changer à l'idée qu'on peut se faire de l'ensemble. »

La conception Bernhardi est donc bien proche parente de la conception Moltke. Celle-ci a réussi contre un adversaire qui n'avait à lui opposer que la passivité ; elle a réussi non sans crise, nous l'avons vu, et si la victoire en est finalement sortie, n'est-ce point grâce aux arguments toujours décisifs présentés à son profit sur le champ de bataille par une tactique supérieure, œuvre des subordonnés, faite d'énergie, de volonté, d'initiative, de solidarité ? Celle-là réussirait-elle demain devant un adversaire manœuvrier, devant un commandement cherchant à produire la surprise par une concentration indéterminée jusqu'à la fin et qu'il est possible de réaliser aujourd'hui, semble-t-il, avec le développement actuel des moyens dont vit l'œuvre de la concentration ?

« La lutte, écrit M. le général Foch, ne sera pas possible entre deux stratégies dont :

« *1° L'une, débarquant ses armées d'après un plan préconçu et plus ou moins connu par suite, les pousse droit devant elles ;*

« *2° Et une autre qui les débarque d'après une décision de la dernière heure, fixant seulement alors le sens des courants de transport, qui constitue et place à ce moment seul l'armée de manœuvre destinée soit à l'attaque décisive, soit à la contre-attaque* ([1]). »

Si nous voulions pénétrer plus avant dans les conceptions allemandes, nous trouverions la même note, en ce qui concerne le développement des opérations, chez les principaux écrivains d'outre-Rhin, Yorck de Wartenburg, Schlichting, Blume, von der Goltz. C'est ce dernier, par exemple, qui reconnaît l'impossibilité pour le commandement supérieur d'une direction effective, et qui voit cette direction passée en réalité aux mains des commandants d'avant-gardes, lorsqu'il écrit :

« Les masses en mouvement étant obligées de marcher sur un

([1]) Général Foch. *La Conduite de la guerre.*

front étendu, les chances de rencontre imprévue de l'ennemi sur un point ou sur un autre sont plus grandes. Dans ce cas, les colonnes voisines *s'empressent d'accourir au canon; une action décisive s'engage sur un terrain qu'on n'avait pas choisi, où l'on ne l'attendait pas.* Ainsi, c'est précisément à *l'acte le plus essentiel de la guerre,* au combat et à la bataille, que le commandement supérieur est *le moins maître de sa conduite,* qu'il est le plus soumis à des volontés étrangères, aux caprices du hasard. Il aura presque régulièrement à compter avec *un fait accompli.* Il aura affaire à un combat déjà profondément engagé au moment où la première nouvelle de la rencontre lui parviendra.

« Cette faible influence du général en chef sur les origines des épisodes décisifs de la guerre, des crises tactiques, est une des principales causes de difficultés qui caractérisent la guerre moderne. Les plus habiles projets du général se trouvent contrariés, ses calculs les plus exacts renversés.

« On objectera que sa volonté doit être connue de tous. Mais il est impossible, à la guerre, de tout prévoir. Chacun doit se guider sur *le rayon fugitif de lumière* qui vient à un moment donné dissiper une partie des ténèbres. »

A cette conception, qui érige en doctrine l'abdication du commandement supérieur, n'est-il pas permis d'opposer « la théorie comme l'organisation de Napoléon, théorie qui, pour garantir au commandement supérieur de toujours commander, lui éviter de voir ses projets contrecarrés, les *assure* contre les entreprises de l'ennemi, contre les emportements des troupes, *soustrait* celles-ci à l'action attirante de la bataille jusqu'au moment voulu, donne de la *durée* au rayon fugitif de lumière par la permanence d'une *sûreté* aux mains du général en chef, et lui rend ainsi possible la direction effective des opérations pour la bataille (¹) ».

Poussant plus loin nos investigations, nous trouverions un prolongement naturel de ces conceptions allemandes dans le domaine de la tactique des unités inférieures, nous y verrions en particulier, nettement accusée, une tendance générale à l'emploi de colonnes multiples, couvertes par de faibles avant-gardes, dont l'engagement est immédiatement suivi d'une attaque hâtive,

____

(¹) Général Foch, *La Conduite de la guerre.*

énergique sans doute, et pour laquelle tout l'organisme est absolument pénétré de la nécessité de la liaison des armes et de la solidarité des efforts, mais qui doit fatalement exposer le chef à être victime du moindre piège, l'amener souvent à de faux déploiements.

Ici encore, nous n'hésitons pas à opposer les prescriptions de notre Règlement sur le service des armées en campagne relatives aux avant-gardes(¹) et dont la valeur nous paraît encore renforcée par les difficultés de plus en plus considérables auxquelles auront à faire face les prises de contact dans la guerre de demain.

En résumé, à la tactique de l'adversaire toujours menaçant dont la caractéristique nous paraît être la vigueur, l'énergie, mais aussi l'idée préconçue et la rigidité, il nous appartient d'opposer une vigueur et une énergie supérieures, d'opposer la manœuvre, faite de sûreté et de souplesse, faite aussi de solidarité et d'union, qui se traduiront sur le champ de bataille par la *liaison intime des différentes armes et la sainte camaraderie de combat*, au service de l'*offensive et de la force morale*.

Les leçons de Constantin von Alvensleben ne seront point perdues.

(¹) S. C., art. 128. Cf. Cullmann, *Deux tactiques en présence.*

ANNEXE

1° ORDRE DE BATAILLE DES TROUPES ALLEMANDES QUI ONT PRIS PART A LA BATAILLE DU 16 AOUT

———

Ire Armée (Général von Steinmetz)

VIIIe Corps. — Général von Gœben :

15e division d'infanterie. Pour mémoire. Aucune de ses fractions ne prit part à la bataille.

16e divis. d'inf. (von Barnekow)

- 31e brigade. Pour mémoire. Aucune de ses fractions ne prit part à la bataille.
- 32e brigade (Rex) : 40e régiment (colonel von Eberstein) ; 72e régiment (colonel von Helldorf) ;
- AD$_{16}$: batteries $\dfrac{5, V, VI}{8}$. La $\dfrac{6}{8}$ était détachée avec la 31e brigade ;
- 9e hussards (colonel von Wittich) ;
- 2 compagnies de pionniers.

ENE : Pour mémoire.

———

IIe Armée (Prince Frédéric-Charles)

État-major général : général von Stichle, chef d'état-major général ;
Corps de la Garde :

3e brig. de cavalerie de la Garde (général comte von Brandenburg II)
- 1er dragons (colonel von Auerswald) ;
- 2e drag. (colonel von Finckenstein) ;
- 1re batterie à cheval de la Garde (von der Planitz).

IIIe Corps. — Lieutenant-général Constantin von Alvensleben II :

Chef d'état-major : colonel von Voigts-Rhetz.
Commandant de l'artillerie : général-major von Bülow.

5e div. d'inf. (von Stülpnagel)
- 9e brigade (von Döring) : 8e régiment (colonel von l'Estocq) ; 48e régiment (colonel von Garrelts) ;
- 10e brigade (von Schwerin) : 12e régiment (colonel von Reuter) ; 52e régiment (colonel von Wulfen) ;
- 3e bataillon chasseurs (major von Iena) ;
- 12e dragons (major von Salomon) ;
- AD$_5$: batteries $\dfrac{1, 2, I, II}{3}$ (major Gallus) ;
- 1 compagnie de pionniers.

6e division d'inf. (von Buddenbroch)
- 11e brigade (von Rothmaler)
  - 20e régiment (colonel von Flattow);
  - 35e régiment (colonel du Plessis);
- 12e brigade (von Bismarck)
  - 24e régiment (colonel Dohna);
  - 64e régiment (col. von Brandenfels);
- 2e dragons (colonel von Drigalsky);
- AD$_6$: batteries $\dfrac{5, 6, V, VI}{3}$ (lieutenant-colonel Beck);
- 1 compagnie de pionniers;

AC$_{III}$ (colonel von Dresky)
- Abteilung à cheval : batteries $\dfrac{1\,c, 3\,c}{3}$ (major Lenz);
- Abteilung montée : batteries $\dfrac{3, 4, III, IV}{3}$ (major von Lyncker);

1 compagnie de pionniers.

IXe Corps. — Général von Manstein :

18e division d'infanterie (von Wrangel). — Le 11e grenadiers (colonel von Schöning) prit seul part à la bataille.

25e divis. d'inf. grand-ducale hessoise (Prince Louis de Hesse)
- 49e brigade (von Wittich)
  - 1er régiment d'infanterie hessoise (lieutenant-colonel Kulmann);
  - 2e régiment d'infant. hessoise (colonel Kraus);
  - 1er bat. de chass. (major Lauterberg);
- 50e brigade (von Lyncker)
  - 3e régiment d'infant. hessoise (lieutenant-colonel Stamm);
  - 4e régiment d'infant. hessoise (colonel Zwenger);
  - 2e batail. de chass. (major Winter);
- 25e brig. de caval. (von Schlottheim)
  - 1er régiment de cavalerie hessoise (lieut.-colonel von Grolmann);
  - 2e régiment de cavalerie hessoise (major von Busebeck);
  - batterie à cheval (capit. von Schäfer-Bernstein);
- AD$_{25}$: batteries $\dfrac{1, 2, 3, I, II}{\text{Hesse}}$ (major von Herget);
- 1 compagnie de pionniers.

ENE. Pour mémoire.

Xe Corps. — Général von Voigts-Rhetz :

Chef d'état-major : lieutenant-colonel von Caprivi ;
Commandant l'artillerie : colonel von der Becke ;

19e divis. d'inf. (von Schwartzkoppen, officier d'état-major : major von Scherff)
- 37e brigade (Lehmann)
  - 78e régiment (colonel von Lyncker);
  - 91e régiment (colonel von Kameke);
- 38e brigade (von Wedell)
  - 16e régiment (colonel von Brixen);
  - 57e régim. (colonel von Cranach);
- 9e dragons (colonel von Hardenberg);
- AD$_{19}$: batteries $\dfrac{1, 2, I, II}{10}$ (lieut.-colonel Schaumann);
- 2 compagnies de pionniers.

20e divis. d'inf. (von Kraatz-Koschlau)
- 39e brigade (von Woyna)
  - 56e régiment (colonel von Block) ;
  - 79e régiment (colonel von Valentini) ;
- 40e division (von Diringshofen)
  - 17e régim. (colonel von Ehrenberg) ;
  - 92e régim. (colonel von Haberland) ;
- 10e bataillon de chasseurs (major von Przychowski) ;
- 16e dragons (lieutenant-colonel von Waldow) ;
- AD_{20} : batteries $\dfrac{3, 4, \text{III}, \text{IV}}{10}$ (major Krause) ;
- 1 compagnie de pionniers ;

AC_x (colonel von Goltz)
- Abteilung à cheval : batteries $\dfrac{1\,c, 3\,c}{10}$.
- Abteilung montée : batteries $\dfrac{5, 6, \text{V}, \text{VI}}{10}$.

5e division de cavalerie. — Général von Rheinbaben :

11e brigade (Barby).
- 4e cuirassiers (colonel von Arnim) ;
- 13e uhlans (colonel von Schack) ;
- 19e dragons (colonel von Trotha) ;

12e brig. (Bredow).
- 7e cuirassiers (colonel von Larisch) ;
- 16e uhlans (colonel von Dollen) ;
- 13e dragons (colonel von Brauschtisch) ;

13e brigade (Redern)
- 10e hussards (colonel von Weise) ;
- 11e hussards (lieutenant-colonel von Eberstein) ;
- 17e hussards (colonel von Rauch) ;

Artillerie : batteries $\dfrac{1\,c}{4}$ (Bode), $\dfrac{2\,c}{10}$ (Schirmer).

6e division de cavalerie. — Grand-duc de Mecklemburg-Schwerin :

14e brigade (Grüter).
- 6e cuirassiers (lieutenant-colonel von Lynar) ;
- 3e uhlans (colonel von Gröben) ;
- 15e uhlans (colonel von Alvensleben) ;

15e brigade (Rauch).
- 3e hussards (colonel von Zieten) ;
- 16e hussards (colonel Schmidt) ;

Artillerie : batterie $\dfrac{2\,c}{3}$ (Wittstock).

2° ORDRE DE BATAILLE DES TROUPES FRANÇAISES QUI ONT PRIS PART A LA BATAILLE DU 16 AOUT

Armée française du Rhin (Maréchal BAZAINE)

Chef d'état-major général : général Jarras

Garde impériale. — Général Bourbaki

1re division
(général Deligny)
- 1re brigade (Brincourt)
  - 1er voltigeurs ;
  - 2e voltigeurs ;
  - batail. de chasseurs de la Garde ;
- 2e brigade (Garnier)
  - 3e voltigeurs ;
  - 4e voltigeurs ;
- AD : batteries $\dfrac{1,\ 2,\ 5}{G}$
- 1 compagnie du génie.

2e division
(général Picard)
- 1re brigade (Jeaningros)
  - zouaves de la Garde ;
  - 1er grenadiers ;
- 2e brigade (de Lacroix)
  - 2e grenadiers ;
  - 3e grenadiers ;
- AD : batteries $\dfrac{3,\ 4,\ 6}{G}$
- 1 compagnie du génie.

Division
de cavalerie
(gén. Desvaux)
- 1re brigade (du Fretay)
  - régiment des Guides ;
  - régiment de chasseurs à cheval ;
- 2e brigade (de France)
  - régiment de lanciers ;
  - régiment de dragons ;
- 3e brigade (du Preuil)
  - régiment de cuirassiers ;
  - régiment de carabiniers ;
- AD : batteries $\dfrac{1\ c,\ 2\ c}{G}$

Réserve d'artillerie : batteries $\dfrac{3\ c,\ 4\ c,\ 5\ c,\ 6\ c}{G}$

2e corps d'armée. — Général Frossard

1re division
(général Vergé)
- 1re brigade (Valazé)
  - 32e de ligne ;
  - 55e de ligne ;
  - 3e bataillon de chasseurs ;
- 2e brigade (Jollivet)
  - 76e de ligne ;
  - 77e de ligne ;
- AD : batteries $\dfrac{5,\ 6,\ 12}{5}$
- 1 compagnie du génie ;

2e division
(général Bataille)
- 1re brigade (Pouget, puis Mangin)
  - 8e de ligne ;
  - 23e de ligne ;
  - 12e bataillon de chasseurs ;
- 2e brigade (Fauvart-Bastoul)
  - 66e de ligne ;
  - 67e de ligne ;
- AD : batteries $\dfrac{7,\ 8,\ 9}{5}$
- 1 compagnie du génie.

3e division. Pour mémoire. Ne prit pas part à la bataille.

Divis. de caval.
(général de Vala-brègue)
- 1re brig. (Valabrègue)
  - 4e chasseurs ;
  - 5e chasseurs ;
- 2e brigade (Bachelier)
  - 7e dragons ;
  - 12e dragons ;

Réserve d'artillerie : batteries $\dfrac{10,\ 11}{5}, \dfrac{6,\ 10}{15}, \dfrac{7\ \text{c},\ 8\ \text{c}}{17}$

2 compagnies du génie.

Brigade mixte
Lapasset
(du 5e corps)
- Infanterie
  - 84e de ligne ;
  - 97e de ligne ;
  - 14e bataillon de chasseurs ;
- Cavalerie : 5e chasseurs ;
- Artillerie : batterie $\dfrac{7}{2}$

3e corps d'armée. — Maréchal Le Bœuf

1re division
(gén. Montaudon)
- 1re brigade (Aymard)
  - 51e de ligne ;
  - 62e de ligne ;
  - 18e bataillon de chasseurs ;
- 2e brigade (Clinchant)
  - 81e de ligne ;
  - 95e de ligne ;
- AD : batteries $\dfrac{5,\ 6,\ 8}{4}$
- 1 compagnie du génie.

2e division
(général Nayral)
- 1re brigade (Nayral)
  - 19e de ligne ;
  - 41e de ligne ;
  - 15e bataillon de chasseurs ;
- 2e brigade (Duplessis)
  - 69e de ligne ;
  - 90e de ligne ;
- AD : batteries $\dfrac{11,\ 12,\ 9}{4}$
- 1 compagnie du génie.

3e division
(général Metman)
- 1re brigade (de Potier)
  - 7e de ligne ;
  - 29e de ligne ;
  - 7e bataillon de chasseurs ;
- 2e brigade (Arnaudeau)
  - 59e de ligne ;
  - 71e de ligne ;
- AD : batteries $\dfrac{6,\ 7,\ 5}{11}$
- 1 compagnie du génie.

4e division
(N...)

1re brigade (de Brauër)
- 44e de ligne ;
- 60e de ligne ;
- 11e bataillon de chasseurs ;

2e brigade (Sanglé-Ferrière)
- 80e de ligne ;
- 85e de ligne ;

AD : batteries $\dfrac{9,\ 10,\ 8}{11}$

1 compagnie du génie.

Division de cavalerie (général de Clérembault)

1re brig. (de Bruchard)
- 2e chasseurs ;
- 3e chasseurs ;
- 10e chasseurs ;

2e brigade (de Maubranches)
- 2e dragons ;
- 4e dragons ;

3e brigade (de Juniac)
- 5e dragons ;
- 8e dragons ;

Réserve d'artillerie : batteries $\dfrac{7,\ 10}{4}$, $\dfrac{11,\ 12}{11}$, $\dfrac{1\ c,\ 2\ c,\ 3\ c,\ 4\ c}{17}$

1 compagnie et demie du génie.

4e corps d'armée. — Général de Ladmirault

1re division
(gén. de Cissey)

1re brigade (Brayer)
- 1er de ligne ;
- 6e de ligne ;
- 20e bataillon de chasseurs ;

2e brigade (de Goldberg)
- 57e de ligne ;
- 73e de ligne ;

AD : batteries $\dfrac{5,\ 9,\ 12}{15}$

1 compagnie du génie.

2e division
(général Grenier)

1re brigade (Bellecourt)
- 13e de ligne ;
- 43e de ligne ;
- 5e bataillon de chasseurs ;

2e brigade (Pradier)
- 64e de ligne ;
- 98e de ligne ;

AD : batteries $\dfrac{6,\ 7,\ 5}{1}$

1 compagnie du génie.

3e division (général de Lorencez). Pour mémoire. Ne prit pas part à la bataille.

Divis. de caval.
(gén. Legrand)

1re brigade (de Montaigu)
- 2e hussards ;
- 7e hussards ;

2e brigade (de Gondrecourt)
- 3e dragons ;
- 11e dragons ;

Réserve d'artillerie : batteries $\dfrac{11,\ 12}{1}$, $\dfrac{6,\ 7}{8}$, $\dfrac{5\ c,\ 6\ c}{17}$;

1 compagnie du génie.

6e corps d'armée. — Maréchal Canrobert

1re division
(général Tixier)

- 1re brigade (Péchot)
  - 4e de ligne ;
  - 10e de ligne ;
  - 9e bataillon de chasseurs ;
- 2e brigade (Le Roy de Dais)
  - 12e de ligne ;
  - 100e de ligne ;
- AD : batteries $\dfrac{5,\ 7,\ 8}{8}$
- 1 compagnie du génie.

2e division
(général Bisson)

- 9e de ligne ;
- batterie $\dfrac{12}{8}$.

3e division
(général Lafont de Villiers)

- 1re brigade (de Sonnay)
  - 75e de ligne ;
  - 91e de ligne ;
- 2e brigade (Colin)
  - 93e de ligne ;
  - 94e de ligne ;
- AD : batteries $\dfrac{5,\ 6,\ 7}{14}$.

4e division
(général Levassor-Sorval)

- 1re brigade (Marguenat)
  - 25e de ligne ;
  - 26e de ligne ;
- 2e brigade (Chanaleilles)
  - 28e de ligne ;
  - 70e de ligne.

Réserve de cavalerie

1re division (1)
(gén. du Barail)

- 2e brigade (de la Jaille)
  - 2e chasseurs d'Afrique ;
  - 4e chasseurs d'Afrique ;
- AD : batteries $\dfrac{5\ c,\ 6\ c}{19}$.

2e division
(gén. de Forton)

- 1re brigade (Murat)
  - 1er dragons ;
  - 9e dragons ;
- 2e brigade (Gramont)
  - 7e cuirassiers ;
  - 10e cuirassiers ;
- AD : batteries $\dfrac{7\ c,\ 8\ c}{20}$.

Réserve générale d'artillerie. — Général Canu

Batteries $\dfrac{5,\ 6,\ 7,\ 8,\ 9,\ 10,\ 11,\ 12}{13}$ (colonel Salvador) ;

Batteries $\dfrac{1,\ 2,\ 3,\ 4,\ 5,\ 6,\ 7,\ 8}{18}$ (à cheval) [colonel Toussaint].

---

(1) La 1re brigade (Margueritte) [1er et 3e chasseurs d'Afrique], était partie le matin pour Verdun escortant l'Empereur, et remplacée par la brigade de France de la division de cavalerie de la Garde.

TABLE DES MATIÈRES

Ire PARTIE

LES PRÉLIMINAIRES — LA MATINÉE DU 16 AOUT

IIe PARTIE

L'APRÈS-MIDI ET LA SOIRÉE DU 16 AOUT

Nancy, impr. Berger-Levrault et Cie

Planche 2 — *Études sur la Journée du 16 Août 1870.*

CARTE INDICATIVE DES CROQUIS PERSPECTIFS

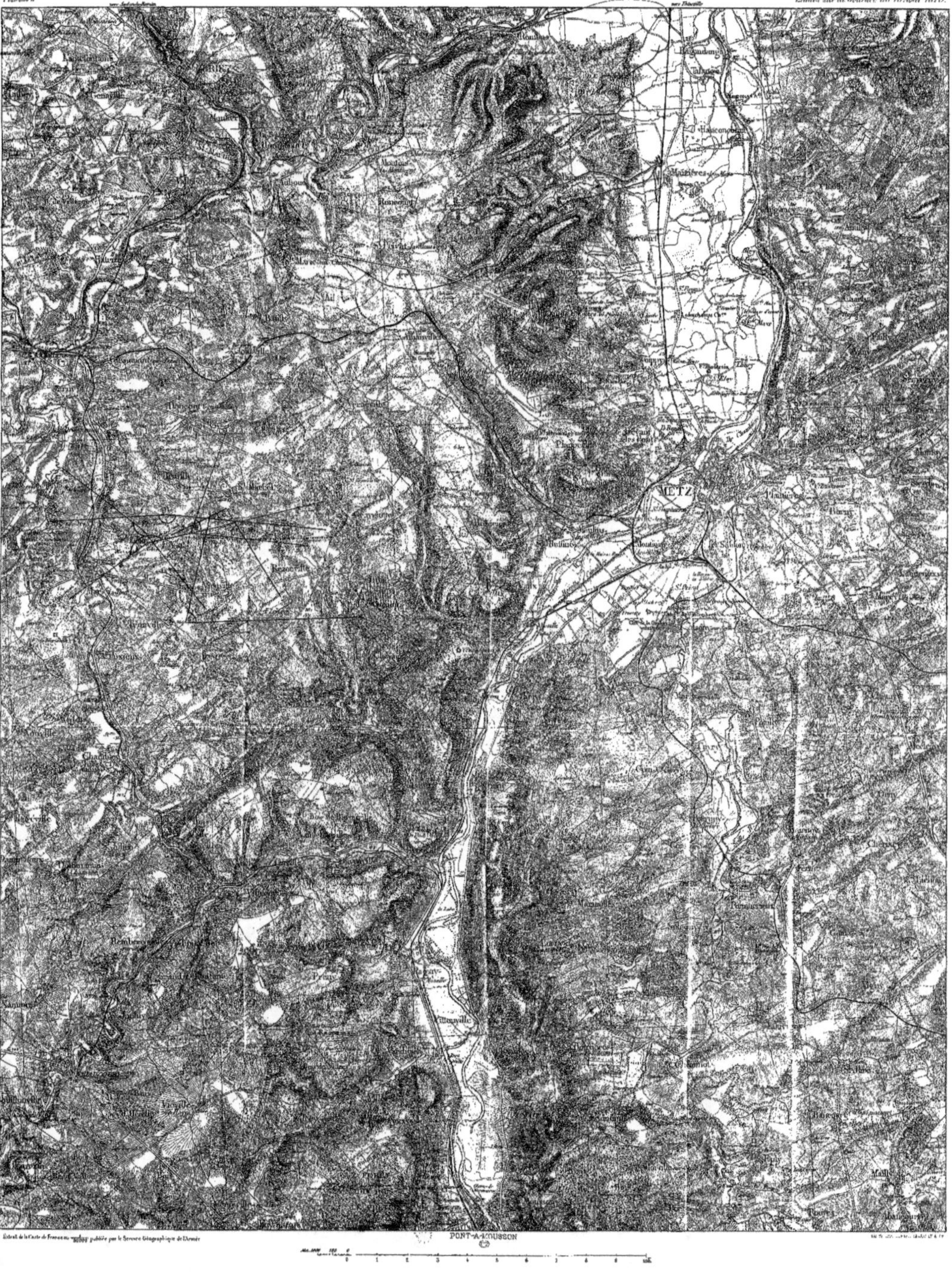
METZ
PONT-A-MOUSSON

Extrait de la Carte de France au 1/80000 publiée par le Service Géographique de l'Armée

Situation des 1re et IIe armées allemandes le 13 août 1870 au soir

Planche 3
Études sur la Journée du 16 Août 1870.

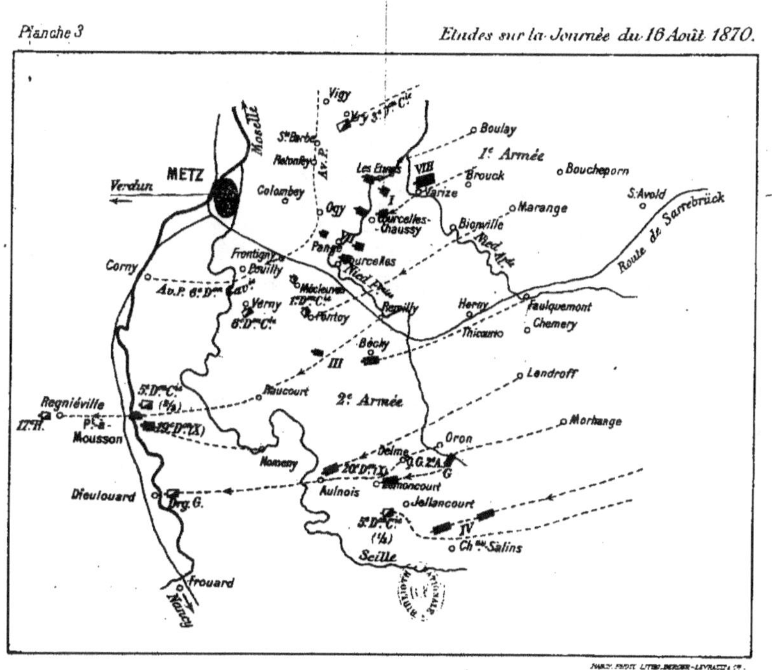

Vigy
Boulay
1re Armée
Boucheporn
St Barbe
Retonfey
Les Étangs
VIII
Brouck
Verdun
METZ
Colombey
Ogy
Varize
Marange
S. Avold
Courcelles-Chaussy
Bionville
Route de Sarrebrück
Corny
Frontigny
Pouilly
Pange
Courcelles
Ried Ste
Mécleuves
Avp. 6e Dun Cav.
Verny
Rémilly
Herny
Faulquemont
6e Dun Cie
Pontoy
Thicourt
Chémery
Bécky
III
Landroff
Raucourt
2e Armée
5e Dun Cie
Regniéville
Morhange
17e R.
Pt-à-Mousson
Oron
Delme
Q.G. 2e A.
Nomeny
20e Dun X
Aulnois
Ormoncourt
Dieulouard
Div. G.
Jallancourt
5e Dun Cie
IV
Frouard
Chau Salins
Seille
Nancy

Situation des I⁰ᵉ et 2ᵉ armées allemandes

dans la nuit du 14 au 15 août 1870

Etudes sur la Journée du 16 Août 1870.

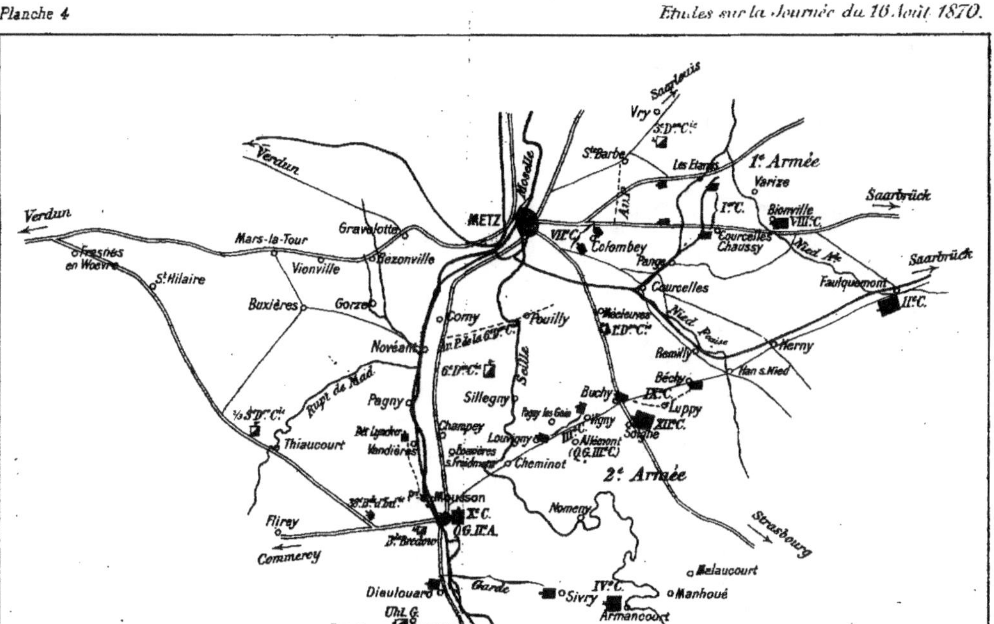

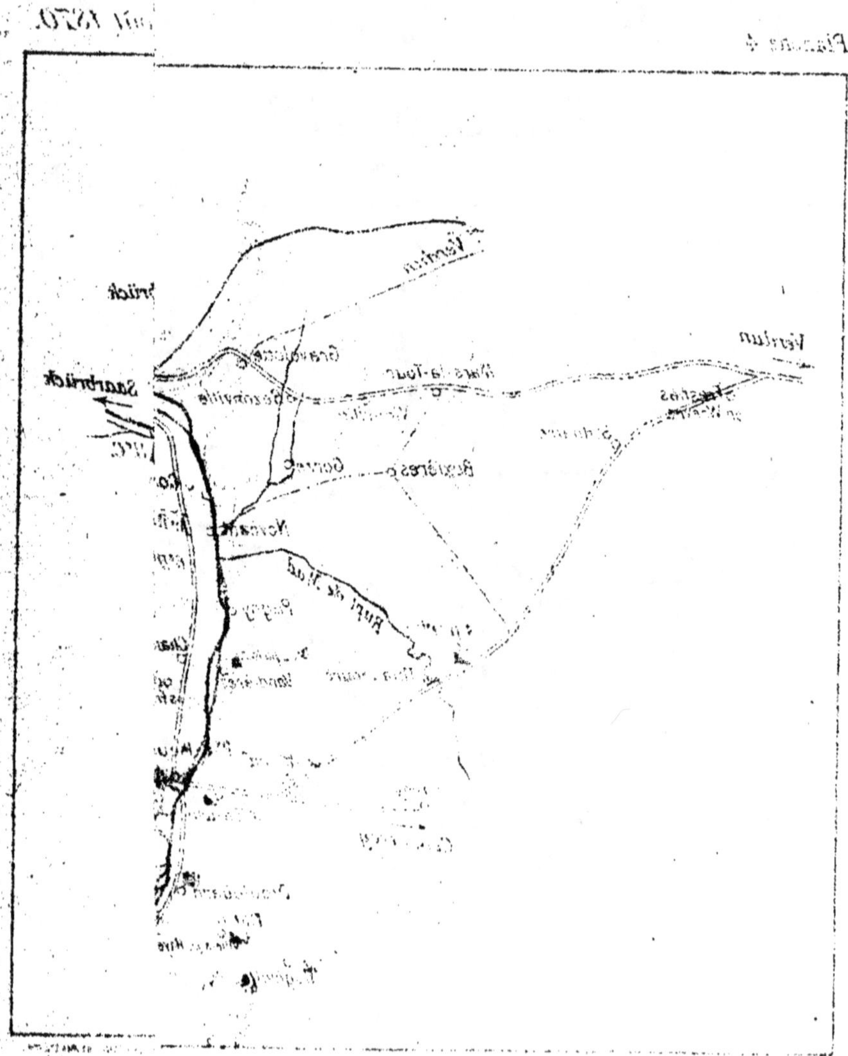

Situation des Fs e

dans la nuit du

Planche 4

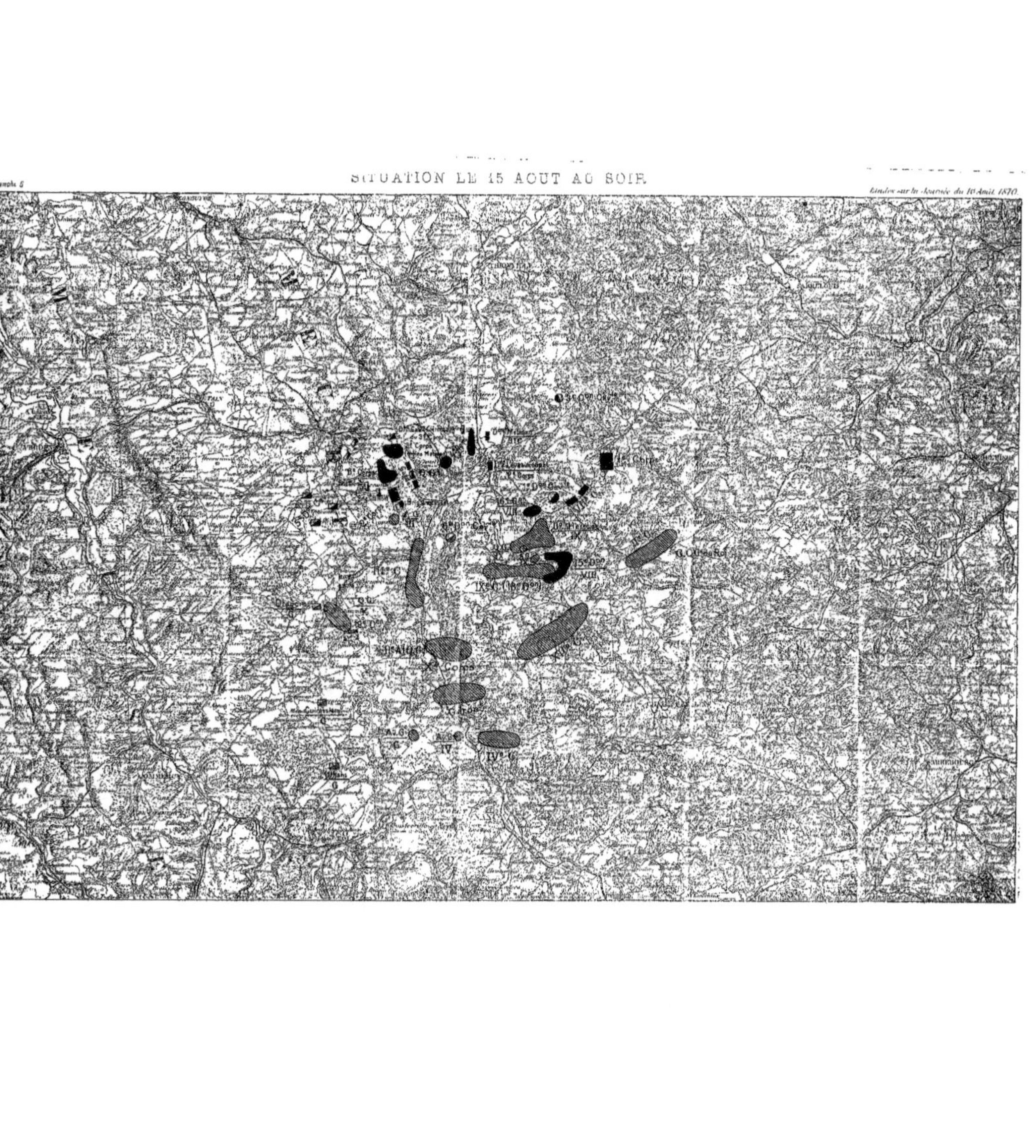

SITUATION LE 15 AOUT AU SOIR
Étudier sur la Journée du 16 Août 1870.

Planche 6
CROQUIS PERSPECTIF (N° 6)
Vue prise à 500 mètres est de Tronville, vers le nord-est
Études sur la journée du 16 août 1870
Bois de Tronville
Route de Conflans
Bois de Maizières
Ferme de Caulre
Monument
Lion
Vionville
Route de Mars-la-Tour à Rezonville
Cimetière
Bois des Ognons
Crête 263
Première position
de l'artillerie à cheval
du 16 D.... loin de cavalerie
dans l'embuscade
Crête 287
Deuxième position
de l'artillerie à cheval
de la 6e division de cavalerie
Cheminement des I et II
35
(Attaque de Vionville)
19 Mai 1904

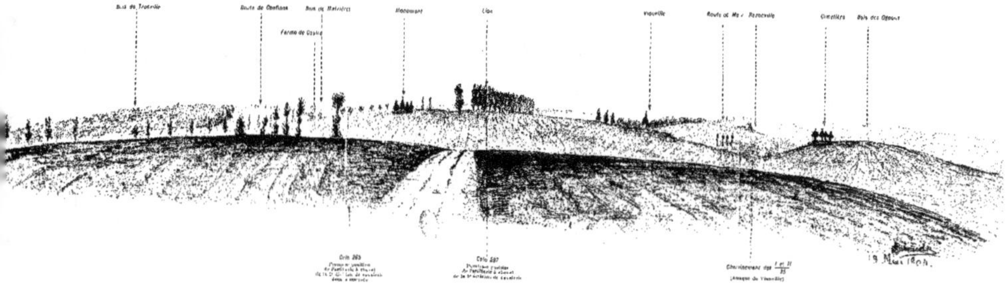

Occupation hypothétique du bois de Tronville par le détachement Lehmann

Planche 7 *Etudes sur la Journée du 16 Août 1870.*

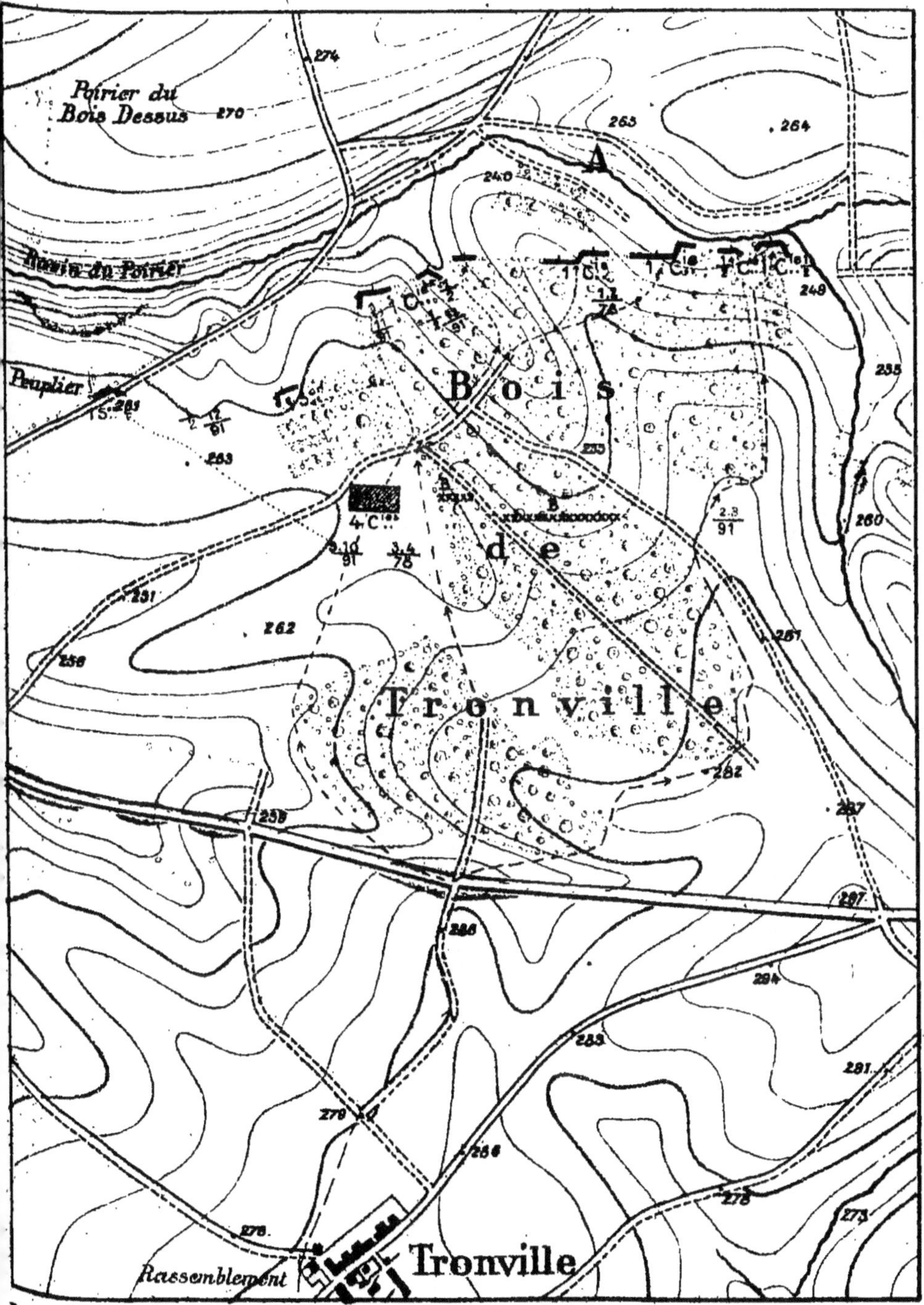

B. Communications à créer: xxxxxx

Topographie dessinée par M. Bonneau Lt au 113e d'Infie

Echelle = $\frac{1}{20.000}$

CROQUIS PERSPECTIF (N° 8)

Vue prise à 1 kilomètre sud-ouest de Saint-Marcel, face au sud-sud-ouest

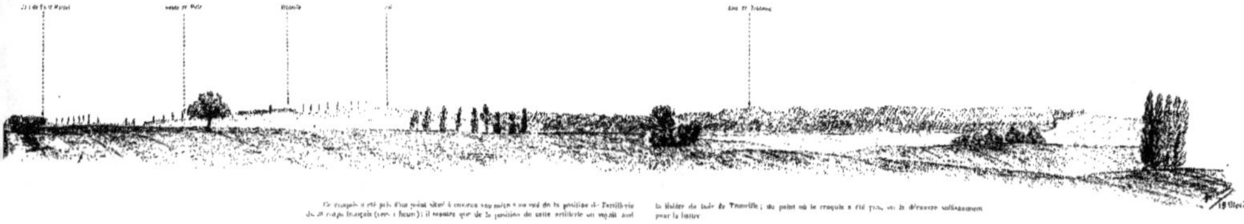

Publié comme supplément du 18 août 1905

Ce croquis a été pris d'un point situé à environ 500 mètres au sud de la position de l'artillerie du 3e corps français (voir 1 heure); il montre que de la position de cette artillerie on voyait tout la lisière du bois de Tronville; du point où le croquis a été pris, on la découvre suffisamment pour la battre

CROQUIS PERSPECTIF (Nº 9)

Vue prise à la lisière nord du bois de Tronville, à l'angle de la frontière
vers le nord-est

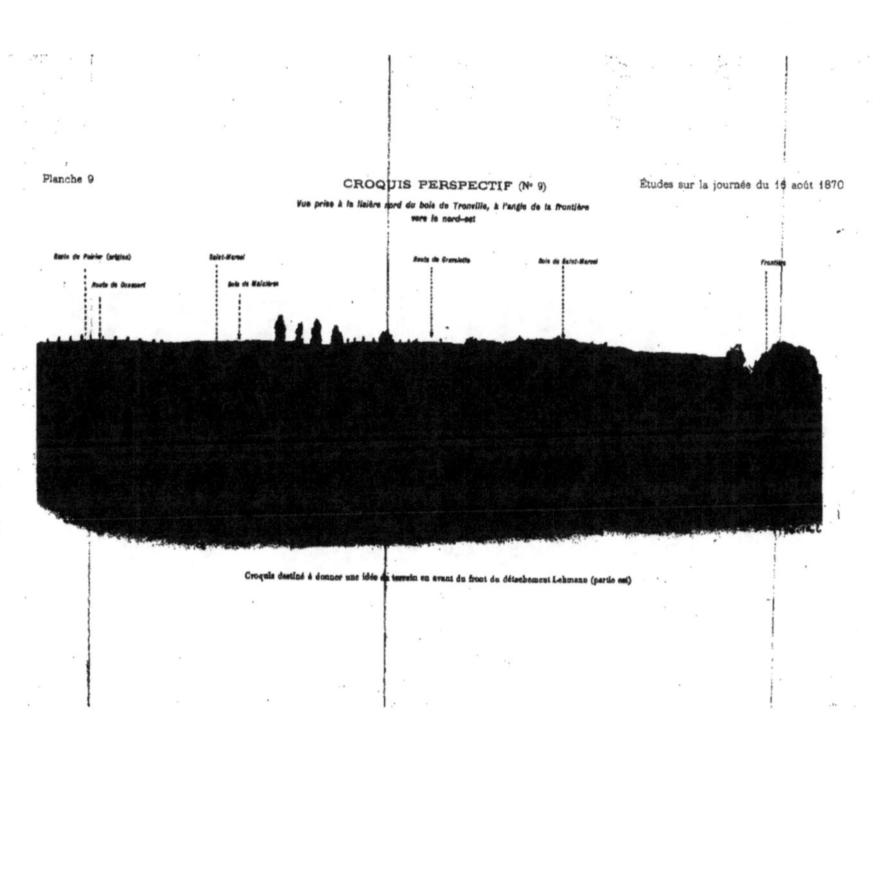

Croquis destiné à donner une idée du terrain en avant du front du détachement Lehmann (partie est)

CROQUIS PERSPECTIF N° IV

Vue prise de la crête du Poirier, cote 274

Ce croquis montre, vue de la première française, la lisière d'attaque de la 18ᵉ brigade

CROQUIS PERSPECTIF N° 11; (Suite)
Vue prise de la crête du Poirier, cote 171 (fait suite au croquis précédent)

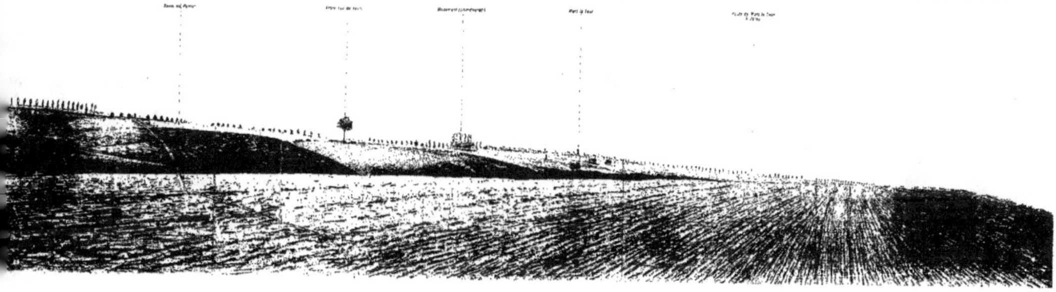

CROQUIS PERSPECTIF N° ..

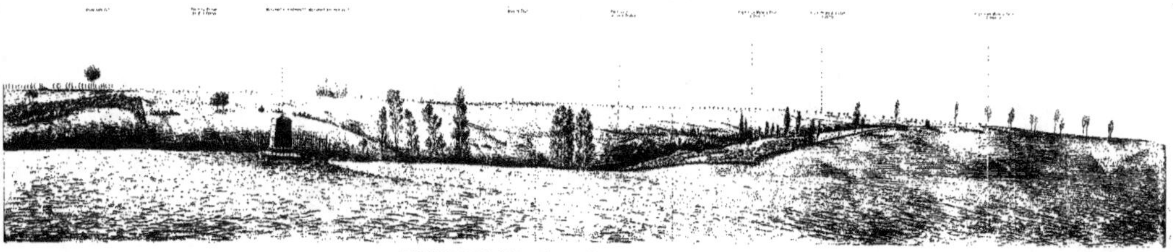

Pierre LEHAUTCOURT (Général PALAT)

HISTOIRE DE LA GUERRE DE 1870-1871

PREMIÈRE PARTIE

LA GUERRE DE 1870

Sept volumes in-8, avec 29 cartes, brochés . . . . . . **47 fr. 50**

Tome I. — **Les Origines**. — *Sadowa.* — *L'Affaire du Luxembourg.* — *La candidature Hohenzollern.* — *La dépêche d'Ems.* — 1901. Un volume in-8 de 422 pages . . .   **6 fr.**

Tome II. — **Les deux Adversaires. — Premières Opérations** (7 juillet-2 août 1870). — *La France : la nation et l'armée.* — *La concentration française.* — *L'Allemagne.* — *Premières opérations.* — 1902. Un volume in-8 de 488 pages, avec 2 cartes . .   **6 fr.**

Tome III. — **Wissembourg, Frœschwiller, Spicheren.** — 1903. Un volume in-8 de 595 pages, avec 4 cartes . . . .   **6 fr.**

Tome IV. — **La Retraite sur la Moselle, Borny.** — 1904. Un vol. in-8 de 384 pages, avec 5 cartes. . . . . **6 fr.**

Tome V. — **Rezonville et Saint-Privat.** — 1905. Un volume in-8 de 750 pages, avec 5 cartes. . . . . **7 fr. 50**

Tome VI. — **Sedan** (7 août-2 septembre 1870). — 1907. Un volume in-8 de 800 pages, avec 9 cartes. . . . . **10 fr.**

Tome VII. — **Capitulation de Metz** (19 août-29 octobre 1870). 1908. Un volume in-8 de 584 pages, avec 4 cartes. . . . . **6 fr.**

SECONDE PARTIE

LA DÉFENSE NATIONALE

Couronné deux fois par l'Académie française (2e Grand Prix Gobert en 1899 et en 1900)

Huit volumes in-8, avec 56 cartes, brochés . . . . **49 fr.**

Campagne de la Loire. — Tome I. *Coulmiers et Orléans.* 1893. Un volume de 478 pages, avec 6 cartes . . . . **7 fr. 50**
— Tome II. *Josnes, Vendôme, Le Mans.* 1895. Un vol. de 448 pages, avec 13 cartes. **7 fr. 50**

Campagne de l'Est. — Tome I. *Nuits, Villersexel.* 1896. Un volume de 301 pages, avec 7 cartes . . . . **5 fr.**
— Tome II. *Héricourt, La Cluse.* 1896. Un volume de 300 pages, avec 4 cartes. . . . **5 fr.**

Campagne du Nord. — *La Défense nationale dans le Nord de la France.* Nouvelle édition, entièrement revue et corrigée. 1897. Un volume de 359 pages, avec 9 cartes. **6 fr.**

Siège de Paris. — Tome I. *Châtillon, Chevilly, La Malmaison.* 1898. Un volume de 415 pages, avec 4 cartes. . . . . **6 fr.**
— Tome II. *Le Bourget, Champigny.* 1898. Un volume de 447 pages, avec 4 cartes . . **6 fr.**
— Tome III. *Buzenval, La Capitulation.* 1898. Un volume de 460 pages, avec 5 cartes. **6 fr.**

Autres ouvrages du Général PALAT

Études de Tactique appliquée. *Le Combat de toutes armes.* 1909. Un volume in-8 de 386 pages, avec 11 planches, broché . . . . **10 fr.**

La Stratégie de Moltke en 1870. 1907. Un volume in-8 de 400 pages, avec 22 cartes hors texte, broché . . . . **10 fr.**

Le Premier Déploiement stratégique des Allemands en 1870. 1903. Brochure grand in-8, avec 4 croquis hors texte . . . . **1 fr.**

Bibliographie générale de la guerre de 1870-1871. Répertoire alphabétique et raisonné des publications de toute nature concernant la guerre franco-allemande parues en France et à l'étranger. 1897. Un volume in-8 de 592 pages, broché . . . . **15 fr.**

BERGER-LEVRAULT ET Cⁱᵉ, ÉDITEURS

PARIS, 5 - 7, RUE DES BEAUX-ARTS — RUE DES GLACIS, 18, NANCY

En Marge de la bataille de Rezonville, par le général CHERFILS. 1908. Grand in-8, avec 4 planches, broché. . . . . **2 fr. 50**

Essai sur l'emploi de la Cavalerie. Leçons vécues de la guerre de 1870, *et faites en 1895 à l'École supérieure de guerre,* par le colonel CHERFILS, commandant le 7ᵉ dragons, ancien professeur à l'École supérieure de guerre. 1899. Un volume grand in-8 de 708 pages, avec un atlas in-4 comprenant une carte générale grand in-folio et 10 croquis en couleurs . . . . **15 fr.**

La Cavalerie des Iʳᵉ et IIᵉ armées allemandes dans les journées du 7 au 15 août 1870, par G. PELET-NARBONNE, général-lieutenant. Traduit de l'allemand par le lieutenant-colonel P. SILVESTRE, chef d'état-major de la 4ᵉ division de cavalerie. 1901. Un volume grand in-8 de 270 pages, broché. . . . . **4 fr.**

La Cavalerie allemande pendant la guerre de 1870-1871. *Étude tactique,* par Jules DE CHABOT, colonel du 10ᵉ régiment de hussards. Nouvelle édition, corrigée et augmentée. 1899. Un volume in-8 de 429 pages, avec 5 cartes, broché. . . . **7 fr. 50**

Spicheren (6 août 1870), par le lieutenant-colonel MAISTRE, du 79ᵉ régiment d'infanterie, ancien professeur à l'École supérieure de guerre. Préface de M. le général LANGLOIS, ancien membre du Conseil supérieur de la guerre. 1908. Un volume gr. in-8 de 428 pages, avec 9 cartes et 10 vues panoramiques hors texte, broché . . . . **12 fr.**

L'Artillerie dans la bataille du 18 août. *Essai critique. Considérations sur l'artillerie de campagne à tir rapide,* par Gabriel ROUQUEROL, lieutenant-colonel d'artillerie, directeur de l'école d'artillerie du 6ᵉ corps d'armée. 1906. Un volume in-8 de 519 pages, avec 7 croquis panoramiques, et 7 plans avec 18 transparents, broché. **12 fr.**

Les Régiments de la division Margueritte et les charges à Sedan, par le général ROZAT DE MANDRES. 1908. Un volume grand in-8 de 305 pages, avec 5 cartes, 8 portraits et 8 photogravures, broché. . . . . **7 fr. 50**

Les Prodromes de Frœschwiller, ou *Quarante heures de stratégie de Mac-Mahon,* par le commandant DE CUGNAC, de l'état-major du 5ᵉ corps d'armée. 1908. Un volume in-8 de 83 pages, avec 3 planches, broché . . . . **2 fr. 50**

La Retraite sur Mézières le 1ᵉʳ septembre 1870. Deux réponses à M. Alfred Duquet, par un officier supérieur. Avec le fac-similé d'un billet du général de Wimpffen au général Ducrot. 1904. Un volume grand in-8 de 195 pages, broché . . . . . . **3 fr.**

Encore la Retraite à Sedan. Réplique à « *La Retraite à Mézières* » par un *Officier supérieur,* par Alfred DUQUET. 1903. Un volume grand in-8 de 119 pages, broché. **2 fr.**

La Guerre sur les communications allemandes en 1870. *Première campagne de l'Est. Campagne de Bourgogne,* par J.-B. DUMAS, capitaine d'infanterie breveté d'état-major. 1891. (Mention honorable de l'Académie française.) Un volume in-8 de 345 pages, avec 3 cartes, broché. . . . . **7 fr. 50**

La Couverture au cours de la Campagne de l'Est (1870-1871), par S. BOURGUET, capitaine d'artillerie breveté. 1906. Grand in-8, 61 pages, avec une planche de 13 croquis hors texte, broché . . . . **2 fr.**

Les Avant-gardes à l'armée de Châlons le jour de Sedan, par le même. 1907. Brochure grand in-8 de 36 pages . . . . **1 fr. 50**

Étude de marches. Iéna-Sedan. Textes, tableaux et cartes des marches de la *Grande Armée en 1806* (jusqu'à Berlin), et des *Armées allemandes en 1870* (du 31 juillet au 1ᵉʳ septembre). Suivi des tableaux des marches de la Grande Armée en 1805 (campagne d'Austerlitz), et des armées prussiennes en 1866 (campagne de Bohême), par le général FAY. Nouvelle édition refondue et augmentée. 1899. Album-portefeuille grand in-4, comprenant 56 pages de texte, 36 pages de tableaux et 2 superbes cartes de marches en 5 couleurs, grand in-folio . . . . **10 fr.**

Journal d'un officier de l'armée du Rhin, par le même. 5ᵉ édition, revue et augmentée. 1890. Un volume in-8 de 410 pages avec une carte des opérations, broché. **5 fr.**

Le 17ᵉ Corps à Loigny, *d'après des documents inédits et les récits des combattants,* par H. DE SONIS, chef de bataillon en retraite. 1909. Un volume in-8 de 493 pages, avec 8 croquis et une carte, broché . . . . **6 fr.**

Nancy, impr. Berger-Levrault et Cⁱᵉ